Linguistische Arbeiten 408

Herausgegeben von Hans Altmann, Peter Blumenthal, Herbert E. Brekle, Gerhard Helbig, Hans Jürgen Heringer, Heinz Vater und Richard Wiese

Susann Siebert

Wortbildung und Grammatik

Syntaktische Restriktionen
in der Struktur komplexer Wörter

Max Niemeyer Verlag
Tübingen 1999

Die Deutsche Bibliothek – CIP-Einheitsaufnahme

Siebert, Susann: Wortbildung und Grammatik : syntaktische Restriktionen in der Struktur komplexer Wörter / Susann Siebert. – Tübingen : Niemeyer, 1999
 (Linguistische Arbeiten ; 408)
 Zugl.: Köln, Univ., Diss., 1998

ISBN 3-484-30408-1   ISSN 0344-6727

© Max Niemeyer Verlag GmbH, Tübingen 1999
Das Werk einschließlich aller seiner Teile ist urheberrechtlich geschützt. Jede Verwertung außerhalb der engen Grenzen des Urheberrechtsgesetzes ist ohne Zustimmung des Verlages unzulässig und strafbar. Das gilt insbesondere für Vervielfältigungen, Übersetzungen, Mikroverfilmungen und die Einspeicherung und Verarbeitung in elektronischen Systemen. Printed in Germany.
Gedruckt auf alterungsbeständigem Papier.
Druck: Weihert-Druck GmbH, Darmstadt
Buchbinder: Nädele Verlags- und Industriebuchbinderei, Nehren

Inhaltsverzeichnis

Vorwort VII

1 Einleitung 1

2 Syntax, Morphologie und Lexikon 4
   2.1 Lexikalistische und syntaktische Ansätze zur Stellung
       der Morphologie in der Grammatik 4
   2.2 Universalgrammatik vs. zweigeteilte Grammatik 11
   2.3 Zusammenfassung 16

3 Derivation: -*bar*-Adjektive 17
   3.1 Selektionseigenschaften und grammatische Wohlgeformtheitsbedingungen . 17
       3.1.1 Kategoriale, morphologische und semantische Selektion 21
       3.1.2 Semantische vs. funktionale Selektion 40
       3.1.3 PF-Bedingungen 44
       3.1.4 Linearisierung 47
   3.2 Kasusabsorption 55
       Exkurs: Grammatikalität vs. Akzeptabilität 68
   3.3 UTAH, Atomizität und Strukturerhaltung 71
   3.4 Zusammenfassung 88

4 Klammerparadoxa 89
   4.1 Die Daten 89
   4.2 Die Beschreibungsversuche 92
       4.2.1 Reanalyse 93
       4.2.2 Quantifier Raising 97
       4.2.3 Kopfbewegung 101
   4.3 Ein modularer Ansatz 107
       4.3.1 Komplementation vs. Adjunktion 108
       4.3.2 Kopfbewegung aus Adjunkten 113
       4.3.3 *Mo*-Support vs. Reanalyse 118
   4.4 Zusammenfassung 122

5 Komposition: NN-Komposita 123
   5.1 Nomeninkorporation 123
   5.2 Argumentvererbung 136
   5.3 Zusammenfassung 153

6 Rückblick 154

7 Zusammenfassung 159

8 Literatur 163

Vorwort

Dieses Buch ist die stellenweise überarbeitete Fassung meiner Dissertation, die im Wintersemester 1997/98 von der Philosophischen Fakultät der Universität zu Köln angenommen wurde. Gutachter waren Prof. Dr. Jürgen Lenerz (erster Referent) und Prof. Dr. Jon L. Erickson (zweiter Referent); Tag des Rigorosums war der 6. Februar 1998.

Jürgen Lenerz war nicht nur einer der besten aller möglichen Doktorväter; er hat mir auch die Möglichkeit gegeben, die Dissertation und dieses Buch in einer freundschaftlichen und unkomplizierten Arbeitsatmosphäre zu schreiben. Ich freue mich, daß ich an dieser Stelle die Gelegenheit habe, ihm hierfür meinen herzlichen Dank auszusprechen. Außerdem möchte ich mich bei ihm und Jon Erickson für alles bedanken, was ich bei ihnen über Linguistik im besonderen und Wissenschaft im allgemeinen gelernt habe.

Entstanden ist diese Arbeit im Projekt 'Syntaktische Prinzipien in der Wortbildung' im Rahmen des Sonderforschungsbereichs 282 'Theorie des Lexikons'. Mein Dank gilt der DFG für die Förderung des Projekts; für vielfältige Unterstützung bedanke ich mich außerdem herzlich bei Prof. Dr. Dieter Wunderlich, dem Sprecher des SFB.

Danken möchte ich auch Herrn Prof. Dr. Herbert E. Brekle und Herrn Prof. Dr. Heinz Vater für das Angebot, die Arbeit in der Reihe *Linguistische Arbeiten* zu veröffentlichen, und für wertvolle Kommentare zur Überarbeitung.

In allen Phasen des Promovierens konnte ich auf die Unterstützung meiner Freunde und Kollegen am Lehrstuhl zählen: Priya Bondre-Beil, Daniel Büring, Kay González, Horst Lohnstein, Alexandra Zepter und Malte Zimmermann haben immer Zeit für Diskussionen gefunden und mir hierbei zu vielen Einsichten und immer auch zu viel Spaß an der Grammatik verholfen. Ihnen allen danke ich herzlich für ihre Hilfe und für die gute Zusammenarbeit. Ein Dankeschön geht auch an Marc Hieronimus und Nicole Bocklet für das akribische und gewissenhafte Korrekturlesen des Manuskripts. Ganz besonders herzlich möchte ich mich bei Ulf Brosziewski, Robert Kemp und bei meiner Projektkollegin Anne Rivet bedanken; sie haben in zahlreichen Gesprächen über diese Arbeit viele meiner Fragen beantwortet, mir hilfreiche Anregungen gegeben und mich auch bei der Bewältigung von nicht-wissenschaftlichen Problemen nie im Stich gelassen.

Meine Familie hat auf viele Besuche von mir verzichten müssen; meiner Mutter, Barbara, Michael, Jan und Clara danke ich dafür, daß sie trotzdem immer für mich da waren und mir meinen Zeitmangel und meine oft eingeschränkte Wahrnehmung nicht übelgenommen haben.

Für viele gelungene Kochungen und für alles andere danke ich Klaus.

Ich widme dieses Buch meinem Vater Heinrich Siebert in liebevoller Erinnerung an seine Fürsorglichkeit und Großzügigkeit, seine Klugheit und seinen Humor.

Köln, im April 1999   Susann Siebert

1 Einleitung

Gegenstand der vorliegenden Arbeit ist zum einen eine Diskussion ausgewählter Regularitäten der Wortbildung, wobei der Schwerpunkt auf den Wortbildungsphänomenen des Deutschen liegt. Im Rahmen dieser Diskussion geht die Arbeit zum anderen der Frage nach dem 'Ort' der Wortbildung in der Grammatik nach; hierbei liegt der Fokus auf dem Verhältnis von Morphologie und Syntax.

Der zweifache Gegenstandsbereich entspricht einer doppelten Zielsetzung: Ein Ziel der Arbeit besteht darin, die deskriptiv korrekten Generalisierungen für die betrachteten Phänomene zu formulieren; das andere Ziel besteht darin, einen theoretisch kohärenten Ansatz zu entwickeln, auf dessen Grundlage die jeweiligen Generalisierungen erklärt werden können. Dieser Ansatz, den ich in der vorliegenden Arbeit auch als syntaktische Wortbildungstheorie bezeichnen werde, basiert auf der folgenden Annahme: Wortstruktur und Satzstruktur unterliegen denselben Restriktionen, d.h. die Morphologie ist keine autonome und von der Syntax distinkte Komponente der Grammatik.

Die syntaktische Wortbildungstheorie wird in der folgenden Untersuchung anhand von grammatiktheoretischen Überlegungen motiviert sowie in exemplarischen Analysen von einschlägigen Wortbildungsphänomenen konkretisiert und empirisch überprüft. Hierbei wird gezeigt, daß das in dieser Arbeit zugrundegelegte Modell der vielfach vertretenen Annahme einer autonomen Morphologie-Komponente sowohl deskriptiv als auch konzeptuell überlegen ist.

Als Erklärungsgegenstand einer Theorie der Wortbildung betrachte ich die Wortbildungskompetenz, d.h. das grammatische Wissen von Sprechern/Hörern über die möglichen und unmöglichen Wörter ihrer Sprache. Das Untersuchungsobjekt dieser Arbeit bilden deshalb nicht 'die komplexen Wörter' schlechthin, sondern die nach den synchronen Wohlgeformtheitsbedingungen möglichen komplexen Wörter. Dies entspricht der in DiSciullo & Williams (1987) begründeten Auffassung, wonach der Untersuchungsgegenstand einer linguistischen Theorie der Wortstruktur die 'morphological objects', nicht aber die 'listemes' einer Sprache sind.

Den allgemeinen theoretischen Rahmen der Arbeit bildet die 'Government and Binding'-Theorie bzw. das Prinzipien- und Parametermodell der generativen Grammatik (vgl. Chomsky 1981a;b und 1986a;b). Die spezifische Grundlage stellt die in Baker (1988a) vorgelegte Inkorporationstheorie dar, in der das Beschreibungsinstrumentarium, das in der klassischen GB-Theorie vornehmlich für die sententiale Syntax entwickelt wurde, auf die Syntax der Wörter übertragen wird. Diese Theorie soll in der vorliegenden Untersuchung in teilweise modifizierter Form auf die Wortsyntax des Deutschen angewandt werden.

Hierbei werde ich mich Baker (1988a) im Hinblick auf die folgende grundsätzliche Annahme anschließen: Komplexe Wörter sind Inkorporationsstrukturen, also das Resultat von syntaktischer Kopfbewegung; die Beschränkungen in der Struktur komplexer Wörter sind nicht morphologiespezifischer Natur, sondern können auf syntaktische Restriktionen und Prinzipien zurückgeführt werden. Die spezifische Hypthese der syntaktischen Wortbildungstheorie besagt, daß die Regularitäten der Wortbildung, d.h. die Beschränkungen in Inkorporationsstrukturen aus der Interaktion von grammatischen Wohlgeformtheitsbedingungen mit den Selektionseigenschaften der beteiligten syntaktischen Köpfe abgeleitet werden können.

Ein wesentlicher Unterschied zwischen der syntaktischen Wortbildungstheorie und der 'klassischen' Version der Inkorporationstheorie betrifft den Mechanismus der Inkorporation selbst: Während Baker (1988a) auch optionale Kopfbewegung annimmt, gehe ich aus Gründen der theoretischen Restriktivität davon aus, daß nur obligatorische Inkorporation zulässig ist.

Die oben skizzierten Annahmen sollen in der anschließenden Diskussion begründet und konkretisiert sowie empirisch überprüft werden; aufgebaut ist die Diskussion wie folgt:

Im zweiten Kapitel werde ich zunächst die bisher in der Literatur vertretenen Auffassungen zum Verhältnis von Syntax und Morphologie kritisch diskutieren. Im Anschluß an einen Forschungsüberblick in Kap. 2.1 werden die dort referierten Ansätze in Kap. 2.2 anhand von typologischen Überlegungen evaluiert. Hierbei wird gezeigt, daß das Postulat einer autonomen morphologischen Komponente unter sprachübergreifender Perspektive weder zu beschreibungs- noch zu erklärungsadäquaten Ergebnissen führt. Insofern als die syntaktische Wortbildungstheorie den Gegenentwurf zu diesen Ansätzen darstellt, scheint der hier vertretene Ansatz unter grammatiktheoretischer Perspektive also die vielversprechendere Alternative zu sein. Aus dem Nachweis der Inadäquatheit der anderen Ansätze - letztlich also ex negativo - ergibt sich somit die konzeptuelle Motivation für das in dieser Arbeit zu entwickelnde Modell. Die empirische Motivation dieses Modells bildet den Gegenstand der weiteren Kapitel dieser Arbeit:

Im dritten Kapitel wird eine Inkorporationsanalyse der Suffixderivation vorgeschlagen, wobei als konkretes Fallbeispiel die -bar-Ableitungen dienen. In der Diskussion der internen und externen Syntax der -bar-Adjektive werden die grundlegenden Annahmen der syntaktischen Wortbildungstheorie entwickelt und empirisch überprüft; insbesondere wird hierbei die Interaktion von Selektionseigenschaften und grammatischen Wohlgeformtheitsbedingungen erörtert. Bei der Betrachtung der wortbildungsinternen Regularitäten in Kap. 3.1 - 3.2 wird gezeigt, daß die hier einschlägigen Phänomene im Rahmen der Inkorporationsanalyse erklärt werden können, der Rekurs auf morphologiespezifische Regeln also überflüssig ist. In Kap. 3.3 wird nachgewiesen, daß die syntaktische Wortbildungstheorie auch die wortbildungsexterne Syntax der -bar-Adjektive erklären kann, wohingegen die Annahme von morphologischen Strukturprinzipien für diesen Phänomenbereich zu falschen Voraussagen führt. Neben diesen für die vorliegende Arbeit zentralen Aspekten der Wortbildung werde ich in Kap. 3 auch auf einige phonologische Regularitäten der -bar-Ableitungen eingehen sowie in Form eines Exkurses den Unterschied zwischen grammatischen vs. akzeptablen Wörtern erörtern.

Ein Phänomen, das sich gewissermaßen als roter Faden durch diese Arbeit zieht, sind die sog. Klammerparadoxa. Dieses Phänomen ist unter verschiedenen Aspekten für die Grammatiktheorie im allgemeinen und die Wortbildungstheorie im besonderen von zentraler Bedeutung und wird im vierten Kapitel deshalb ausführlich diskutiert. Im Anschluß an eine Darstellung der klassischen Beispiele für Klammerparadoxa in Kap. 4.1 werden in Kap. 4.2 drei repräsentative Vorschläge für eine Analyse dieser Daten kritisch referiert. In Kap. 4.3 werde ich meinen eigenen Analysevorschlag darstellen, der wesentlich auf die Annahme einer modularen Interaktion von ebenenspezifischen und ebenenübergreifenden Wohlgeformtheitsbedingungen rekurriert. Im Zuge dieser Darstellung kommen neben den einschlägigen deskriptiven Problemen dieses Phänomenbereichs auch einige grundsätzliche Überlegungen zur Natur von Paradoxien zur Sprache. Außerdem werde ich in Kap. 4.3 der Frage nachgehen, wie der Wortbildungstyp 'Präfigierung' in die syntaktische Wortbildungstheorie integriert werden kann.

Gegenstand des fünften Kapitels ist das Wortbildungsmuster der NN-Komposita. In diesem Kapitel wird gezeigt, daß NN-Komposita Inkorporationsstrukturen sind und daß deverbale Rektionskomposita Instanzen von NN-Komposition darstellen. In Kap. 5.1 wird zunächst eine weitere grammatische Wohlgeformtheitsbedingung in die syntaktische Wortbildungstheorie implementiert, auf deren Grundlage der Auslöser für obligatorische Nomeninkorporation im Deutschen ermittelt werden kann. In Kap. 5.2 werden die Beschränkungen der Argumentvererbung in Komposita diskutiert; im Rahmen dieser Diskussion wird gezeigt, daß die in Kap. 5.1 für die NN-Komposita vorgeschlagene Analyse auf die deverbalen Rektionskomposita übertragen werden kann.

Im sechsten Kapitel werden die Implikationen der in Kap. 5 angenommenen Wohlgeformtheitsbedingung für die grundlegenden Annahmen der syntaktischen Wortbildungstheorie diskutiert. Insbesondere werden hier die Konsequenzen erläutert, die sich aus dieser Beschränkung für die in Kap. 3 vorgeschlagene Analyse der Suffixderivation ergeben. Hierbei wird gezeigt, daß die Implementierung dieser zusätzlichen Bedingung zu einer weiteren Präzisierung der in dieser Arbeit angenommenen Interaktion von Selektionseigenschaften und Wohlgeformtheitsbedingungen führt.

Im abschließenden siebten Kapitel werden die wesentlichen Ergebnisse der Arbeit zusammengefaßt.

2 Syntax, Morphologie und Lexikon

In diesem Kapitel sollen die bisher in der Literatur vertretenen Auffassungen zur Stellung der Morphologie in der Grammatik bzw. zum Verhältnis von Syntax, Morphologie und Lexikon dargestellt und kritisch diskutiert werden. Im Rahmen des Forschungsüberblicks im ersten Abschnitt wird gezeigt, daß einige der vermeintlich inkompatiblen Standpunkte zu dieser Frage sich unter grammatiktheoretischem Aspekt lediglich graduell voneinander unterscheiden, insofern als in den jeweiligen Ansätzen eine prinzipielle Distinktion zwischen syntaktischen vs. morphologischen bzw. phrasalen vs. sublexikalischen Regularitäten angenommen wird. Gegenstand des zweiten Abschnitt sind die typologischen Implikationen dieses Grammatikmodells, das ich in der vorliegenden Arbeit als 'Postulat der zweigeteilten Grammatik' bzw. als 'Split-Grammar-Hypothese' bezeichne. Hierbei wird gezeigt, daß das Postulat der zweigeteilten Grammatik unter sprachübergreifender Perspektive nicht nur mit empirischen Problemen verbunden ist, sondern aus prinzipiellen Gründen auch zu konzeptuell fragwürdigen Ergebnissen führen muß.

2.1 Lexikalistische und syntaktische Ansätze zur Stellung der Morphologie in der Grammatik

Die lexikalistische Hypothese wird seit der von Chomsky (1970) initiierten 'lexikalistischen Wende' in einer starken und einer schwachen Form im Rahmen der Strong vs. Weak Lexicalist Hypothesis vertreten (im folgenden 'SLH' vs. 'WLH'). Die verschiedenen Auffassungen von SLH und WLH lassen sich - frei nach George Orwell - folgendermaßen charakterisieren:

(1) Alle Wörter sind gleich (SLH)
(2) Alle Wörter sind gleich, aber einige Wörter sind gleicher als andere (WLH)

Die schwache lexikalistische Hypothese postuliert gemäß der Devise in (2) zwei Klassen von morphologischen Objekten. Alle transparenten komplexen Wörter sind das Produkt regelgeleiteter Operationen, doch werden diese Operationen in verschiedenen 'Abteilungen' des sprachlichen Wissens angesiedelt: Einige finden in der Syntax statt, andere im Lexikon.

Über die genaue Lokalisierung der Grenze zwischen den beiden 'Wortarten' besteht allerdings innerhalb der WLH keine Einigkeit, da die Abgrenzungskriterien umstritten sind.[1]

Der Standardauffassung zufolge korreliert die Syntax/Lexikon-Distinktion mit der Unterscheidung von Flexion und Derivation, wobei das entscheidende Merkmal die syntaktische Relevanz ist: Flexion ist syntaktisch relevant, appliziert also in der Syntax; Derivation ist syntaktisch nicht relevant, findet also im Lexikon statt. Diese Position wird nach wie vor von Chomsky (1995: 133 et pass.) vertreten; letztlich liegt das Kriterium der syntaktischen Relevanz - wenn auch in der Regel nur implizit - allen syntaktischen Theorien zugrunde, in denen Flexionsaffixe im Gegensatz zu Derivationsaffixen als Köpfe phrasaler Kategorien aufgefaßt werden. Ein explizites Modell der Flexion/Derivation-Unterscheidung liegt mit der sog. 'Split-Morphology-Hypothesis' (Anderson 1982) vor.

Andere Ansätze rekurrieren auf das Kriterium der Regularität bzw. Produktivität: Produktive Affigierungsprozesse mit vollständig prädiktablem, i.e. regulärem Output finden in der Syntax statt, unproduktive mit idiosynkratischen, i.e. irregulären Effekten im Lexikon. Eine extreme Form dieser WLH-Version vertritt Fabb (1984), für den die Spaltung nicht allein durch die Klasse der Affixe verläuft, sondern sich selbst in einzelnen Exemplaren dieser Gattung manifestiert: Einige Affixe haben neben einer regulären, ergo syntaktischen Variante jeweils ein idiosynkratisches, ergo lexikalisches 'double'.

Daß die unterschiedlichen Kriterien in diesen beiden Ausprägungen der WLH, etwa bei der Einordnung der Derivationsmorphologie, zu verschiedenen Ergebnissen führen, ist offensichtlich: Während der eine Ansatz diese komplett dem Lexikon zuordnet, lokalisiert der andere eine Subklasse von Ableitungen, nämlich alle regulären bzw. produktiven Derivationsmuster in der Syntax.

Auch die in Baker (1988a) vorgelegte Inkorporationstheorie, die im allgemeinen als die syntaktische, d.h. anti-lexikalistische Theorie schlechthin gilt, stellt letztlich eine Variante der schwachen lexikalistischen Hypothese dar: Ausgehend von der 'Uniformity of Theta Assignment Hypothesis' (UTAH) als Leitmotiv faßt Baker genau die morphologischen Konstruktionen als syntaktische Operationen, d.h. als Instanzen von syntaktischer X^0-Bewegung auf, die einen 'Grammatical Function Changing'-Prozeß (GFC-Prozeß) induzieren, bei dem die Uniformität der jeweiligen thematischen Relationen gewährleistet ist. Morphologische Konstruktionen, die keine GFC-Prozesse im Sinne von UTAH konstituieren, sind nicht das Resultat von Kopfbewegung, sondern werden im Lexikon deriviert.

Dieses Modell basiert im Prinzip auf einer Kombination der beiden zuerst genannten Kriterien: Zum einen werden hier ausschließlich die produktiven und regulären GFC-Prozesse der Syntax zugeordnet; Baker stützt sich also - allerdings ohne dies explizit zu

---

[1] Kriterien für eine prinzipielle Unterscheidung von syntaktischen Transformationen und lexikalischen Regeln werden in Wasow (1977) diskutiert. Einige dieser Kriterien haben innerhalb der WLH nach wie vor Gültigkeit; andere sind mit der Ablösung der (Extended) Standard Theory durch das Government-Binding Modell obsolet geworden.

begründen - auf das klassische Produktivitäts- bzw. Regularitätsargument. Zum anderen nimmt er mit dem Konzept der Grammatischen Funktion ausschließlich auf syntaktisch definierbare Funktionen Bezug; die Frage, ob ein bestimmter morphologischer Prozeß eine Veränderung der grammatischen Funktionen auslöst, ist damit letztlich gleichbedeutend mit der Frage nach der syntaktischen Relevanz des betreffenden Prozesses. Obwohl die von Baker postulierte Kategorisierung in syntaktische vs. lexikalische Regularitäten also wesentlich auf das Kriterium der syntaktischen Relevanz rekurriert, ist sie nicht mit der klassischen Einteilung in Flexion vs. Derivation deckungsgleich. Dies ist jedoch kein qualitativer, sondern nur ein quantitativer Unterschied: Letztlich zieht Baker lediglich die Grenze zwischen Syntax und Lexikon neu, indem er eine Vielzahl von Konstruktionen, die traditionell der Derivationsmorphologie, also dem Lexikon zugeordnet wurden, als GFC-Prozesse 'entlarvt' und deshalb in der Syntax lokalisiert.

Die von Baker verfolgte Strategie ist insofern repräsentativ, als auch alle weiteren Ansätze in der Debatte über die Syntax/Lexikon-Dichotomie auf denselben Argumenten - Produktivität, Regularität und syntaktische Relevanz - in unterschiedlichen Ausprägungen und Kombinationen beruhen. Festzuhalten ist, daß die verschiedenen Kriterien zu unterschiedlichen Kategorisierungen führen, wobei Isomorphie zwischen den jeweiligen Kategorien zwar zufällig gegeben sein kann, jedoch keinesfalls notwendigerweise vorliegen muß:

(3)   Syntax: Lexikon:
    a. Flexion   Derivation
    b. prädiktabler/regulärer Output   idiosynkratischer/irregulärer Output
    c. GFC-Morphologie   andere morphologische Prozesse
    ...

Uneinigkeit besteht innerhalb der WLH nicht nur in bezug auf die Frage, wo die Grenze zwischen Syntax und Lexikon zu lokalisieren sei, sondern auch im Hinblick auf das Verhältnis von Lexikon und Grammatik. Eine Version (im folgenden 'WLH1') basiert auf der Annahme, daß die lexikalischen Regularitäten keinen genuin grammatischen Restriktionen unterliegen, das Lexikon also ein außergrammatisches System konstituiert bzw. im Gegensatz zur Syntax keine Komponente der Grammatik darstellt.[2] Die andere Version (im folgenden 'WLH2') geht davon aus, daß das Lexikon ebenso wie die Syntax den Status einer grammatischen Komponente hat, wobei die lexikalischen Regularitäten durch spezifische und von den syntaktischen distinkte grammatische Restriktionen gekennzeichnet sind; dieser Auffassung zufolge besteht die Grammatik also aus zwei jeweils autonomen strukturaufbauenden Subsystemen:

(4)   a. WLH1: Grammatik = Syntax
     b. WLH2: Grammatik = Lexikon + Syntax

---

[2] Diese Position wird etwa von Fanselow (1988b; 1991) vertreten; vgl. hierzu aber die jeweilgen Repliken auf Fanselow in Reis (1988) bzw. Olsen (1991b).

Wie aus (3) und (4) hervorgeht, machen die verschiedenen Varianten der schwachen lexikalistischen Hypothese also weder deskriptiv kohärente Aussagen, noch basieren sie auf einem einheitlichen Grammatikmodell. Darüberhinaus verlaufen die Einteilungen in (4) quer zu denen in (3), d.h. innerhalb der verschiedenen WLH-Ansätze gibt es ebenfalls keine systematischen Korrelationen zwischen den jeweiligen Kategorisierungen in grammatische vs. außergrammatische Regularitäten einerseits und den Einteilungen in syntaktische vs. lexikalische Operationen andererseits.

Der schwachen Hypothese in (2) steht die restriktive Auffassung der starken lexikalistischen Hypothese entgegen.[3] Das radikale Motto der SLH in (1) besagt, daß es nur eine Klasse von morphologischen Objekten gibt und nur eine grammatische Komponente, in der die morphologischen Strukturprinzipien definiert sind. Alle und nur die grammatischen Operationen, die innerhalb von Wortgrenzen stattfinden bzw. deren Ergebnis ein Wort ist, sind Gegenstand der Morphologie. Prozesse, die über Wortgrenzen hinaus, also auf phrasaler Ebene applizieren, sind Gegenstand der Syntax. Die von der WLH postulierte Spaltung der Morphologie bzw. deren Verteilung auf verschiedene Komponenten ist demzufolge im Rahmen der SLH prinzipiell ausgeschlossen; die Grenze verläuft vielmehr zwischen Morphologie und Syntax, wobei das alleinige Unterscheidungskriterium '+/-Wortstatus' ist. Die programmatische Erklärung der SLH zum Verhältnis von Morphologie und Syntax ist die Atomizitätsthese in DiSciullo & Williams (1987: 2): "[...] the lexicalist hypothesis (which we call here the *thesis of the atomicity of words*) is not a principle of grammar but rather a consequence of the conception that grammar contains two subparts, with different atoms and different rules of formation."

Als theoretisches Postulat besagt die Atomizitätsthese, daß Morphologie und Syntax separate und autonome Komponenten der Grammatik sind. Die Atome der Syntax sind nicht identisch mit denen der Morphologie; erstere sind Wörter, während letztere 'nur' Morpheme sind. Die atomaren Einheiten der Syntax sind Elemente der Kategorie X^0 - seien dies Simplizia oder komplexe Wörter, d.h. die in der Morphologie erzeugten morphologischen Objekte. Die Syntax ist 'blind' für jegliche Struktur unterhalb der X^0-Ebene, also nicht nur für den Unterschied zwischen Simplizia und komplexen Wörtern, sondern insbesondere für die interne Struktur der letzteren. Die empirische Konsequenz der Atomizitätsthese ist damit zum einen ('top-down'), daß syntaktische Operationen keinen Zugriff auf Bestandteile von Wörtern haben; zum anderen ('bottom-up'), daß Morpheme, die nur Teile von Wörtern sind, keine syntaktische Struktur aufbauen können.

In der Frage der Morphologie/Syntax-Distinktion ergibt sich damit auf der Basis des alleinigen Kriteriums '+/-Wortstatus' die folgende klare Einteilung:

(5) Syntax: Morphologie:
     Phrase   Wort

---

[3] Bei der Diskussion der SLH beschränke ich mich auf den Ansatz von DiSciullo & Williams (1987), der wohl mit Fug und Recht als 'das lexikalistische Manifest' bezeichnet werden kann. Zu einer kritischen Diskussion dieses Ansatzes vgl. Baker (1988b).

Während die Vielzahl an Kriterien in der WLH zu der heterogenen Kategorisierung in (3) führt, gelangt die SLH qua Atomizitätsthese also zu der eineindeutigen Zuordnung von sprachlichen Objekten und grammatischen Komponenten in (5).

Wenn im vorausgegangenen Abschnitt nicht mehr die Rede vom Lexikon war, sondern stattdessen von einer grammatischen Komponente 'Morphologie', so reflektiert dies eine weitere Besonderheit der starken lexikalistischen Hypothese in der von DiSciullo & Williams vorgeschlagenen Form: Während die WLH die nicht-syntaktischen Regularitäten im Lexikon ansiedelt, lokalisiert die SLH diese in der morphologischen Komponente der Grammatik. Da das Lexikon einerseits für DiSciullo & Williams nicht den Status einer grammatischen Komponente hat, die Morphologie andererseits aber ex hypothesis ein grammatisches System konstituiert, kann der Ort der Morphologie folglich nicht das Lexikon sein.[4] Damit liegt der SLH das folgende Grammatikmodell zugrunde, in dem Morphologie und Syntax der Status von separaten und autonomen Komponenten zukommt:

(6) SLH: Grammatik = Morphologie + Syntax

Zwischen den in (6) vs. (4.a) bzw. (4.b) schematisch dargestellten Modellen bestehen nun sowohl Unterschiede als auch Gemeinsamkeiten: Analog zur WLH2 wird angenommen, daß die Grammatik zwei distinkte Komponenten beinhaltet; entgegen der WLH2 wird jedoch nicht das Lexikon, sondern die Morphologie als zweite grammatische Komponente neben der Syntax postuliert. Analog zur WLH1 wird das Lexikon als außergrammatisches System aufgefaßt; entgegen der WLH1 wird eine aus zwei Komponenten bestehende Grammatik angenommen.

Zusammenfassend ergibt sich damit das folgende Bild der von WLH und SLH vertretenen Auffassungen über den Gegenstand sowie den Ort der Morphologie, über den Stellenwert des Lexikons und über die Organisation der Grammatik:

Die Menge der syntaktischen und lexikalischen Operationen der WLH, deren Domäne morphologische Objekte sind, entspricht den morphologischen Regeln der SLH; die Menge der syntaktischen und lexikalischen Prinzipien der WLH, die die Struktur der morphologischen Objekte definiert, konstituiert die morphologische Komponente der SLH.
Mit der einen WLH-Version teilt die SLH die Auffassung, daß das Lexikon keine grammatische Komponente ist; mit der anderen die Annahme, daß die Grammatik aus zwei distinkten und autonomen Subsystemen besteht.

Die oben vorgeschlagene Systematisierung der verschiedenen lexikalistischen Ansätze beruhte im wesentlichen auf der Frage, ob (i) eine Zweiteilung der Morphologie in syntaktische vs. lexikalische bzw. morphologische Prozesse und/oder (ii) eine Zweiteilung

---

[4] Eine andere Ausprägung der starken lexikalistischen Hypothese stellt die Theorie der Lexikalischen Phonologie dar, die im Unterschied zu DiSciullo & Williams das Lexikon als alleinigen 'Ort' der grammatischen Morphologie-Komponente annimmt; zur Lexikalischen Phonologie vgl. die Bemerkungen in Kap. 3.1.3 dieser Arbeit.

der Grammatik in eine syntaktische vs. lexikalische bzw. morphologische Komponente angenommen wird. Das Kriterium in (i) bildet die Basis für die in der Literatur geläufige stark/schwach-Unterscheidung innerhalb der lexikalistischen Hypothese, wobei die WLH für und die SLH gegen eine solche Zweiteilung argumentiert. Auf der Grundlage des Kriteriums in (ii) konnte nun gezeigt werden, daß eine weitere Distinktion innerhalb der lexikalistischen Ansätze angenommen werden muß, die quer zu der traditionell angenommenen stark/schwach-Unterscheidung verläuft: Konstitutiv für SLH und WLH2 ist die Annahme, daß die Grammatik in zwei Subsysteme eingeteilt ist, i.e. Syntax vs. Morphologie bzw. Syntax vs. Lexikon respektive. Hierbei wird unter 'Grammatik' in beiden Ansätzen das komputationelle System bzw. der strukturaufbauende Mechanismus schlechthin verstanden, so daß die Grammatik durch die jeweils angenommenen Subsysteme exhaustiv definiert ist. Unter grammatiktheoretischem Aspekt, nämlich in dem Postulat einer zweigeteilten Grammatik unterscheidet sich eine Version der schwachen Hypothese also nicht prinzipiell, sondern lediglich graduell von der vermeintlich inkompatiblen starken Hypothese.

Anhand der oben zugrundegelegten Kriterien können nun auch die neueren nicht-lexikalistischen Wortbildungstheorien in das bisher gewonnene Bild eingeordnet werden. Als repräsentative Vorschläge für einen syntaktischen Ansatz in der Morphologie sollen hier die 'dekonstruierte Morphologie' von Lieber (1992) und die 'Syntax below Zero' von Ackema (1994) betrachtet werden: Beide nehmen keine Spaltung innerhalb der Morphologie an; hierin besteht der Unterschied zur WLH und die Gemeinsamkeit mit der SLH. Sowohl Lieber als auch Ackema wenden sich explizit gegen die Annahme einer von der Syntax distinkten Morphologie-Komponente und argumentieren stattdessen dafür, daß Morphologie und Syntax denselben grammatischen Prinzipien und Restriktionen unterliegen. Damit wird in beiden Ansätzen ein Grammatikmodell postuliert, das mit dem der WLH1 kompatibel ist, sich aber prinzipiell von dem der SLH und der WLH2 unterscheidet.

In Liebers 'dekonstruierter Morphologie' ist eine wirkliche Unifikation von phrasaler und sublexikalischer Struktur nun allerdings faktisch nicht gegeben: Die x-bar-theoretische Restriktion, derzufolge eine Kategorie X^n stets eine Kategorie des Typs X^{n-1} dominiert, gilt - so Lieber - ausschließlich auf phrasaler, nicht aber auf sublexikalischer Ebene; in morphologischen Konstruktionen seien vielmehr ausschließlich Kategorien vom Typ X^0 lizensiert, weshalb hier eine rekursive Struktur der Form '$X^0 \to X^0$' angenommen werden müsse. Da Lieber davon ausgeht, daß es sich hierbei um eine basisgenerierte Struktur handelt, schlägt sie ein modifiziertes X-bar-Schema vor, das Rekursion auf X^0-Ebene zuläßt und somit die allgemeine phrasenstrukturelle Beschränkung '$X^n \to X^{n-1}$' für sublexikalische Strukturen außer Kraft setzt. Die mit dieser Modifikation der X-bar-Theorie, d.h. mit der Annahme von morphologiespezifischen X-bar-Prinzipien eingeführte Syntax/Morphologie-Distinktion steht aber nicht nur im Widerspruch zu der erklärten Zielsetzung von Liebers Ansatz; letztlich basiert damit auch ihr Modell - wenn auch unausgesprochen - auf dem Postulat einer zweigeteilten Grammatik und unterscheidet sich deshalb nicht prinzipiell von der in den lexikalistischen Ansätzen (SLH und WLH2) vertretenen Auffassung.

Im Gegensatz zu Lieber lehnt Ackema (1994) die Annahme von morphologiespezifischen X-bar-Prinzipien ab; er geht vielmehr davon aus, daß die fundamentale x-bar-theoretische Beschränkung '$X^n \rightarrow X^{n-1}$' auch in morphologischen Strukturen gilt. Da Rekursion für X^0-Kategorien mithin ausgeschlossen ist, und da weiterhin gilt, daß X^0-Elemente die terminalen Knoten in phrasalen Strukturen sind, folgt hieraus - so Ackema - daß für die terminalen Knoten in morphologischen Strukturen negative bar-level angenommen werden müssen. Elemente der Kategorie X^0 - seien dies Simplizia oder komplexe Wörter bzw. deren Konstituenten - werden deshalb im Rahmen der 'Syntax below Zero' als maximale Projektionen von Einheiten der Kategorie X^{-2} aufgefaßt. Diesem Modell liegt eine Syntax/Morphologie-Distinktion also insofern zugrunde, als die atomaren Einheiten der Syntax kategorial distinkt von denen der Morphologie sind; dennoch ist die Unifikation von Morphologie und Syntax hier aber insofern gewährleistet, als Ackema annimmt, daß oberhalb und unterhalb der X^0-Ebene, d.h. auf den unterschiedlichen Kategorientypen dieselben grammatischen Prinzipien und Restriktionen applizieren.

Damit soll der Überblick über die unterschiedlichen Positionen zum Verhältnis von Syntax, Morphologie und Lexikon bzw. zur Stellung der Morphologie in der Grammatik an dieser Stelle abgeschlossen werden. Die teilweise gegensätzlichen, teilweise auch nur marginal voneinander differierenden Auffassungen sind in der einschlägigen Literatur unter verschiedenen Aspekten kontrovers diskutiert worden.[5] Ein Aspekt ist jedoch meines Erachtens in der bisherigen Debatte vernachlässigt worden, nämlich die Frage, mit welchen typologischen Implikationen die jeweiligen Standpunkte verbunden sind. Insbesondere die oben als Postulat der zweigeteilten Grammatik bezeichnete Annahme, derzufolge die Grammatik aus einer jeweils autonomen syntaktischen vs. morphologischen bzw. lexikalischen Komponente besteht, ist meines Wissens bislang nicht unter sprachübergreifender Perspektive betrachtet worden, sondern lediglich anhand verschiedener einzelgrammatischer Analysen empirisch überprüft worden.[6]

In der vorliegenden Arbeit möchte ich empirische Fragen dieser Art deshalb erst an späterer Stelle aufgreifen und zunächst die Konsequenzen diskutieren, die sich für das Verhältnis von Universalgrammatik und einzelsprachlicher Variation aus dem Postulat der zweigeteilten Grammatik ergeben; hierbei werde ich für dieses Postulat auch den Terminus 'Split-Grammar-Hypothese' verwenden.

Wie in der obigen Darstellung deutlich wurde, besagt das Postulat der zweigeteilten Grammatik, daß die Grammatik durch die jeweils angenommenen Subsysteme exhaustiv

---

[5] Vgl. hierzu neben den oben referierten Arbeiten selbst auch die Darstellungen in Spencer (1991: Kap. 11) sowie Hendrick (1995). Zum Verhältnis von lexikalistischen und transformationalistischen Ansätzen sowie zu Aspekten ihrer sprachtheoretischen Tradition vgl. Brekle (1975).

[6] In ihrem Interview mit Chomsky sprechen Huybregts & van Riemsdijk diesen allerdings auf die Frage an, zu welchen Konsequenzen die Annahmen der schwachen lexikalistischen Hypothese für die Betrachtung der Morphologie in den polysynthetischen Sprachen führt (vgl. Chomsky 1982: 95ff.). Chomsky (ebd.) vertritt hier die später von Baker (1988) übernommene Auffassung, daß die Morphologie in diesen Sprachen im wesentlichen syntaktischer Natur sei.

definiert ist, d.h. ein hoher Anteil an Morphologie bzw. Lexikon in der betreffenden Grammatik impliziert einen entsprechend geringeren Anteil an Syntax und umgekehrt.

Im folgenden soll gezeigt werden, daß diese Vorstellung von der internen Struktur der Grammatik unter typologischem Aspekt nicht nur zu deskriptiv inadäquaten Ergebnissen führt, sondern letztlich auch den Anspruch auf Erklärungsadäquatheit nicht erfüllen kann.

2.2 Universalgrammatik vs. zweigeteilte Grammatik

Die starke lexikalistische Hypothese besagt qua Atomizitätsthese, daß polysynthetische Sprachen Morphologie besitzen, analytische hingegen nicht. Aus der Annahme, daß die Morphologie den Status einer separaten Grammatikkomponente hat, folgt außerdem, daß die oberflächliche Verschiedenheit dieser beiden Sprachtypen einen fundamentalen Unterschied zwischen ihren jeweiligen Grammatiken reflektiert. Dieses Ergebnis ist nicht eben spektakulär und entspricht im wesentlichen den Auffassungen der traditionellen Sprachtypologie (vgl. etwa Comrie 1989); mit den Vorstellungen der generativen Sprachtheorie sind die Implikationen der Atomizitätsthese jedoch nicht zu vereinbaren.

Daß die Split-Grammar-Hypothese im Hinblick auf sprachvergleichende Überlegungen ein fragwürdiges Konzept darstellt, zeigt allein die oben nach Maßgabe der SLH getroffene Feststellung, derzufolge die Grammatiken zweier Sprachen sich dahingehend voneinander unterscheiden können, daß die eine Sprache über eine grammatische Komponente verfügt, die in der anderen überhaupt nicht vorhanden ist. Daß die Atomizitätsthese im besonderen und das Postulat der zweigeteilten Grammatik im allgemeinen aber tatsächlich im Widerspruch zu der erklärten Zielsetzung der generativen Grammatik stehen, soll im folgenden gezeigt werden; hierbei werde ich am Beispiel eines einfachen typologischen Szenarios die Konsequenzen diskutieren, die sich aus einer Implementierung der Split-Grammar-Hypothese in das Prinzipien- und Parametermodell der generativen Grammatik ergeben. Diese Methode, die Voraussagen der Split-Grammar-Hypothese zu überprüfen, halte ich für legitim, obwohl die in Kap. 2.1 diskutierten Ansätze in der Regel nicht explizit diesem Modell verpflichtet sind: Da die Vertreter der jeweiligen Ansätze nicht einer rein deskriptiv orientierten Sprachtheorie zuzuordnen sind, sondern erklärtermaßen dem generativen Forschungsparadigma angehören, sollten diese folglich auch mit der Prinzipien- und Parametertheorie als einer spezifischen Ausprägung der generativen Theorie kompatibel sein.

Das Prinzipien- und Parametermodell definiert die typologische Variation als Instanz von Parametrisierung.[7] Das (Nicht-)Vorhandensein einer morphologischen Komponente, wie

---

[7] Im Rahmen des Prinzipien- und Parametermodells wird nicht nur die typologische, sondern konsequenterweise auch die diachronische Variation, d.h. der Sprachwandel als Instanz von Parametrisierung aufgefaßt. Aus expositorischen Gründen beschränke ich mich im folgenden auf eine Diskussion der oben angekündigten typologischen Fragestellung; grundsätzlich sind die

es die starke lexikalistische Hypothese für die analytischen vs. polysynthetischen Sprachen diagnostiziert, ist also im Rahmen dieses Modells als parametrisierbare Eigenschaft der Universalgrammatik aufzufassen. Unter dieser Prämisse ergibt sich damit - gewissermaßen als Fortsetzung der Atomizitätsthese mit anderen Mitteln - die Annahme, daß {Morphologie} ein möglicher Parameter ist.[8] Obwohl er sich folgerichtig aus den Annahmen der SLH ergibt, ist ein solcher Parameter meines Wissens nie explizit vorgeschlagen worden.[9] Zunächst führt das Postulat eines {Morphologie}-Parameters zu der fragwürdigen Konsequenz, daß in Gestalt der Morphologie eine grammatische Komponente mit einem (universal)grammatischen Parameter sowie mit dessen (einzel)grammatischer Merkmalbelegung identifiziert wird. Damit ist eine auf Atomizität rekurrierende Parameterkonzeption aber notwendig mit weiteren empirischen und konzeptuellen Problemen verbunden: Der Wert des {Morphologie}-Parameters wäre in den analytischen Sprachen negativ, in den polysynthetischen positiv fixiert. Für Sprachen, die nicht vom reinen analytischen bzw. polysynthetischen Typ sind - und dies gilt bekanntermaßen für die Mehrzahl der Sprachen - reicht ein Parameter mit binärer Spezifikation allerdings nicht aus. Hier ergeben sich theoretisch zwei Alternativen für einen Ausweg aus dem Merkmal-Dilemma:

Eine Möglichkeit zur Erfassung aller typologischen Mischformen besteht in der Annahme eines {Morphologie}-Parameters mit n-nären Merkmalwerten; die andere in der Parametrisierung einer n-nären Menge von grammatischen Konstruktionen bzw. Phänomenen für {+morphologisch} vs. {-morphologisch}. Der sprachspezifische Wert des n-nären Parameters kann natürlich nur ermittelt werden, wenn für alle Konstruktionen der jeweiligen Sprache festgestellt worden ist, ob sie analytischer oder synthetischer Natur sind, also für {-morphologisch} oder {+morphologisch} zu spezifizieren sind; folglich präsupponiert der n-näre Parameter den zweiwertigen. Zweiwertige Parameter für bestimmte grammatische Operationen sind aber lediglich konstruktionsspezifische Regeln 'in disguise'; ein Parameter mit n-nären Werten ist letztlich nichts anderes als die formale Darstellung eines Kontinuums.

Damit sind beide Optionen sowohl unter empirischen als auch unter konzeptuellen Aspekten absolut unplausibel, da die jeweiligen Parameter lediglich die typologischen

---

typologischen Implikationen der 'Split-Grammar-Hypothese' aber identisch mit deren Konsequenzen für eine Theorie des Sprachwandels.

[8] Je nach Gusto könnte stattdessen natürlich auch ein {Syntax}-Parameter angenommen werden; dieser und der {Morphologie}-Parameter würden sich nur durch jeweils umgekehrte Vorzeichen (Merkmalwerte) voneinander unterscheiden, wären also lediglich notationelle Varianten.

[9] Der hypothetische {Morphologie}-Parameter ist zwar kompatibel, nicht aber identisch mit der sog. 'Lexikalischen Parametrisierungshypothese', die im wesentlichen besagt, daß Parameter ausschließlich auf lexikalische Information Bezug nehmen können (vgl. Webelhuth 1989). Zu einer kritischen Diskussion dieses Vorschlags vgl. Bondre-Beil (1994). Auch der in Baker (1996) postulierte 'Polysynthesis Parameter' stellt nicht die konkrete Ausbuchstabierung des fiktiven {Morphologie}-Parameters dar: Baker (1996: 15) verwahrt sich expressis verbis gegen die Vorstellung, daß dieser Makro-Parameter mit der oberflächlichen Morphologie/Syntax-Distinktion bzw. mit der Unterscheidung von synthetischen vs. analytischen Konstruktionen gleichzusetzen ist, d.h. gegen eine Interpretation des Polysynthese-Parameters als {Morphologie}-Parameter.

Fakten in einer 1:1-Entsprechung reformulieren, zu einer genaueren Beschreibung oder gar zu einer Erklärung derselben jedoch nichts beitragen können.

Gegen Liebers (1992) 'dekonstruierte Morphologie' ergeben sich im Prinzip die gleichen Einwände wie gegen die starke lexikalistische Hypothese, da die dort postulierten morphologiespezifischen X-bar-Prinzipien letztlich das Analogon zur Atomizitätsthese darstellen:[10] Auf der Grundlage von Liebers Annahmen unterscheiden sich Sprachen dahingehend voneinander, ob und ggf. in welchem Maße Rekursion auf X^0-Ebene stattfindet, d.h. ob und ggf. in welchem Maße sie Morphologie haben. Während die analytischen Sprachen nur von dem allgemeinen Strukturformat '$X^n \rightarrow X^{n-1}$' Gebrauch machen, verfügen die polysynthetischen sowie die Sprachen vom gemischten Typ über das erweiterte X-bar-Schema, das die zusätzliche Phrasenstrukturregel '$X^0 \rightarrow X^0$' beinhaltet.

Auch ein Parameter, der auf die An- vs. Abwesenheit von rekursiven X^0-Strukturen rekurrieren würde, könnte also über die bloße Feststellung der typologischen Tatsachen nicht hinausgehen.

Da Ackema (1995) im Unterschied zu Lieber (1992) tatsächlich keine morphologiespezifischen Prinzipien annimmt, die 'Syntax below Zero' also keine weitere Ausprägung der Split-Grammar-Hypothese darstellt, sollte sich eine Parameter-Konzeption der oben diskutierten Form aus dieser Theorie folglich nicht ableiten lassen: X^0-Elemente, i.e. die Köpfe von syntaktisch maximalen Projektionen werden hier grundsätzlich als morphologisch maximale Projektionen von X^{-2}-Kategorien aufgefaßt - unabhängig davon, ob das betreffende X^0-Element Teil einer komplexen Wortstruktur oder ein Simplex ist. Für Affixe, d.h. für gebundene Elemente der Kategorie X^{-2} nimmt Ackema zwar an, daß diese obligatorisch die morphologisch maximale Projektion einer anderen X^{-2}-Kategorie als Komplement selegieren, während freie Morpheme keine solchen Selektionseigenschaften haben. Hieraus folgt aber trivialerweise nur, daß synthetische Konstruktionen ein höheres Maß an Komplexität unterhalb der X^0-Ebene aufweisen als analytische bzw. daß die polysynthetischen Sprachen mehr komplexe Strukturen unterhalb der X^0-Ebene aufweisen als die analytischen. Da in Ackemas Theorie aber unterhalb und oberhalb der X^0-Ebene dieselben Prinzipien und Restriktionen angenommen werden, läßt sich aus diesem Unterschied keine prinzipielle Distinktion zwischen synthetischen vs. analytischen Konstruktionen bzw. zwischen dem polysynthetischen vs. analytischen Sprachtyp ableiten. Diese Unterscheidung kann demnach nicht als Instanz von Parametrisierung reformuliert werden, sie ist vielmehr lediglich ein Reflex der idiosynkratischen Eigenschaften der jeweils beteiligten X^{-2}-Elemente.

---

[10] In Kap. 3.3 wird gezeigt, daß die Annahme von Rekursion auf X^0-Ebene auch aus unabhängigen Gründen nicht aufrechterhalten werden kann.

Unter typologischem Aspekt sind die Implikationen der 'Syntax below Zero' im Gegensatz zu denen der anderen hier diskutierten Ansätze also durchaus mit den Vorstellungen der Prinzipien- und Parametertheorie kompatibel.[11]

In Kap. 2.1 wurde festgestellt, daß die Syntax/Lexikon-Distinktion der dort als WLH2 bezeichneten Version der schwachen lexikalistischen Hypothese sich nicht prinzipiell von der Syntax/Morphologie-Dichotomie der SLH unterscheidet; ebenso wie auf die 'dekonstruierte Morphologie' läßt sich das weiter oben auf der Grundlage der Atomizitätsthese entworfene Szenario deshalb auch auf diese Version der Split-Grammar-Hypothese grundsätzlich übertragen: Man ersetze 'Wortstatus' - das deskriptive Korrelat der Atomizitätsthese - durch ein entsprechendes Kriterium der WLH und tausche 'Morphologie' gegen 'Lexikon' aus.

Während die stark lexikalistisch inspirierte Parametrisierung meines Wissens aber (bislang) nur fiktiven Charakter hat, ist deren schwach lexikalistisches Analogon tatsächlich explizit vorgeschlagen worden. Im Rahmen einer Analyse von englischen Medial- und Ergativkonstruktionen kommen Keyser & Roeper (1984) zu dem Ergebnis, daß die Syntax/ Lexikon-Distinktion in der Grammatik eine Instanz der Parametrisierung von 'move α' darstellt. Sie nehmen an, daß beide Konstruktionstypen durch Bewegung aus dem verbalen Simplex abgeleitet sind, daß jedoch die jeweiligen Ableitungsprozesse in verschiedenen Komponenten stattfinden: Die medialen Formen werden in der Syntax, also durch die syntaktische Applikation von 'move α' deriviert, die ergativen hingegen im Lexikon, also durch die lexikalische Applikation von 'move α'.

Theorie-intern, d.h. innerhalb des spezifischen Grammatikmodells der WLH2 mag die Annahme einer lexikalischen Bewegungsoperation gerechtfertigt sein, da das Lexikon hier als Teil der Grammatik, d.h. als Teil des strukturerzeugenden Systems aufgefaßt wird; dennoch mutet diese Vorstellung schon allein deshalb befremdlich an, weil 'move α' in der Regel als Funktion verstanden wird, die verschiedene syntaktische Repräsentationsebenen aufeinander bezieht, nach der gängigen Auffassung also nicht im Lexikon aktiv ist. Das gravierendere Problem ist aber, daß die Parametrisierung von 'move α' zu den bereits oben bei der Diskussion des fiktiven {Morphologie}-Parameters prognostizierten widersprüchlichen bzw. unerwünschten Ergebnissen führt: Parameter bzw. deren Merkmalwerte - in diesem Fall {+lexikalisch} vs. {-lexikalisch} - werden gleichgesetzt mit den Komponenten der Grammatik - Lexikon und Syntax. Da außerdem gilt, daß syntaktisches vs. lexikalisches 'move α' jeweils mit einer bestimmten morphologischen Operation assoziiert ist, verbirgt sich mithin auch in diesem Parameter lediglich eine konstruktionsspezifische Regel im neuen Gewand. Würde man diesen vermeintlichen Parameter konsequent auch als

---

[11] Unabhängig von diesem Befund möchte ich allerdings bereits an dieser Stelle darauf hinweisen, daß die von Ackema postulierte Verdoppelung des Kategorieninventars dennoch aus konzeptuellen Gründen, nämlich unter dem Einfachheitsaspekt fragwürdig ist und deshalb der empirischen Rechtfertigung bedarf. Wie in Kap. 3.3 gezeigt wird, ist die Annahme von negativen bar-levels aber nicht nur überflüssig, sondern auch mit falschen Voraussagen verbunden.

Grundlage eines übereinzelsprachlichen Vergleichs heranziehen, so liefe dies wiederum auf die beiden oben genannten Optionen hinaus, i.e. auf einen {Lexikon}-Parameter mit binären oder n-nären Merkmalwerten.[12] Im letzteren Fall ergäbe sich der sprachspezifische Wert dieses Parameters aus dem Anteil an Konstruktionen, die unter Beteiligung von 'move α' in der Syntax vs. im Lexikon deriviert werden.

Für die Split-Grammar-Hypothese - sei es in Form der starken oder der schwachen lexikalistischen Ausprägung oder in der von Lieber (1992) vorgeschlagen Version - ist damit abschließend folgendes festzuhalten: Wie auch immer diese im Sinne des Prinzipien- und Parametermodells reinterpretiert wird - mit der eigentlichen Zielsetzung der generativen Grammatik ist die Annahme einer zweigeteilten Grammatik nicht kompatibel.

Die generative Sprachtheorie im allgemeinen und die Prinzipien- und Parametertheorie im besonderen postuliert in Form von universalgrammatischen Prinzipien ein tertium comparationis, auf dessen Grundlage die Gemeinsamkeiten hinter der typologischen Diversität, also die universalen Eigenschaften der Sprache überhaupt ermittelt werden können. Grundlage der generativen Grammatik ist also die folgende starke Hypothese:

(7) Alle Sprachen sind gleich

Wie oben gezeigt wurde, können die rein deskriptiven Unterschiede, die sich aus den verschiedenen Kriterien zur Syntax/Morphologie-bzw. Syntax/Lexikon-Distinktion ergeben, im Rahmen der Split-Grammar-Hypothese lediglich als solche konstatiert bzw. in Form konstruktionsspezifischer Regeln reformuliert werden. Hierbei ist es zum einen absolut unklar, wie auf der Grundlage dieses bloßen Feststellens von typologischer Diversität das notwendige tertium comparationis zu ermitteln sein könnte. Zum anderen kann das Postulat der zweigeteilten Grammatik damit aber bestenfalls die Basis für eine oberflächennahe Beschreibung und Klassifizierung grammatischer Phänomene sein; Aussagen, die über das Niveau einer solchen Beschreibung hinausgehen sollen, müssen auf Feststellungen der folgenden Art beschränkt bleiben:

(8) Alle Sprachen sind gleich, aber einige Sprachen sind gleicher als andere

Wenn die im Vergleich zu (7) schwächere Hypothese in (8) notwendig aus der Split-Grammar-Hypothese folgt, so ist damit nachgewiesen, daß diese faktisch im Widerspruch zu der erklärten Zielsetzung der generativen Sprachtheorie bzw. zu deren Prämisse in (7) steht. Da weiterhin gilt, daß die Aussagen, deren Fazit (8) bildet, zwar beobachtungsadäquat, jedoch nicht beschreibungsadäquat sind, ist der empirische Gehalt der Split-Grammar-Hypothese unter typologischem Aspekt letztlich trivial. Wenn außerdem gilt, daß

---

[12] Wie für den {Morphologie}-Parameter gilt naturgemäß auch für alle Varianten des {Lexikon}-Parameters, daß ein {Syntax}-Parameter als dessen notationelle Variante angenommen werden könnte.

Beschreibungsadäquatheit die notwendige Voraussetzung für Erklärungsadäquatheit darstellt, kann das Postulat der zweigeteilten Grammatik folglich auch dem Anspruch auf Erklärungsadäquatheit nicht gerecht werden.

Da ich an der starken Hypothese in (7) festhalten will, die Annahme einer zweigeteilten Grammatik dieser jedoch widerspricht, werde ich in der vorliegenden Arbeit die Alternative zur Split-Grammar-Hypothese verfolgen; dieses alternative Grammatikmodell beruht auf der folgenden Prämisse: Die Morphologie bildet keine von der Syntax distinkte Komponente - sei diese 'die Morphologie' im Sinne der starken lexikalistischen Hypothese oder 'das Lexikon' im Sinne der schwachen lexikalistischen Hypothese; die sublexikalische Ebene unterscheidet sich demnach nicht prinzipiell von der phrasalen Ebene - sei dies durch ein spezifisches Kategorieninventar im Sinne der 'Syntax below Zero' oder durch spezifische X-bar-Prinzipien im Sinne der 'dekonstruierten Morphologie'.

Empirische Evidenz für diese Annahmen wird sich aus der Diskussion in den folgenden Kapiteln ergeben, in denen die syntaktische Wortbildungstheorie konkretisiert und an exemplarischen Fällen illustriert und überprüft werden soll. Im Zuge dieser Diskussion kommen stellenweise auch einige typologische und diachronische Aspekte des jeweiligen Phänomenbereichs zur Sprache; hierbei wird jeweils angedeutet, welche Implikationen für die Typologie und Diachronie sich aus dem in dieser Arbeit vertretenen Grammatikmodell ergeben.

2.3 Zusammenfassung

In diesem Kapitel habe ich zunächst einen Forschungsüberblick über die in der Literatur vertretenen Standpunkte zum Verhältnis von Syntax, Morphologie und Lexikon gegeben; hierbei war die leitende Fragestellung, ob und ggf. in welcher Form in diesen Ansätzen ein von der Syntax distinkter 'Ort' der Morphologie mit eigenen Regeln und Prinzipien angenommen wird. Die Annahme einer prinzipiellen Syntax/Morphologie-Distinktion habe ich dort als Split-Grammar-Hypothese bzw. als Postulat der zweigeteilten Grammamtik bezeichnet. Im Anschluß an den Überblick habe ich anhand von typologischen Erwägungen gezeigt, daß die Split-Grammar-Hypothese nicht nur zu deskriptiv inadäquaten Ergebnissen führt, sondern aus prinzipiellen Gründen auch den Anspruch auf Erklärungsadäquatheit nicht erfüllen kann.

Damit wurde die theoretische Motivation für das in der vorliegenden Arbeit postulierte Grammatikmodell gegeben, das die Annahme von morphologiespezifischen Strukturprinzipien ausschließt. Die empirische Motivation für dieses Modell bzw. für die syntaktische Theorie der Wortbildung ist Gegenstand der folgenden Kapitel dieser Arbeit.

3 Derivation: -*bar*-Adjektive

Anhand einer Fallstudie zu den Regularitäten der -*bar*-Adjektive soll in diesem Kapitel eine Inkorporationsanalyse der Suffixderivation dargestellt und empirisch motiviert werden. Hierbei haben die folgenden Ausführungen in zweifacher Hinsicht exemplarischen Charakter: Zum einen gehe ich davon aus, daß die Analyse der -*bar*-Ableitungen - mutatis mutandis - auf andere Suffixderivata des Deutschen übertragbar ist; zum anderen verstehe ich diese als Illustration bzw. als konkrete Ausbuchstabierung der zentralen Annahmen, auf denen die syntaktische Wortbildungstheorie basiert. In Kap. 3.1 und 3.2 werden die wortbildungsinternen, in Kap. 3.3 die wortbildungsexternen Restriktionen der -*bar*-Ableitungen diskutiert. Hierbei wird gezeigt, daß die Annahme von morphologiespezifischen Prinzipien nicht nur überflüssig ist (Kap. 3.1 und 3.2), sondern auch zu falschen Voraussagen führt (Kap. 3.3).

3.1 Selektionseigenschaften und grammatische Wohlgeformtheitsbedingungen

In diesem Abschnitt soll zunächst die in (1) illustrierte Bildungsbeschränkung diskutiert werden; hierbei wird gezeigt, daß diese Beschränkung im Rahmen der Inkorporationsanalyse aus der Interaktion von Selektionseigenschaften und grammatischen Wohlgeformtheitsbedingungen abgeleitet werden kann.

Der einschlägigen Literatur zufolge (vgl. bes. Flury 1964; Toman 1987[2]) ist das Suffix -*bar* synchron auf verbale Ableitungsbasen beschränkt, d.h. Affigierung von -*bar* an Nomina oder Adjektive ist ausgeschlossen:

(1) a. lösbar, extrahierbar, befahrbar, indizierbar, dehnbar, ...
    b. *hirschbar, *kaffeebar, *baumbar, ...
    c. *hübschbar, *doofbar, *kaltbar, ...

Zwar sind im aktuellen Wortschatz einige denominale Bildungen belegt, vgl. etwa *dankbar*; *fruchtbar*; wie aus der diachronischen Untersuchung von Flury (1964) hervorgeht, handelt es sich bei diesen Formen jedoch um Relikte aus früheren Sprachstufen:

    Das Suffix -*bar* ist hervorgegangen aus mhd. *bære*, welches wiederum auf ahd. *bâri*, das Partizip Präsens von *beran* 'tragen' (vgl. engl. *to bear*) zurückgeht. Bereits die ahd. Form *bâri* hatte den Status eines gebundenen Morphems, war allerdings im Unterschied zu ihrer nhd. Entsprechung -*bar* auf nominale Erstglieder beschränkt. Toman (1987[2]: 67) stellt hierzu fest, "[...] daß die ältesten *bâri*-Ableitungen quasi als Komposita mit einem inkorporierten Objekt zu deuten sind: *danc-bâri* 'Dank tragend; fähig, den Dank zu zeigen'." Wie die Ungrammatikalität der Daten in (1.b) zeigt, ist dieses Ableitungsmuster jedoch synchron nicht produktiv.

Restriktionen in der Derivationsmorphologie wie die in (1) dargestellten werden im Rahmen der etwa von Höhle (1982), Selkirk (1982) und Lieber (1992) vorgeschlagenen wortsyntaktischen Ansätze auf die Subkategorisierungseigenschaften des jeweiligen Suffixes zurückgeführt, die in dessen Lexikoneintrag zu spezifizieren sind.[1]

Der Ansatz von Höhle (1982) soll im folgenden kurz skizziert werden, da ich mich einigen seiner wesentlichen Annahmen im Prinzip anschließen werde. Höhle selbst bezeichnet seinen Ansatz nun allerdings nicht als wortsyntaktische, sondern als 'strikt lexikalistische' Theorie; hierbei ist 'lexikalistisch' jedoch in seiner Interpretation (vgl. S.80) nicht primär in dem in Kap. 2 diskutierten Sinne, d.h. als Aussage über den Ort der Morphologie zu verstehen. Zwar ist Höhles Modell insofern unter die lexikalistische Hypothese zu subsumieren, als auch er eine von der Syntax distinkte lexikalische Komponente annimmt, in der die Wortbildung lokalisiert wird. Der Fokus in seiner Theorie liegt nun aber nicht auf diesem strukturerzeugenden Charakter des Lexikons, sondern vielmehr auf der Rolle des Lexikons als Ort, an dem grammatisch relevante Information kodiert ist:

Die zentrale These seiner 'Kompositionstheorie der Affigierung' besagt, daß die in anderen lexikalistischen Ansätzen angenommene kategoriale Distinktion zwischen Wurzeln und Affixen überflüssig ist; vielmehr sind - so Höhle - beide Typen von Morphemen Einheiten des Lexikons, d.h. mit einem jeweils eigenen Lexikoneintrag versehene Elemente der Kategorie X^0.[2] Die 'Kompositionstheorie der Affigierung' stellt nun insofern ein 'strikt lexikalistisches' Modell dar, als der Unterschied zwischen diesen beiden Typen von X^0-Elementen auf eine im Lexikon zu spezifizierende idiosynkratische Eigenschaft der betreffenden Elemente, nämlich die frei/gebunden-Distinktion reduziert wird: Affixe selegieren eine Schwesterkonstituente vom Typ X^0 und sind damit in ihrem Lexikoneintrag qua Subkategorisierungsrahmen als gebundene Morpheme ausgewiesen; hierin unterscheiden sie sich von Wurzeln, die keine Selektionseigenschaften auf X^0-Ebene haben und somit als freie Morpheme charakterisiert sind. Der Unterschied zwischen Komposition und Derivation kann im Rahmen dieser Analyse auf die lexikalischen Eigenschaften der beteiligten Elemente reduziert werden: Während Komposita Kombinationen aus Morphemen bzw. Morphemkomplexen sind, die auch frei vorkommen, ist in Derivata eine der beiden unmittelbaren Konstituenten ein gebundenes Morphem.

---

[1] Mit der Annahme, daß nicht nur Wurzeln, sondern auch Affixe mit einem Lexikoneintrag versehen sind, unterscheiden sich diese Ansätze von den etwa in Aronoff (1976) und Jackendoff (1975) postulierten Modellen; hier haben Affixe keine unabhängige Existenz als Elemente des Lexikons, sondern treten lediglich als Bestandteile von Wortbildungsregeln in Erscheinung.

[2] Im Gegensatz zu Höhle geht etwa Selkirk (1982) davon aus, daß Wortstrukturregeln sensitiv für die Wurzel/Affix-Distinktion sind, weshalb sie einen kategorialen Unterschied zwischen Wurzeln vs. Affixen, i.e. X^0- vs. X^{Af}-Elementen resp. annimmt.

Wie Höhle (1982: 89ff) anhand zahlreicher Phänomene zeigt, sind in der Grammatik des Deutschen keine systematischen Korrelationen zur Wurzel/Affix- bzw. Komposition/Derivation-Unterscheidung festzustellen; für die traditionell angenommene kategoriale Unterscheidung beider Wort(bildungs)typen gibt es also keinerlei empirische Evidenz.[3]

Für die strukturelle Gleichartigkeit von Komposita und Derivata spricht insbesondere die sog. 'Kompositionsregularität', d.h. die Tatsache, daß in einer komplexen Wortstruktur die morphosyntaktischen Eigenschaften des Gesamtworts von denen des Zweitglieds determiniert sind - unabhängig davon, ob dieses eine Wurzel oder ein Affix ist (Höhle 1982: 104).[4]

Damit ist nachgewiesen, daß Komposita und Derivata im wesentlichen gleich strukturiert sind:

(2) a. $[_A[_V\text{denk}][_A\text{faul}]]$
    b. $[_A[_V\text{lös}][_A\text{bar}]]$
    (Höhle 1982: 77)

Diese strukturelle Identität ist für Höhle wiederum Evidenz dafür, daß sowohl Komposita als auch Derivata das Produkt der folgenden allgemeinen Wortstrukturregel sind, die auf Variablen über X^0-Einheiten, i.e. Wurzeln und Affixen operiert:

(3) $X^0 \rightarrow Y^0 \frown Z^0$
    (Höhle 1982: 77)

Die Regel in (3) stellt - so Höhle - eine für Wortstrukturen modifizierte Version des allgemeinen x-bar-theoretischen Formats von Phrasenstrukturregeln dar. Aufgrund dieser Annahme eines morphologiespezifischen Strukturprinzips kann das im oben erläuterten Sinne 'strikt lexikalistische' Modell von Höhle also unter die wortsyntaktischen Theorien subsumiert werden. Das Problem der von Höhle postulierten Wortstrukturregel ist allerdings, daß sie eine nicht-endozentrische Struktur erzeugt, also nicht x-bar-konform ist und damit auch dem für seine Argumentation zentralen Phänomen der Kompositionsregularität widerspricht. Der eigentlichen Intention von Höhle würde also eher eine Regel der Form '$X^0 \rightarrow ...X^0...$' bzw. das von Lieber (1992: 37) vorgeschlagene X-bar-Schema in (4) entsprechen:

(4) $X^n \rightarrow ... X^{(n-1, n)} ...$ where recursion is allowed for n=0

---

[3] Reis (1983) kommt in ihrer Replik auf Höhle allerdings zu dem Ergebnis, daß die 'Kompositionstheorie der Affigierung' zwar die Regularitäten der Suffigierung korrekt erfaßt, nicht aber denen der Präfigierung Rechnung trägt. Ich werde auf den Unterschied zwischen diesen beiden Wortbildungstypen in Kap. 4.3.1 dieser Arbeit eingehen und dort zeigen, daß dieser auf die Unterscheidung von Komplementation vs. Adjunktion zurückgeführt werden kann.

[4] Die Kompositionsregularität ist eine notationelle Variante der von Williams (1981: 248) vorgeschlagenen 'Right-hand Head Rule'; vgl. hierzu Kap. 3.1.4 dieser Arbeit.

Konstitutiv für Höhles Vorschlag ist weiterhin die Annahme, daß die Bildungsbeschränkungen in der Derivation auf die Subkategorisierungseigenschaften des jeweiligen Affixes zurückgeführt werden können; diese werden als Bestandteil der kategorialen Charakterisierung (KC) des Affixes in dessen Lexikoneintrag spezifiziert:

(5) *bar*
KC: $[_{X^\cdot} \text{ V } [_A \_\_]]$
(vgl. Höhle 1982: 82)

Wie aus (5) hervorgeht, subkategorisiert das Adjektiv -*bar* eine Schwesterkonstituente vom Typ V^0, d.h. -*bar* ist auf X^0-Ebene an ein Komplement der Kategorie 'Verb' gebunden.

Auf der Grundlage dieser Annahme können die Grammatikalitätskontraste in (1) nunmehr vorausgesagt werden: Die deverbalen Formen in (1.a) erfüllen die Subkategorisierungsforderung von -*bar* und sind deshalb wohlgeformt; die denominalen und deadjektivischen Bildungen in (1.b) und (1.c) sind ausgeschlossen, da sie gegen die Selektionsrestriktionen des Suffixes verstoßen.

Der von Höhle vertretenen Auffassung zur lexikalischen Repräsentation von Wurzeln vs. Affixen werde ich mich im Prinzip anschließen, d.h. auch ich gehe in dieser Arbeit von den folgenden Annahmen aus, für die Höhles Untersuchung hinreichende empirische Evidenz geliefert hat: (i) Affixe sind ebenso wie Wurzeln lexikalische Elemente der Kategorie X^0; (ii) die Wurzel/Affix-Distinktion kann auf die Unterscheidung von freien vs. gebundenen Morphemen reduziert werden; (iii) die frei/gebunden-Unterscheidung ist eine im Lexikon zu spezifizierende unprädiktable Eigenschaft der jeweiligen Morpheme.

Außerdem nehme ich ebenso wie Höhle an, daß die wortbildungsinternen Restriktionen in der Suffixderivation weitgehend durch die Selektionseigenschaften der betreffenden Suffixe determiniert sind. Allerdings werde ich weiter unten zeigen, daß diese Restriktionen - entgegen Höhle - nicht genuin kategorialer Natur sind, sondern vielmehr aus semantischen Selektionseigenschaften abgeleitet werden können.

Die von Höhle postulierte Wortstrukturregel in (3) bzw. deren Variante in (4) kann in dieser Arbeit jedoch aus verschiedenen Gründen nicht aufrechterhalten werden: Daß die Annahme von morphologiespezifischen X-bar-Prinzipien und das damit verbundene Postulat der zweigeteilten Grammatik allein aufgrund von typologischen Erwägungen sowie aus konzeptuellen Gründen zurückgewiesen werden muß, wurde bereits in Kap. 2 gezeigt; weitere empirische Evidenz gegen die Annahme von basisgenerierten rekursiven X^0-Strukturen werde ich in Kap. 3.3 diskutieren.

Im folgenden Abschnitt soll gezeigt werden, daß (i) morphologiespezifische X-bar-Prinzipien im Rahmen der Inkorporationstheorie überflüssig sind, und daß (ii) auf die Angabe von Subkategorisierungsrahmen für lexikalische Elemente in der von Höhle vorgeschlagenen Form verzichtet werden kann.

3.1.1 Kategoriale, morphologische und semantische Selektion

Das gebundene Adjektiv *-bar* muß mit seinem V⁰-Komplement eine morphologische Einheit bilden, d.h. ein Wort der Kategorie A; aus morphologischen Gründen muß also für die *-bar*-Adjektive die von Höhle (1982) postulierte Repräsentation in (2.b), hier wiederholt als (6), angenommen werden:

(6)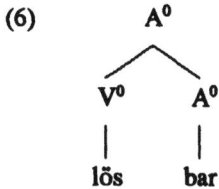

Die Annahme, daß es sich bei einer rekursiven X⁰-Struktur wie (6) um eine basisgenerierte Konfiguration handelt, setzt nun allerdings eine morphologiespezifische Modifikation der X-bar-Theorie wie in (3) bzw. (4) voraus. Aus den in Kap. 2 diskutierten Gründen lehne ich eine solche Modifikation jedoch in dieser Arbeit ab und gehe stattdessen von den folgenden Annahmen aus: (i) Die Grammatik enthält lediglich einen strukturaufbauenden Mechanismus; (ii) die von diesem Mechanismus erzeugten Konfigurationen unterliegen den in (7) definierten allgemeinen Wohlgeformtheitsbedingungen der X-bar-Theorie:[5]

(7)   a.   X' = X X'''*
      b.   X'' = X'''* X'
           where X* stands for zero or more occurrences of some maximal projection
           and X = X⁰
           (Chomsky 1986b: 2f.)

Aus der Annahme, daß das Schema in (7) - abgesehen von der linearen Abfolge der beteiligten Elemente - das universale und allein gültige Format von Phrasenstrukturregeln darstellt, ergeben sich die folgenden Voraussagen:

Zum einen stellt Rekursion auf X⁰-Ebene keine zulässige Option in (7) dar; hieraus folgt, daß die komplexe X⁰-Struktur in (6) nicht in dieser Form basisgeneriert sein kann, sondern daß es sich bei dieser um eine derivierte Repräsentation handeln muß. Zum anderen geht aus der Konjunktion von (7.a) und (7.b) hervor, daß eine X⁰-Kategorie, die als terminales Element in eine phrasale Struktur eingesetzt wird, stets eine phrasale Kategorie, i.e. eine XP projiziert. Da nicht nur die verbale Wurzel, sondern auch das adjektivische Suffix in (6) lexikalische Einheiten der Kategorie X⁰ sind, folgt also weiterhin aus (7), daß sowohl A⁰ als auch V⁰ Köpfe von maximalen Projektionen sein müssen.

---

[5] (7) gibt nun allerdings eine spezifische Abfolge der primitiven Elemente wieder, obwohl sich im Prinzip aus der X-bar-Theorie natürlich keinerlei Aussage über Linearisierung ableiten läßt. Zum Problem der Linearisierung vgl. Kap. 3.1.4 dieser Arbeit.

Wenn außerdem gilt, daß das Adjektiv -*bar* ein Element vom Typ Verb selegiert, muß dieses strukturell als Komplement des Suffixes ausgewiesen sein, d.h. es muß Schwester von A^0 sein. Wie bereits erwähnt, macht die X-bar-Theorie keine Aussagen über die lineare Abfolge von Kopf und Komplement, so daß für die Repräsentation der -*bar*-Adjektive zunächst zwei Optionen in Betracht gezogen werden müssen:

(8) a.   AP   b.   AP

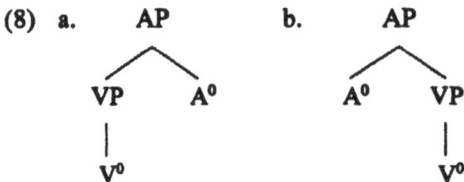

Auf die Frage, welche Rektionsrichtung Adjektive im Deutschen haben, d.h. welche von den beiden Strukturen die angemessene ist, komme ich weiter unten zurück; an dieser Stelle möchte ich zunächst auf das Verhältnis der beiden Konfigurationen in (6) und (8.a) bzw. (8.b) eingehen. Die aus x-bar-theoretischen Gründen anzunehmende Repräsentation in (8) ist offensichtlich nicht mit der aus morphologischen Gründen anzunehmenden rekursiven X^0-Struktur in (6) kompatibel. Der in dieser Arbeit postulierte Verzicht auf morphologiespezifische Strukturprinzipien bzw. der alleinige Rekurs auf die allgemeine Phrasenstrukturregel in (7) führt also notwendig zu der Annahme von zwei konfligierenden strukturellen Repräsentationen für komplexe Wörter. Eine solche Form von 'Mismatch' stellt jedoch im Rahmen des Grammatikmodells der Government-Binding Theorie kein Problem dar:

(9)

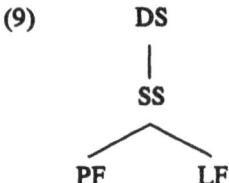

Die beiden genuin syntaktischen Repräsentationsebenen D-Struktur und S-Struktur werden durch die allgemeine Bewegungsoperation 'move α' aufeinander abgebildet; zwischen diesen beiden Ebenen muß also nicht notwendigerweise Isomorphie bestehen. Ich nehme deshalb an, daß (6) die für S-Struktur, (8.a) bzw. (8.b) die für D-Struktur anzunehmende Repräsentation darstellt. Da weiterhin gilt, daß 'move α' sowohl phrasale Kategorien als auch X^0-Elemente affizieren kann, gehe ich davon aus, daß die s-strukturelle Konfiguration in (6) aus der d-strukturellen in (8) durch Kopfbewegung, d.h. durch eine spezifische Applikation von 'move α' abgeleitet wird.

Die von Höhle als 'Subkategorisierungsforderung auf X^0-Ebene' charakterisierte definierende Eigenschaft von Suffixen bezeichne ich in Anlehnung an von Stechow (1992) als deren morphologische Selektion, im folgenden 'M-Selektion'. Suffixe sind lexikalische Elemente, die in ihrem Lexikoneintrag für morphologische Selektionsrestriktionen spezifiziert sind; Wurzeln haben keine solche Spezifikation. Die M-Selektion betrifft den 'zero-bar-level', d.h. ein für M-Selektion spezifiziertes Element selegiert ein Komplement der Kategorie X^0. Morphologische Selektionsrestriktionen müssen auf S-Struktur erfüllt sein, d.h. auf S-Struktur müssen der m-selegierende Kopf und dessen Komplement eine komplexe X^0-Kategorie, also ein Wort bilden. Das gebundene Adjektiv -*bar* m-selegiert ein Element der Kategorie V^0; diese Restriktion ist in der s-strukturellen Konfiguration in (6) erfüllt, sie kann jedoch - wie oben gezeigt wurde - aus prinzipiellen Gründen nicht auf D-Struktur erfüllt sein.

Aus der x-bar-theoretisch motivierten Annahme, derzufolge Affixe phrasale Komplemente selegieren, kann nun auch die folgende reguläre Beziehung zwischen der morphologischen Selektion eines spezifischen lexikalischen Elements und dessen kategorialer Selektion, im folgenden 'C-Selektion' abgeleitet werden:[6]

(10) Selektionskorollar
Ein für M-Selektion spezifizierter lexikalischer Kopf X^0, der eine YP der Kategorie $[\alpha N, \beta V]$ c-selegiert, m-selegiert ein Y^0 der Kategorie $[\alpha N, \beta V]$.

Die kategoriale Selektion betrifft also die Ebene der maximalen Projektionen, d.h. Elemente der Kategorie XP. Das von einem Kopf X^0 selegierte phrasale Komplement YP muß strukturell als Schwester von X^0 ausgewiesen sein; YP und X^0 müssen einander also wechselseitig c-kommandieren. C-Kommando wird hierbei wie folgt definiert:

(11) α c-commands β iff α does not dominate β and every γ that dominates α dominates β.
(Chomsky 1986b: 8)

Sowohl in (8.a) als auch in (8.b) liegt die geforderte symmetrische C-Kommando-Relation zwischen A^0 und VP vor; die kategorialen Selektionsrestriktionen des gebundenen Adjektivs -*bar* sind demnach in beiden Konfigurationen erfüllt. Für die ungrammatischen denominalen und deadjektivischen Bildungen wie *hirschbar* in (1.b) bzw. *hübschbar* in (1.c) müßte dagegen eine NP bzw. AP als Schwester von A^0 angenommen werden; da dies gegen die C-Selektion von -*bar* verstoßen würde, können diese Daten also auf der Grundlage der oben erläuterten Annahmen ausgeschlossen werden.

Zu klären ist nun allerdings noch, welche der beiden Strukturen in (8) die angemessene Repräsentation darstellt, d.h. ob APs im Deutschen kopf-final oder -initial sind. Transitive Wurzeln der Kategorie A, d.h. Adjektive, die für kategoriale, nicht aber für morphologische Selektion spezifiziert sind, scheinen auf den ersten Blick beide Möglichkeiten zuzulassen; so sind präpositionale Komplemente in prädikativen APs sowohl in finaler als auch in initialer Position zu finden:

---

[6] Diese Bedingung wird in Kap. 6 geringfügig modifiziert.

(12) a. weil der Vater stolz/neidisch [auf seinen Sohn] ist
b. weil der Vater [auf seinen Sohn] stolz/neidisch ist

Nominale Komplemente von Adjektiven, d.h. NPs im Genitiv oder Dativ, stehen jedoch sowohl in prädikativen als auch in attributiven Konstruktionen obligatorisch links vom Kopf:

(13) a. weil der Bräutigam [seiner Verlobten] überdrüssig/sicher ist
weil die Braut [ihrem Verlobten] treu/hörig ist
b. *weil der Bräutigam überdrüssig/sicher [seiner Verlobten] ist
*weil die Braut treu/hörig [ihrem Verlobten] ist

(14) a. der [seiner Verlobten] überdrüssige/sichere Bräutigam
die [ihrem Verlobten] treue/hörige Braut
b. *der überdrüssige/sichere [seiner Verlobten] Bräutigam
*die treue/hörige [ihrem Verlobten] Braut

In attributiven APs gehen auch PP-Argumente dem Adjektiv obligatorisch voraus:

(15) a. der [auf seinen Sohn] stolze/neidische Vater
b. *der stolze/neidische [auf seinen Sohn] Vater

Dies deutet darauf hin, daß in (12.a) eine derivierte Struktur vorliegt, Adjektive im Deutschen also nach links regieren.

Für die -bar-Adjektive ergibt sich aus diesen Überlegungen, daß die in (8.a) angenommene Variante, hier wiederholt in (16), als deren d-strukturelle Repräsentation angenommen werden muß:

(16)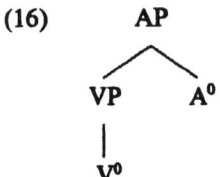

Unter der Voraussetzung, daß C-Selektion erfüllt ist, wenn ein lexikalischer Kopf sein Komplement regiert, stellt (16) eine wohlgeformte D-Struktur dar; wegen der m-selektionalen Forderung von -bar ist diese jedoch auf S-Struktur ausgeschlossen. Die Standardauffassung in der Inkorporationstheorie (vgl. Baker 1988a: 140ff.) besagt nun, daß die Überprüfung der M-Selektion eine s-strukturelle Bedingung wie den von Lasnik (1981) vorgeschlagenen 'stray affix filter' voraussetzt:

(17) Stray Affix Filter
*X if X is a lexical item whose morphological subcategorization frame is not satisfied at S-structure.
(Baker 1988a: 140)

Da es sich bei (17) um einen Filter, d.h. um eine Bedingung mit Verbotscharakter handelt, schließt dieser zwar (16) als mögliche S-Struktur aus, macht jedoch keine Aussage darüber, wie eine wohlgeformte S-Struktur aus der D-Struktur in (16) abzuleiten wäre.

Eine alternative Bedingung, die im Gegensatz zum 'stray affix filter' den Charakter eines Gebots, d.h. einer Anweisung hat, schlägt von Stechow (1992: 180) vor:

(18) X^0 m-selegiere Y^0. Die Überprüfung findet auf der S-Struktur in der Konfiguration $[_Z Y^0 X^0]$ oder $[_Z X^0 Y^0]$ statt, wobei Z = X oder Y, je nachdem ob Y an X oder X an Y adjungiert worden ist.

Konfigurationen wie $[_Z Y^0 X^0]$ bzw. $[_Z X^0 Y^0]$ sind auch in von Stechows Modell als basisgenerierte Strukturen ausgeschlossen. Damit geht aus (18) nun zwar hervor, daß M-Selektion obligatorische Kopfbewegung auslöst bzw. daß A^0 ($=X^0$) und V^0 ($=Y^0$) auf S-Struktur einen komplexen Kopf bilden müssen; dennoch ist auch diese Bedingung insofern unspezifisch, als sie offenläßt, ob dies durch 'lowering' des Adjektivs oder durch 'raising' des Verbs zu geschehen hat. Es ist also zu klären, welche dieser beiden Optionen den Restriktionen über syntaktische Bewegung genügt.

Travis (1984) zufolge ist die für Kopfbewegung einschlägige Bedingung der Head Movement Constraint (HMC):

(19) Head Movement Constraint
An X^0 may only move into the Y^0 that properly governs it.
(Travis 1984: 131)

Wie Travis (1984) zeigt, ist 'lowering' grundsätzlich mit einem Verstoß gegen den HMC verbunden, so daß Kopfbewegung also stets 'raising' sein muß.

Nun hat jedoch Baker (1988a: 53ff.) nachgewiesen, daß der HMC zwar eine deskriptiv korrekte Generalisierung darstellt, als spezifische Bedingung für Kopfbewegung aber überflüssig ist, da dieser vollständig aus dem Empty Category Principle (ECP) abgeleitet werden kann: Wie jede Instanz von syntaktischer Bewegung unterliegt auch Kopfbewegung den grundsätzlichen Restriktionen über 'move α'; insbesondere gilt, daß X^0-Bewegung ebenso wie XP-Bewegung eine Spur hinterlassen muß. Folglich unterliegen auch X^0-Spuren dem ECP, welches eine unabhängig motivierte Beschränkung über die Lizensierung von leeren Kategorien und damit über 'move α' darstellt:

(20) Empty Category Principle
A non-pronominal empty category must be properly governed.
(vgl. Chomsky 1986b: 17)

Im Gegensatz zu XP-Spuren sind X^0-Spuren nicht Θ-regiert; die einzige Form, in der Kopfspuren das ECP erfüllen können, ist deshalb die Antezedensrektion, d.h. die Spur t_i eines Elements X^0 muß von X^0_i regiert werden.

Es stellt sich nun allerdings die Frage, ob Antezedensrektion unter C-Kommando stattfindet, oder ob als hierfür einschlägige Bedingung M-Kommando anzunehmen ist. Die Beantwortung dieser Frage hängt wiederum davon ab, wie die strukturellen Relationen innerhalb einer durch Kopfadjunktion derivierten komplexen X^0-Kategorie selbst definiert werden.[7] Ich werde in der vorliegenden Arbeit von der Annahme ausgehen, daß in einem solchen komplexen Kopf wechselseitiges C-Kommando zwischen dem Inkorporans und dem Inkorporandum vorliegt; dies wiederum hat die Konsequenz, daß ich als Bedingung für Antezedensrektion nicht C-Kommando, sondern M-Kommando annehme. Die Begündung dieser Annahme und die genauere Erläuterung deren Implikationen möchte ich erst an späterer Stelle geben; an dieser Stelle soll zuvor gezeigt werden, welche Konsequenzen dies für die syntaktische Repräsentation der -bar-Adjektive hat.

M-Kommando stellt die von Aoun & Sportiche (1983) vorgeschlagene spezifische Ausprägung von C-Kommando dar, die den dominierenden Knoten γ im Unterschied zu (11) auf maximale Projektionen beschränkt:

(21) α m-commands β iff α does not dominate β and for every maximal projection γ, if γ dominates α then γ dominates β.
(vgl. Baker 1988a: 36)

Wie die folgende Struktur zeigt, führt 'lowering' notwendig zu einer ECP-Verletzung:

---

[7] Roberts (1993: 44ff.) nimmt neben Adjunktion auch Substitution als mögliche Form von Kopfbewegung an, wobei er zwei Typen von Substitution unterscheidet: Ein Kopf Y^0 wird entweder in die leere Komplementposition eines Kopfs X^0 oder in den leeren Kopf X^0 selbst 'substituiert'. Im ersteren Fall ist Y^0 Schwester eines X^{-1}-Elements, welches zu einem X^0-Knoten projiziert; im letzteren Fall wird Y^0 unmittelbar von X^0 dominiert. Da Typ 2 meines Erachtens einen Verstoß gegen grundlegende Prinzipien der X-bar-Theorie involviert, und da ich Typ 1 aus den in Kap. 3.3 erläuterten Gründen ablehne, gehe ich entgegen Roberts davon aus, daß Kopfbewegung stets Kopfadjunktion ist.

(22)   *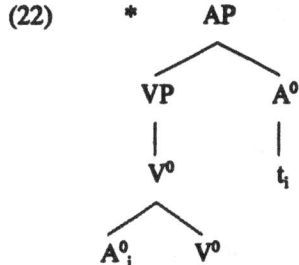

Die maximale Projektion, die A^0_i dominiert, ist die VP; diese dominiert aber nicht t_i. Folglich ist die Kopfspur nicht regiert, und (22) kann als mögliche S-Struktur ausgeschlossen werden.

Als einzig zulässige Option für Kopfbewegung verbleibt somit die 'raising'-Variante:[8]

(23)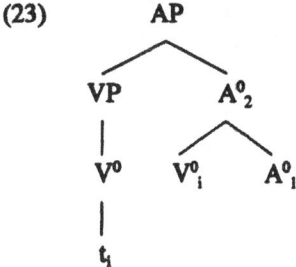

In dieser Konfiguration wird t_i nunmehr von V^0_i m-kommandiert, so daß die Struktur in (23) einer wesentlichen Bedingung für Antezedensrektion genügt.

Eine weitere Bedingung, die erfüllt sein muß, damit Antezedensrektion einer Spur gewährleistet ist, besteht darin, daß die Rektionsbeziehung zwischen Spur und Antezedens nicht durch eine intervenierende Barriere blockiert wird. Baker (1988a: 56) geht von der folgenden Barrierendefinition aus:

(24) Let D be the smallest maximal projection containing A. Then C is a BARRIER between A and B if and only if C is a maximal projection that contains B and excludes A, and either:
  (i) C is not selected, or
  (ii) the head of C is distinct from the head of D and selects some WP equal to or containing B.

---

[8] Der Notation von Chomsky (1995) folgend habe ich die beiden Adjektivknoten in der Adjunktionsstruktur hier mit numerischen Indizes gekennzeichnet. Im folgenden werde ich Indizes in Adjunktionsstrukturen nur noch dann verwenden, wenn dies für die Argumentation von Bedeutung ist.

Eine potentielle Barriere in der Struktur in (23) stellt die VP dar; da diese jedoch ex hypothesi von A^0 selegiert ist, bildet sie keine Barriere für die Bewegung von V^0 im Sinne der Klausel (24)(i). Klausel (ii) der Bedingung in (24), i.e. Bakers Version der Minimalitätsbedingung ist für eine einfache Inkorporationsstruktur wie (23) redundant: Eine Kategorie A kann kein näheres Regens als A selbst sein, d.h. die VP in (23) ist keine Minimalitätsbarriere für ihren eigenen Kopf V^0 (vgl. Baker 1988a: 57).

Allerdings weist Roberts (1993: 33ff.) darauf hin, daß die Minimalitätsbedingung auch für eine Struktur wie (23) insofern nicht redundant ist, als hiermit die Exkorporation eines zuvor inkorporierten Kopfs ausgeschlossen werden kann: Wenn V^0 sich unter Zurücklassung von $A^0{}_1$ an den Kopf einer höheren Projektion bewegen würde, wäre die AP eine Barriere für Antezedensrektion der Verbspur in $A^0{}_2$. Die von Baker (1988a: 73) stipulierte morphologische Bedingung, derzufolge Wörter keine Spuren enthalten dürfen, wäre demnach überflüssig, da auch das Verbot von Exkorporation letztlich aus dem ECP abgeleitet werden kann.[9]

Für (23) ist festzuhalten, daß Antezedensrektion zwischen dem bewegten Kopf und dessen Spur gewährleistet ist, d.h. das ECP ist erfüllt; folglich stellt die abgeleitete Struktur eine wohlgeformte s-strukturelle Repräsentation der D-Struktur in (16) dar. Dies wiederum bedeutet, daß die morphologischen Selektionsrestriktionen eines lexikalischen Elements X^0 nur durch 'raising' des von X^0 m-selegierten Elements Y^0 erfüllt werden können, so daß eine durch M-Selektion ausgelöste obligatorische Inkorporation auch stets dem 'Head Movement Constraint' genügt.

Im folgenden möchte ich nun auf die oben angesprochene Frage nach den strukturellen Relationen in Adjunktionsstrukturen eingehen:

May (1985: 53ff.) geht davon aus, daß in einer Adjunktionsstruktur wie (25) die Knoten XP_1 und XP_2 keine distinkten Projektionen bzw. Kategorien sind, sondern Segmente bzw. 'occurrences' der Kategorie XP:

(25)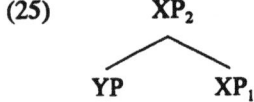

Außerdem schlägt May (1985: 57) die folgende Definition von 'Dominanz' vor, hier zitiert nach Chomsky (1986b: 7):

(26) α is dominated by β only if it is dominated by every segment of β

In (25) wird YP also nicht von XP dominiert, da YP nur von einem Segment von XP dominiert wird.

---

[9] Dies deutet aber auch Baker selbst (1988a: 451, Anm. 19) an.

Der durch Kopfadjunktion derivierte komplexe Kopf in (23) stellt das Analogon zu der Konfiguration in (26) dar, so daß sich nach May (1985) und Chomsky (1986b) für die strukturellen Verhältnisse in (23) die folgenden Implikationen ergeben: A^0 ist eine zweisegmentige Kategorie, die $V^0{}_i$ nicht dominiert, da nicht jedes ihrer Segmente $V^0{}_i$ dominiert. Der nächste Knoten, der $V^0{}_i$ dominiert, ist damit AP. Da dieser aber auch t_i dominiert, würde die Kopfspur in (23) also von ihrem Antezedens c-kommandiert, und der Rekurs auf M-Kommando wäre überflüssig (vgl. die C-Kommando-Definition in (11)).[10]

Nun hat jedoch Epstein (1998) gezeigt, daß die von May (1985) primär für LF-Bewegung konzipierte segmentale Theorie der Adjunktion für Bewegung auf S-Struktur mit falschen Voraussagen verbunden ist. Epstein nimmt deshalb an, daß syntaktische Adjunktion an einen Knoten XP, i.e. Adjunktion an XP auf S-Struktur diesen Knoten nicht 'segmentiert', sondern 'dupliziert':

(27) Syntactic adjunction to X^{max} creates a second X^{max}.
      (Epstein 1998: 200)

Demzufolge sind XP_1 und XP_2 in der Adjunktionsstruktur (25) nicht 'occurrences' von XP, sondern - so Epstein (1998: 199) - 'distinct maximal projections'; entgegen May (1985) wird XP_1 in dieser Konfiguration also von XP_2 dominiert.

Obwohl die segmentale Theorie m.W. die derzeit vorherrschende Auffassung zur Adjunktion darstellt, werde ich mich in dieser Arbeit dem neueren Vorschlag von Epstein anschließen.[11] Ich hoffe zeigen zu können, daß die Duplikationstheorie auch im Phänomenbereich 'Kopfadjunktion' zu plausiblen Egebnissen führt und nehme deshalb für X^0-Adjunktion das Analogon zu XP-Adjunktion in (27) an:

(28) Syntaktische Adjunktion an X^0 erzeugt ein zweites X^0.

Auf der Grundlage von (28) sind die strukturellen Relationen in (23) nunmehr wie folgt zu definieren:

$A^0{}_2$ dominiert $V^0{}_i$, aber nicht t_i, d.h. t_i wird nicht von $V^0{}_i$ c-kommandiert. Dies wiederum impliziert, daß als einschlägige Bedingung für Antezedensrektion von Kopfspuren M-Kommando angenommen werden muß. Da 'lowering' - wie oben gezeigt wurde - auch

---

[10] Baker (1988: 55ff.) nimmt M-Kommando für Antezedensrektion an, weist jedoch (S. 449, Anm. 10) auch auf die hier skizzierte Alternative hin; die 'lowering'-Variante in (22), d.h. die nicht HMC-konforme Struktur kann trivialerweise auch unter Rekurs auf die striktere C-Kommando-Version in (11) ausgeschlossen werden.

[11] Die auf May (1985) zurückgehende Unterscheidung von Segmenten und Kategorien ist auch in der neueren Literatur zu Kopfbewegung (vgl. etwa Roberts 1993, Baker 1996, Sabel 1996) vielfach übernommen bzw. auf X^0-Adjunktion übertragen worden. Von zentraler Bedeutung ist diese Unterscheidung für die von Kayne (1993) vorgelegte Linearisierungstheorie, auf die ich in Kap. 3.1.4 kurz eingehen werde.

unter Rekurs auf M-Kommando ausgeschlossen werden kann, spricht unter diesem Aspekt zumindest nichts gegen die Duplikationstheorie.

Eine weitere Implikation von (28) ist, daß A^0_2 sowohl V^0_i als auch A^0_1 unmittelbar dominiert. Hieraus folgt, daß V^0_i und A^0_1 einander wechselseitig c-kommandieren. Diese Annahme ist nun insofern plausibel, als sie eine weitere Generalisierung über den Zusammenhang zwischen kategorialer und morphologischer Selektion erlaubt:

Weiter oben wurde festgestellt, daß die C-Selektion in einer strukturellen Konfiguration überprüft wird, in der Kopf und Komplement einander wechselseitig c-kommandieren. Das Selektionskorollar in (10) besagt, daß der einzige Unterschied zwischen C- und M-Selektion darin besteht, daß die erstere phrasale Kategorien und die letztere Köpfe betrifft; auch (morphologisch) selegierte X^0-Elemente haben demnach Komplementstatus. Aus (28) folgt, daß das Inkorporans A^0_1 und das Inkorporandum V^0_i in dem komplexen Xopf A^0_2 einander symmetrisch c-kommandieren; damit kann also im Rahmen der Duplikationsauffassung festgestellt werden, daß M-Selektion und C-Selektion im Prinzip in derselben strukturellen Konfiguration überprüft werden bzw. überprüfbar sein müssen. Diese Feststellung reflektiert zum einen die Intuition, daß der Unterschied zwischen C-Selektion und M-Selektion, i.e. die 'frei/gebunden'-Distinktion nicht prinzipieller Natur ist, sondern lediglich ein Oberflächenphänomen darstellt. Zum anderen kann auf der Grundlage dieser Auffassung die s-strukturelle Beschränkung, der die Überprüfung der M-Selektion unterliegt, nunmehr auf die folgende Aussage reduziert werden:

(29)   M-Selektion muß auf S-Struktur erfüllt sein.

Wie oben gezeigt wurde, ist jede weitere Spezifikation dieser Bedingung überflüssig; der 'stray affix filter' - sei es in der von Baker (1988a) oder von Stechow (1992) vorgeschlagenen Form in (17) bzw. (18) - kann also durch (29) ersetzt werden.[12]

Die folgenden Daten deuten nun allerdings darauf hin, daß der alleinige Rekurs auf die kategorialen bzw. die hieraus via (10) abzuleitenden morphologischen Selektionsrestriktionen von -bar zu falschen Voraussagen führt:

(30)   *kennbar, *haßbar, *wißbar, *verbitterbar, *bewunderbar, *liebbar, *glaubbar, *beneidbar, *fürchtbar, ...

Obwohl alle Formen in (30) deverbal sind, also die M- bzw. C-Selektion von -bar erfüllen, sind sie dennoch ausnahmslos ungrammatisch. Ein Vergleich der Basisverben in diesen Bildungen mit denen in (31) zeigt, daß der Grammatikalitätskontrast offenbar auf eine semantische Restriktion zurückzuführen ist:

---

[12] Auf die Frage, wie die s-strukturelle Form *barlös auszuschließen ist, die ebenfalls alle bisher diskutierten Bedingungen erfüllt, werde ich in Kap. 3.1.4 eingehen.

(31) lösbar, kontrollierbar, entzifferbar, spaltbar, ersetzbar, dehnbar, deklinierbar, trennbar, galvanisierbar, ...

Die ungrammatischen Bildungen in (30) sind aus Zustandsverben, größtenteils Empfindungsverben abgeleitet, die wohlgeformten in (31) dagegen aus Verben, die eine Aktivität bzw. ein Ereignis denotieren. Damit stellt sich hier die Frage, ob im Lexikoneintrag des Affixes nicht nur dessen c-selektionale Eigenschaften, sondern zusätzliche Selektionsforderungen semantischer Art spezifiziert sein müssen.

Wie jedoch Grimshaw (1979) und Pesetsky (1982) gezeigt haben, können die kategorialen Selektionsforderungen lexikalischer Elemente in regulärer Weise aus deren semantischen Selektionseigenschaften abgeleitet werden; eine Dissoziierung dieser beiden Typen von Selektionsrestriktionen in den jeweiligen Lexikoneinträgen ist demnach überflüssig. Chomsky (1986a) nimmt in Anlehnung an die Überlegungen von Grimshaw und Pesetsky an, daß die Ableitung der kategorialen aus der semantischen Selektion - im folgenden S-Selektion - der folgenden Bedingung unterliegt:[13]

(32) Canonical Structural Realization (CSR)
If a verb (or other head) s-selects a semantic category C, then it c-selects a syntactic category that is "the canonical structural realization of C" (CSR(C)).
(Chomsky 1986a: 87)

Auf der Grundlage dieser Bedingung ist die lexikalische Spezifikation der C-Selektion also überflüssig, da diese via CSR aus der S-Selektion abgeleitet werden kann; Informationen über kategoriale Selektionseigenschaften sind demnach kein Bestandteil des Lexikons.

Daß die Annahme von C-Selektion einerseits redundant und andererseits - wie bereits in (30) gezeigt - nicht restriktiv genug ist, wird in Bondre-Beil (1994: 18f.) am Beispiel der folgenden Daten illustriert:

(33) a. Rudi weiß die Antwort
b. Rudi weiß, daß Köln im Rheinland liegt
c. *Rudi weiß die Kaffeemaschine

Die Sätze in (33.a) und (33.b) deuten darauf hin, daß *wissen* NPs sowie CPs c-selegiert; wie jedoch aus dem Kontrast zwischen (33.a) und (33.c) hervorgeht, führt der alleinige Rekurs auf C-Selektion auch hier zu einem Problem, da offenbar nicht beliebige NPs als Komplement von *wissen* lizensiert sind. Mit der Annahme, daß Komplementation primär s-selektionalen Restriktionen unterliegt, kann die Datenverteilung in (33) jedoch erklärt werden: *wissen* s-selegiert eine semantische Kategorie vom Typ 'Proposition'; die kanonische strukturelle Repräsentation dieser Kategorie sind CPs, also sententiale Komple-

---

[13] Ebenso wie das Selektionskorollar in (10) wird auch diese Bedingung in Kap. 6 geringfügig modifiziert.

mente sowie eine Subklasse von NPs, nämlich NPs mit propositionalem Gehalt (vgl. Chomsky 1986a: 87). Diese s-selektionalen Restriktionen werden sowohl durch die propositionale NP in (33.a) als auch durch die CP in (33.b) erfüllt, weshalb es sich bei diesen um wohlgeformte Kopf/Komplement-Strukturen handelt. Das NP-Komplement in (33.c) hingegen denotiert ein konkretes Objekt, verstößt also gegen die S-Selektion von *wissen* und kann somit ausgeschlossen werden. Auf der Grundlage von CSR kann die lexikalische Information über Köpfe folglich auf ausschließlich s-selektionale Eigenschaften reduziert werden.

Wenn transitive Wurzeln wie *wissen* s-selektionale Eigenschaften haben, so ist zu erwarten, daß dies auch für Affixe gilt, da es sich bei diesen per definitionem um transitive lexikalische Einheiten, d.h. X^0-Elemente mit Selektionseigenschaften handelt. Für die -*bar*- Adjektive ist nun zu klären, welche semantische Kategorie das Suffix s-selegiert.[14] Weiter oben wurde festgestellt, daß -*bar* nicht an statische Verben, sondern ausschließlich an Handlungsverben suffigiert werden kann, vgl. (30) vs. (31).

Wie (34) zeigt, läßt sich dieser Kontrast nicht auf der Grundlage der klassischen, auf Vendler (1957) zurückgehenden Einteilung in 'states', 'accomplishments', 'achievements' und 'activities' ableiten:[15]

(34) a. state: *kennbar
     b. accomplishment: reparierbar
     c. achievement: erreichbar
     d. activity: trinkbar

Da die Bildungen in (34.b) - (34.d) gleichermaßen wohlgeformt sind, ist für die S-Selektion von -*bar* offensichtlich nur die [+/-state]-Distinktion relevant. Für Eigenschaften wie Punktualität und Resultativität, auf deren Grundlage in Vendlers System die 'accomplishment'-, 'achievement'- und 'activity'-Verben voneinander unterschieden werden, scheint -*bar* hingegen nicht sensitiv zu sein. Eine Generalisierung, die diese Verteilung erfassen kann, müßte also auf eine Verbklassifikation rekurrieren, in der die nicht-statischen Prädikate in (34.b) - (34.d) und die statischen in (34.a) im Gegensatz zu der Vendlerschen Einteilung jeweils eine natürliche Klasse bilden. Eine solche Systematisierung wird etwa

---

[14] Ich gehe in dieser Arbeit davon aus, daß semantische Selektion nicht notwendig thematische Markierung impliziert; auf die Frage, ob das Suffix seinem Komplement eine Theta-Rolle zuweist bzw. ob komplexe X^0-Strukturen dem Theta-Kriterium unterliegen, werde ich deshalb im folgenden nicht eingehen. Zu einer kritischen Diskussion des Theta-Kriteriums vgl. Jackendoff (1990: 59ff.).

[15] Auf die von Vendler vorgeschlagenen Tests, anhand derer ich die Klassenzugehörigkeit der Verben in (34) ermittelt habe, will ich hier nicht eingehen; vgl. zur Problematik dieser Klassifikation auch die Bemerkung zu Vendler (1957) und Verkuyl (1989) weiter unten.

von Mourelatos (1978) angenommen, der als Hauptklassen 'states' und 'occurrences' unterscheidet.[16]

In Anlehnung an diese in Mourelatos motivierte Klassifikation nehme ich deshalb an, daß -bar ein Komplement der semantischen Kategorie 'occurrence' s-selegiert.[17] Außerdem gehe ich davon aus, daß die kanonische strukturelle Repräsentation dieser semantischen Kategorie die syntaktische Kategorie VP ist. Für die Klasse der m-selegierenden Morpheme stellt die Bedingung der 'Canonical Structural Realization' in (32) demnach die Basis des Selektionskorollars in (10) dar, dem die reguläre Abbildung zwischen morphologischen und kategorialen Selektionsrestriktionen unterliegt.

Mit der Annahme von CSR kann damit nun zum einen der Grammatikalitätskontrast zwischen (30) und (31) aus den semantischen Selektionsrestriktionen des Suffixes abgeleitet werden: Die VPs in (30), vgl. *die Antwort wissen, die Schwiegermutter hassen*, etc. sind Zustandsbezeichnungen und deshalb als Komplement von -bar ausgeschlossen; dagegen denotieren *die Aufgabe lösen, die Rechnungen kontrollieren*, etc. in (31) jeweils ein 'Vorkommnis', d.h. eine 'occurrence' und erfüllen damit die S-Selektion des Suffixes.[18]

Zum anderen kann auf der Grundlage dieser Bedingung nunmehr auch die Ungrammatikalität von denominalen und deadjektivischen Ableitungen wie *hirschbar bzw. *hübschbar vorausgesagt werden: Weiter oben wurde festgestellt, daß diese ausgeschlossen sind, da sie gegen die c-selektionalen Forderungen von -bar verstoßen. Nun stellen jedoch sowohl NPs als auch APs nicht die kanonische strukturelle Repräsentation der semantischen Kategorie 'occurrence' dar; letztlich involvieren also auch diese Bildungen einen Verstoß gegen die S-Selektion des Suffixes und machen deshalb eine zusätzliche Spezifikation der c-selektionalen Eigenschaften von -bar überflüssig.

Die oben nur angedeuteten Probleme einer adäquaten semantischen Klassifikation von Verben sowie die grundsätzlichen Probleme der Syntax/Semantik-Abbildung sollen in dieser Arbeit nicht weiter diskutiert werden; im folgenden möchte ich lediglich einige Fragen skizzieren, die sich im Zusammenhang mit diesem Problem stellen: Es wird zum einen angenommen, daß die [+/-state]-Distinktion eine zentrale Bezugsgröße nicht nur für die Verbsemantik im allgemeinen, sondern auch für die Definition der Aktionsarten im besonderen darstellt (vgl. Vendler 1957; Dowty 1979; Verkuyl 1989). Zum anderen wird

---

[16] Eine ähnliche Distinktion schlägt Ehrich (1992: 75ff.) vor, die als Hauptklassen Eigenschaften und Situationen annimmt.

[17] Die Frage, warum Ableitungen aus Ereignisverben nicht grundsätzlich wohlgeformt sind, vgl. *helfbar, *schwimmbar, wird in Kap. 3.2 diskutiert.

[18] Toman (1983: 71ff.) nimmt an, daß nur intentionale Verben Affigierung mit -bar zulassen, während nicht-intentionale als Ableitungsbasis ausgeschlossen sind. Da jedoch alle statischen Verben per default auch nicht-intentional sind, ist die Annahme einer zusätzlichen Selektionseigenschaft in der von Toman vorgeschlagenen Form überflüssig.

die Hypothese vertreten, daß deverbale Affigierungsprozesse sensitiv für die Aktionsart des Basisverbs sind (vgl. Oh 1985; 1988).

Ob die Bildungsbeschränkungen in der verbalen Derivationsmorphologie tatsächlich systematisch mit den Aktionsartenunterschieden korrelieren, ist allerdings zum einen zweifelhaft (vgl. Fanselow 1988); selbst wenn Korrelationen dieser Art nachzuweisen wären, ist jedoch zum anderen nicht a priori auszuschließen, daß es sich bei der Verbindbarkeit eines Verbs mit spezifischen Affixen und dessen Zugehörigkeit zu einer spezifischen Aktionsart lediglich um Epiphänomene handelt. Möglicherweise sind also nicht nur die Aktionsartenunterschiede zwischen den Verben selbst, sondern auch die vermeintliche Aktionsart-Sensitivität von Affixen gleichermaßen Reflexe von fundamentaleren semantischen Eigenschaften der jeweiligen Verben. Um diese Frage abschließend beantworten zu können, müßte aber wiederum geklärt werden, ob Kategorien wie 'state' vs. 'occurrence' tatsächlich semantische Primitiva sind bzw. - falls es sich auch bei diesen nur um abgeleitete Konzepte handelt - welche semantischen 'primes' überhaupt angenommen werden können.[19]

Für die Aktionsartenforschung besteht ein weiteres Problem darin, daß 'Aktionsart' keine verb-inhärente Eigenschaft zu sein scheint, was noch von Vendler (1957) angenommen wird. Wie Verkuyl (1989) zeigt, ergibt sich die Aktionsart vielmehr kompositionell aus den semantischen Eigenschaften des Verbs und denen der VP-internen Argumente.[20] Hierbei haben sich für den semantischen Beitrag der nominalen Argumente zur Aktionsart der gesamten VP u.a. Parameter wie Determination und Quantifikation als relevant erwiesen.

Obwohl die Details der Syntax/Semantik-Abbildung also weitgehend ungeklärt sind, halte ich in dieser Arbeit an der Null-Hypothese fest, derzufolge die Zuordnung zwischen semantischen und syntaktischen Kategorien nicht völlig arbiträr sein kann. Die c-selektionalen Eigenschaften lexikalischer Elemente müssen also auf der Grundlage einer Funktion wie CSR aus deren - wie auch immer zu beschreibenden - s-selektionalen Eigenschaften abzuleiten sein.

Damit kann für den Zusammenhang zwischen semantischen, kategorialen und morphologischen Selektionsrestriktionen an dieser Stelle das folgende Zwischenresümee gezogen werden:

Derivationsaffixe wie -bar bilden eine Teilklasse der lexikalischen Elemente, die für semantische Selektion spezifiziert sind. Die m-selektionalen Restriktionen dieses Elements können auf der Grundlage des Korollars in (10) aus dessen c-selektionalen Eigenschaften abgeleitet werden, wobei sich diese wiederum via CSR in (32) aus seiner S-Selektion

---

[19] Vgl. zur semantischen Dekomposition neben Dowty (1979) auch die Arbeiten von Jackendoff (1983; 1990) und Rappaport & Levin (1988) sowie Levin & Rappaport Hovav (1995); hier wird in Form der sog. 'Lexical Conceptual Structure' eine Repräsentationsebene angenommen, auf der Wortbedeutungen in atomare semantische Prädikate und Funktoren dekomponiert werden. M.E. ist es allerdings unklar, ob diese atomaren Einheiten tatsächlich semantische, d.h. grammatische Kategorien darstellen, oder ob es sich bei diesen lediglich um ontologische Konzepte handelt.

[20] Sollten Derivationsaffixe tatsächlich für Aktionsartenunterschiede sensitiv sein, ergäbe sich hieraus natürlich zusätzliche Evidenz für die Annahme, daß Affixe phrasale Komplemente selegieren.

ergeben. Die Eigenschaft der M-Selektion selbst ist jedoch nicht weiter ableitbar, d.h. Affix-Status ist eine idiosynkratische und unprädiktable Eigenschaft von spezifischen lexikalischen Elementen.

Vorläufig läßt sich damit die folgende Generalisierung formulieren:

(35) M-Selektion impliziert C-Selektion; C-Selektion impliziert S-Selektion.

Der Lexikoneintrag für -*bar* müßte demnach die folgenden Informationen enthalten:

(36) /bar/
      [+N,+V]
      S-Selektion: 'occurrence'
      +M-Selektion

Angaben über die kategorialen Eigenschaften des von -*bar* morphologisch bzw. kategorial selegierten Komplements sind überflüssig; redundant ist außerdem die Information, daß dieses Element überhaupt ein Komplement c-selegiert. Affix-Status hingegen ist nicht prädiktabel und muß deshalb in Form eines diakritischen Merkmals wie '+M-Selektion' im Lexikoneintrag vermerkt sein.

Von einer regulären Beziehung zwischen den verschiedenen Selektionseigenschaften geht auch von Stechow (1992) aus; außerdem nimmt er die folgenden Korrespondenzen zwischen Selektionseigenschaften und grammatischen Repräsentationsebenen an:

(37) a. Kategoriale Selektion wird auf D-Struktur überprüft.
     b. Morphologische Selektion wird auf S-Struktur überprüft.
     c. Semantische Selektion wird auf LF überprüft.
        (von Stechow 1992: 176)

Daß die Überprüfung der M-Selektion aus x-bar-theoretischen Gründen an eine s-strukturspezifische Bedingung geknüpft sein muß, wurde oben nachgewiesen; an (37.b) bzw. dem in dieser Arbeit postulierten Äquivalent dieser Bedingung in (29) werde ich deshalb festhalten.

Für (37.a) und (37.c) stellt sich jedoch die Frage, ob die dort postulierte eineindeutige Zuordnung zwischen C-Selektion und D-Struktur bzw. S-Selektion und LF mit dem Projektionsprinzip kompatibel ist. Das Projektionsprinzip stellt eine unabhängig motivierte Wohlgeformtheitsbedingung über mögliche Abbildungen zwischen D-Struktur, S-Struktur und LF dar, d.h. eine Beschränkung über mögliche syntaktische Derivationen. Informell formuliert besagt diese Bedingung, daß die Selektionseigenschaften lexikalischer Elemente auf sämtlichen syntaktischen Repräsentationsebenen erfüllt sein müssen (vgl. etwa Chomsky 1986a: 116 et pass.). Der Standardauffassung zufolge handelt es sich beim Projektionsprinzip um eine ebenenübergreifende Wohlgeformtheitsbedingung; (37) präsupponiert nun offensichtlich eine relativierte Version dieser Beschränkung, in der die unterschiedlichen

Selektionseigenschaften mit den jeweils hierfür als relevant erachteten Repräsentationsebenen korreliert werden. Ein solcherart relativiertes Projektionsprinzip, das von Stechow (1992) nur implizit voraussetzt, wird explizit von Ouhalla (1991: 25) vorgeschlagen:

(38) Generalized Projection Principle:
The selectional properties of lexical items must be satisfied at the relevant levels of representation.

Wie oben gezeigt wurde, ist die Dissoziierung von kategorialer und semantischer Selektion überflüssig, da diese unter Rekurs auf die Bedingung der 'Canonical Structural Realization' in regulärer Weise aufeinander abgebildet werden können. Allein aus diesem Grund erscheint es also fragwürdig, C- und S-Selektion als separate Konzepte aufzufassen bzw. die Überprüfung der jeweiligen Selektionsrestriktionen an separate syntaktische Ebenen zu knüpfen.

Hinzu kommt, daß die Ebene der Logischen Form - zumindest in der Standardversion der Government-Binding Theorie - als syntaktische Repräsentationsebene aufgefaßt wird. Dies bedeutet, daß semantische Kategorien wie 'Proposition' etc. bzw. s-selektionale Eigenschaften von lexikalischen Elementen auch auf LF in Form ihrer jeweiligen syntaktisch interpretierbaren Ausbuchstabierung, d.h. in Form von syntaktischen Kategorienlabeln sichtbar sein müssen. Hieraus wiederum folgt, daß C-Selektion nicht nur auf D-Struktur, sondern auch auf LF überprüfbar sein muß.

In Ouhalla (1991: 25) werden die relevanten Ebenen, auf die das 'Generalized Projection Principle' rekurriert, wie folgt spezifiziert:

(39) a. The s-selectional and c-selectional properties must be satisfied at all syntactic levels.
b. The m-selectional properties must be satisfied at the S-structure level.

Ouhallas Annahme führt im Prinzip zu demselben Problem wie von Stechows Vorschlag, da kategoriale und semantische Selektion auch in (39.a) als separate Konzepte aufgefaßt werden. Aufgrund des oben angeführten Einwands gegen eine solche Dissoziation muß also auch diese Bedingung zurückgewiesen werden.

Angesichts der Probleme, mit denen das Postulat eines relativierten Projektionsprinzips verbunden ist, halte ich in dieser Arbeit an der Standardannahme fest, derzufolge dieses eine ebenenübergreifende Wohlgeformtheitsbedingung darstellt. Allerdings stellt sich auch vor dem Hintergrund dieser Standardauffassung die Frage, ob das Projektionsprinzip als

Beschränkung über kategoriale oder über semantische Selektion definiert werden soll.[21] Die intendierte Funktion des Projektionsprinzips besteht darin, in einer gegebenen syntaktischen Derivation die 'recoverability', i.e. die Rekonstruierbarkeit von semantischen Relationen in Kopf/Komplement-Strukturen zu gewährleisten.

Zum einen wird nun angenommen, daß die im Lexikon spezifizierten semantischen Selektionseigenschaften lexikalischer Elemente die eigentlichen grammatischen Primitiva konstituieren, wohingegen die entsprechenden kategorialen Eigenschaften stets abgeleitete Konzepte darstellen. Dies spricht dafür, das Projektionsprinzip als Beschränkung über S-Selektion zu definieren.

Zum anderen liegt aber in Gestalt von CSR eine zusätzliche und vom Projektionsprinzip unabhängige Bedingung vor, welche die semantischen Selektionseigenschaften lexikalischer Elemente in regulärer Weise auf deren kategoriale Selektionseigenschaften abbildet. Unter diesem Aspekt scheint es wiederum unerheblich zu sein, ob das Projektionsprinzip auf C-Selektion oder auf S-Selektion rekurriert, da beide Formulierungen letztlich zum selben Ergebnis führen.

Die folgenden Gründe sprechen jedoch dafür, das Projektionsprinzip als Beschränkung über C-Selektion zu definieren:

Wie bereits oben angedeutet wurde, müssen die semantischen Eigenschaften lexikalischer Elemente im allgemeinen bzw. deren semantische Selektionsrestriktionen im besonderen für die Syntax in Form ihrer jeweiligen kategorialen Ausbuchstabierung sichtbar sein. Da syntaktische Repräsentationen - sei es auf DS, SS oder LF - im Rahmen der Government-Binding Theorie als Relationen zwischen kategorial spezifizierten Ausdrücken aufgefaßt werden, sind die zentralen Bezugsgrößen für die Syntax also nicht die semantischen, sondern die kategorialen (Selektions)-Eigenschaften.[22] Weiterhin gilt, daß das Projektionsprinzip explizit als Wohlgeformtheitsbedingung über syntaktische Repräsentationen bzw. Derivationen definiert wird und demnach - unabhängig von seiner letztlich semantisch determinierten Funktion - eine Beschränkung genuin syntaktischer Natur darstellt. Mit der Annahme von CSR ist schließlich gewährleistet, daß die S-Selektion auf reguläre Weise in die syntaktisch gültige 'Währung' C-Selektion konvertiert werden kann. Aus diesen Überlegungen folgt m.E., daß der alleinige Rekurs auf kategoriale Selektionseigenschaften sowohl notwendig als auch hinreichend ist; in der vorliegenden Arbeit nehme ich dehalb die folgende Version des Projektionsprinzips an:

---

[21] In der Literatur werden zu dieser Frage unterschiedliche Standpunkte vertreten: Neben der bereits erwähnten Form des Projektionsprinzips, die nur vage auf nicht näher spezifizierte Selektionsrestriktionen von lexikalischen Elementen Bezug nimmt, rekurrieren andere Versionen spezifisch auf entweder kategoriale (vgl. etwa Chomsky 1981: 29) oder semantische Selektion (vgl. etwa Chomsky 1981: 38).

[22] Vgl. hierzu auch Chomsky (1986a: 82), der ein Projektionsprinzip postuliert "[...] which requires that lexical properties be represented by categorial structure in syntactic representation."

(40) Projektionsprinzip
Die kategorialen Selektionseigenschaften lexikalischer Elemente müssen auf sämtlichen syntaktischen Repräsentationsebenen erfüllt sein.

Zu klären ist nun, ob die s-strukturelle Repräsentation in (23) dem Projektionsprinzip genügt; der relevante Strukturausschnitt ist in (41) wiederholt:

(41)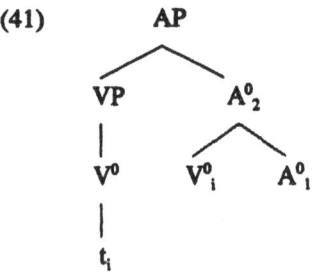

In der derivierten Struktur hat zwar A^0_2, nicht aber A^0_1 ein VP-Komplement, so daß hier prima facie ein Verstoß gegen das Projektionsprinzip vorliegt. Nun ist jedoch das Konzept der kategorialen Selektion mit einer grundsätzlichen Ambiguität behaftet, wie sie in gewisser Weise schon in dem weiter oben angenommenen Selektionskorollar zum Ausdruck kommt bzw. benutzt wird: Einerseits kann hierunter die Forderung nach einem Komplement vom Typ XP, i.e. C-Selektion verstanden werden; in dieser Interpretation kontrastiert kategoriale Selektion mit M-Selektion, i.e. Forderung nach einem Komplement vom Typ X^0. Andererseits kann jedoch kategoriale Selektion verstanden werden als Selektion spezifischer kategorialer Merkmale, i.e. als Forderung nach einem Komplement vom Typ $[\alpha N, \beta V]$; in dieser Lesart kontrastiert kategoriale Selektion nicht mit M-Selektion.

Auf der Grundlage dieser Differenzierung ergibt sich das folgende Bild über die Kopf/Komplement-Relationen in der AP und in dem Adjunktionsknoten A^0_2:

(42) a. AP: [VP ↔ A^0_2]
   (i)   C-Selektion (VP)
   (ii) *M-Selektion (V^0)
   (iii) Kategoriale Selektion ([+V,-N])

   b. A^0_2: [V^0 ↔ A^0_1]
   (i)   *C-Selektion (VP)
   (ii) M-Selektion (V^0)
   (iii) Kategoriale Selektion ([+V,-N])

Wie (42) nunmehr zeigt, genügt die s-strukturelle Repräsentation der *-bar*-Adjektive dem Projektionsprinzip: Da sowohl A^0_2 als auch A^0_1 eine Schwester vom Typ [+V,-N] haben, sind die kategorialen Selektionsrestriktionen von -*bar* auch in der derivierten Struktur erfüllt.[23]

Mit der Annahme, daß Kopfadjunktion nicht in Segmentierung, sondern in Duplizierung resultiert, kann nun auch die Inkompatibilität von C- vs. M-Selektion, d.h. XP- vs. X^0-Selektion unmittelbar an der Struktur abgelesen werden: A^0_1 c-kommandiert V^0, A^0_2 c-kommandiert VP. Die erstere Konfiguration erfüllt die M-Selektion, verstößt aber gegen die C-Selektion; die letztere dagegen erfüllt die C-Selektion, verstößt aber gegen die M-Selektion. Auf S-Struktur ist demnach A^0_2 der für C-Selektion und A^0_1 der für M-Selektion relevante Knoten.[24]

Zusammenfassend läßt sich damit festhalten, daß die wesentlichen Generalisierungen über das Wortbildungsmuster der -*bar*-Adjektive im Rahmen der syntaktischen Wortbildungstheorie aus unabhängig motivierten grammatischen Restriktionen, d.h. ohne Rekurs auf morphologiespezifische Regeln und Prinzipien abgeleitet werden können:

Die s-strukturelle Repräsentation des Adjektivs in (23) bzw. (41) ist identisch mit der von Höhle postulierten morphologischen Struktur in (6). In der hier vorgeschlagenen Analyse ist diese die einzige Konfiguration, die (i) den x-bar-theoretischen Beschränkungen über Phrasenstrukturen, (ii) den Selektionseigenschaften von -*bar* bzw. dem Projektionsprinzip sowie (iii) den Restriktionen über syntaktische Kopfbewegung genügt.

Das von Höhle als affix-spezifische Eigenschaft angenommene Merkmal 'Gebundenheit' wird in der syntaktischen Wortbildungstheorie als 'M-Selektion' reformuliert; hierbei findet die idiosynkratische Natur des Merkmals 'Gebundenheit' selbst ihren formalen Ausdruck darin, daß ausschließlich die Überprüfung der M-Selektion an eine ebenenspezifische Wohlgeformtheitsbedingung geknüpft ist.

Auf weitere Spezifika der -*bar*-Adjektive werde ich weiter unten zurückkommen; nachdem in diesem Abschnitt das Konzept der semantischen Selektion einen Diskussionsschwerpunkt bildete, soll im folgenden der Unterschied zwischen semantischer und funktionaler Selektion betrachtet werden.

---

[23] Das gleiche würde natürlich auch für eine Verbspur als Schwester von A^0_1 gelten, d.h. Exkorporation involviert keinen Verstoß gegen das Projektionsprinzip; wie aber weiter oben festgestellt wurde, kann Exkorporation unter Rekurs auf das ECP ausgeschlossen werden.

[24] Wenn es sich als plausibel erweist, die unterschiedlichen Selektionseigenschaften von A^0_1 und A^0_2 anhand von deren jeweils verschiedenen C-Kommando-Domänen zu repräsentieren, besteht hierin möglicherweise ein Vorteil von Epsteins (1998) Adjunktionstheorie gegenüber der von Chomsky (1986b) bzw. May (1985). Vgl. hierzu das folgende 'caveat' gegen die Implikationen der segmentalen Adjunktionstheorie bei Chomsky (1986b: 9): "We also have the (perhaps unwanted) consequence that α (=V^0_i in (41), S.S.) c-commands the category γ (=A^0 in (41), S.S.) and conversely." Wie oben gezeigt wurde, folgt im Unterschied hierzu aus der Duplikationstheorie, daß V^0_i nicht von einer zweisegmentigen Kategorie A^0, sondern von dem Knoten A^0_1 c-kommandiert wird.

3.1.2 Semantische vs. funktionale Selektion

Der Unterschied zwischen semantischer und funktionaler Selektion korreliert mit der Distinktion zwischen lexikalischen und funktionalen Kategorien:[25]

(43) a. Lexikalische Kategorien:
A^0, V^0, N^0, P^0
b. Funktionale Kategorien:
I^0, D^0, ...

Eine Subklasse der lexikalischen Köpfe, nämlich die relationalen bzw. im weitesten Sinne transitiven Ausdrücke selegieren ein Komplement von einer spezifischen semantischen Kategorie. Für die Klasse der funktionalen Köpfe wird nun angenommen, daß die Elemente dieser Klasse ihre Komplemente nicht semantisch, sondern funktional selegieren.[26] Wie oben am Beispiel von *wissen* gezeigt wurde, selegieren lexikalische Köpfe im Prinzip beliebige syntaktische Kategorien als Komplement; demgegenüber zeichnen sich die funktionalen Kategorien dadurch aus, daß sie 'unique' Komplemente selegieren:[27]

(44) a. I^0 uniquely selects VP as its complement.
b. D^0 uniquely selects NP as its complement.
(vgl. Felix 1990: 48 et pass.)

Im Unterschied zu lexikalischen Köpfen sind funktionale Elemente also nicht sensitiv für die semantischen Eigenschaften ihres Komplements, d.h. für die funktionale Selektion (im folgenden F-Selektion) sind semantische Kategorisierungen irrelevant. Während - wie oben gezeigt wurde - nur eine semantisch definierte Subklasse von VPs als Komplement des lexikalischen Elements *-bar* lizensiert ist, stellen demnach VPs jedweden semantischen Typs ein wohlgeformtes Komplement für den funktionalen Kopf I^0 dar. Wenn nun - wie dies etwa im Deutschen der Fall ist - die lexikalische Instantiierung von I^0 ein gebundenes Morphem ist, müssen I^0 und V^0 einen komplexen Kopf auf S-Struktur bilden. Unter der Voraussetzung, daß Affix-Status mit M-Selektion gleichgesetzt wird, ist V^0 von I^0 m-selegiert, was wiederum bedeutet, daß V^0 obligatorisch in I^0 inkorporiert.

---

[25] Die Unterscheidung zwischen lexikalischen vs. funktionalen Kategorien ist wiederum im wesentlichen deckungsgleich mit der in der traditionellen Grammatik angenommenen Einteilung in sog. Inhalts- vs. Funktionswörter.

[26] Als konstitutive Eigenschaften funktionaler Elemente nimmt Abney (1986: 4) außerdem an, daß diese eine geschlossene Klasse bilden und keinen 'deskriptiven Gehalt' besitzen. Zu weiteren Charakteristika funktionaler Köpfe - insbesondere I^0 und D^0 - vgl. auch Felix (1990).

[27] In (44) habe ich nur den hier relevanten Aspekt der in Felix (1990) angenommenen Beschränkung über funktionale Kategorien dargestellt; auf den anderen Teil dieser Bedingung komme ich in Kap. 5 und Kap. 6 zurück.

Analog zu den Derivationsaffixen, die eine Teilmenge der s-selegierenden Köpfe bilden, stellen also die Flexionsaffixe eine Teilmenge der f-selegierenden Köpfe dar; damit kann die in Kap. 3.1.1 vorläufig formulierte Generalisierung (35) folgendermaßen präzisiert werden:

(45) M-Selektion impliziert C-Selektion; C-Selektion impliziert S-Selektion oder F-Selektion.

Die morphologischen Selektionsrestriktionen spezifischer funktionaler Köpfe können auf der Grundlage der Bedingung in (44) aus deren kategorialen Selektionseigenschaften abgeleitet werden.[28] Ich nehme deshalb an, daß das in Kap. 3.1.1 für die Klasse der lexikalischen Elemente vorgeschlagene Selektionskorollar (10) in gleicher Weise für die funktionalen Elemente gilt:

(46) Ein für M-Selektion spezifizierter funktionaler Kopf X^0, der eine YP der Kategorie $[\alpha N, \beta V]$ c-selegiert, m-selegiert ein Y^0 der Kategorie $[\alpha N, \beta V]$.

Außerdem gehe ich davon aus, daß auch die funktionalen Selektionseigenschaften - analog zu den semantischen - in Form ihrer kategorialen Ausbuchstabierung auf allen grammatischen Repräsentationsebenen erfüllt sein müssen. Dies kann durch die folgende Version des Projektionsprinzips gewährleistet werden, die nicht als spezifische Bedingung für lexikalische Köpfe, sondern als generelle Beschränkung über syntaktische Köpfe formuliert ist:

(47) Projektionsprinzip
Die kategorialen Selektionseigenschaften syntaktischer Köpfe müssen auf sämtlichen syntaktischen Repräsentationsebenen erfüllt sein.

Die Interaktion zwischen den verschiedenen Selektionseigenschaften wird auch ausführlich in Ouhalla (1991) diskutiert. Allerdings nimmt Ouhalla an, daß funktionale Selektion gleichbedeutend mit morphologischer Selektion ist und kommt so zu dem fragwürdigen Ergebnis, daß sämtliche funktionalen Elemente für M-Selektion spezifiziert sind.[29] Daß

---

[28] Für die Annahme einer regulären Abbildung zwischen kategorialer und funktionaler Selektion stellen sich allerdings im Prinzip dieselben Probleme, wie sie in Kap. 3.1.1 für das Mapping zwischen kategorialer und semantischer Selektion angesprochen wurden, da es beim gegenwärtigen Forschungsstand unklar ist, welches Inventar an primitiven funktionalen Kategorien anzunehmen ist. Zu der Frage, ob D^0 ein solches Primitivum ist, vgl. Löbel (1989) und Vater (1996; 1998); zur internen Struktur von I^0 vgl. die von Pollock (1989) vorgeschlagene 'Split-Infl'-Hypothese sowie die in Chomsky (1995) diskutierten funktionalen Merkmale.

[29] Warum Ouhalla (1991) an dieser Generalisierung festhält, ist jedoch unklar, da er selbst (S. 15) explizit feststellt, daß zwischen M- und F-Selektion keine Äquivalenz besteht und deshalb für affixale funktionale Elemente ein zusätzliches lexikalisches Merkmal 'Gebundenheit' postulieren muß.

nicht alle funktionalen Köpfe gebundene Morpheme sind, zeigen beispielsweise die C^0- und D^0-Elemente im Deutschen, vgl. etwa *daß* bzw. *der*.

Daß selbst innerhalb einer spezifischen funktionalen Kategorie keine eineindeutige Entsprechung zwischen morphologischer und funktionaler Selektion vorliegen muß, geht aus den folgenden schwedischen Daten hervor; hier ist der definite Artikel ein Affix, der indefinite hingegen ein freies Morphem:

(48) a. hus -et
    Haus-D^0[+def]
    'das Haus'
  b. ett   hus
    D^0[-def] Haus
    'ein Haus'

Da sowohl die Klasse der funktionalen Kategorien als auch die der lexikalischen freie und gebundene Elemente beinhaltet, kann also entgegen Ouhalla festgehalten werden, daß M-Selektion, i.e. Affix-Status eine idiosynkratische und unprädiktable Eigenschaft von Morphemen ist.

Am Beispiel der Daten in (48) können nun auch die unterschiedlichen Voraussagen der syntaktischen Wortbildungstheorie und der starken lexikalistischen Hypothese konkretisiert werden:

Die syntaktische Wortbildungstheorie besagt, daß beide Ausdrücke Instanzen der Kategorie DP sind, d.h. maximale Projektionen von D^0; Komplement von D^0 ist jeweils eine NP. Das definite D^0-Element ist für M-Selektion spezifiziert und löst deshalb obligatorische Inkorporation des Kopfs der NP auf S-Struktur aus; das indefinite hat keine solche Spezifikation, weshalb der Kopf der NP auf S-Struktur in situ bleibt. Vor dem Hintergrund dieser Auffassung ist der Unterschied zwischen der synthetischen und der analytischen Konstruktion also nicht prinzipieller, sondern rein deskriptiver Natur.

Im Gegensatz hierzu folgt qua Atomizitätsthese aus der SLH, daß die definite Markierung eines Nomens ein morphologischer, die indefinite dagegen ein syntaktischer Prozeß ist. Ob die SLH eine hierüber hinausgehende Aussage über das Verhältnis zwischen dem Wort in (48.a) und der Phrase in (48.b) machen könnte, ist zweifelhaft. Die Tatsache, daß diese beiden Ausdrücke bzw. deren jeweilige atomare Bestandteile verschiedene 'tokens' desselben 'types' sind, kann jedoch im Rahmen dieser Theorie zweifellos nicht ausgedrückt werden.

Auf der Grundlage der oben erläuterten Unterscheidung von semantischer vs. funktionaler Selektion können nun auch die oberflächlichen Unterschiede zwischen Flexions- und Derivationsmorphologie abgeleitet werden:

Während Flexionsparadigmen stets vollständig sind, bildet die Derivationsmorphologie keine bzw. nur defektive Paradigmen. Aus dieser Beobachtung wird häufig eine fundamentale Unterscheidung zwischen diesen beiden Prozessen abgeleitet: Flexion stelle einen absolut regulären und produktiven Prozeß dar, wohingegen Derivation irregulär sei bzw. idiosynkratische Ausnahmen habe (vgl. Scalise 1984: 114).[30]

Wie oben gezeigt wurde, handelt es sich jedoch bei den Lücken im Paradigma der -bar-Ableitungen, vgl. *wissbar, *haßbar keineswegs um idiosynkratische Ausnahmen; diese konnten vielmehr aus den Selektionseigenschaften des Suffixes abgeleitet werden: -bar ist ein Element der Kategorie A^0, d.h. ein lexikalischer Kopf; da lexikalische Köpfe ihre Komplemente s-selegieren, und da zwischen M-, C- und S-Selektion die oben erläuterte reguläre Beziehung besteht, können trivialerweise nur die Verben, die den semantischen Selektionsrestriktionen des Suffixes genügen, auch dessen M-Selektion erfüllen.[31] Daß das verbale Flexionsparadigma im Deutschen keine Lücken hat, I^0 also keine vergleichbaren m-selektionalen Restriktionen hat, folgt nun ebenfalls aus den Selektionseigenschaften dieses Elements: Da I^0 ein funktionaler Kopf ist und sein Komplement deshalb nicht semantisch, sondern funktional selegiert, ist jede VP als Komplement von I^0 lizensiert; da die M-Selektion von I^0 via C-Selektion aus dessen F-Selektion abgeleitet werden kann, erfüllt folglich jedes Verb die m-selektionalen Restriktionen von I^0.

Aus dem vermeintlichen Regularitäts- bzw. Produktivitätsunterschied zwischen Flexion und Derivation läßt sich also keine Evidenz für die Notwendigkeit einer prinzipiellen Unterscheidung dieser beiden morphologischen Prozesse ableiten.

In der vorausgegangenen Diskussion habe ich die Annahme motiviert, derzufolge die Restriktionen in der Derivationsmorphologie weitgehend aus der Interaktion von Selektionseigenschaften und grammatischen Wohlgeformtheitsbedingungen abgeleitet werden können. Hierbei sind bisher die für die syntaktischen Repräsentationsebenen anzunehmenden Bedingungen zur Sprache gekommen. Nun bildet jedoch auch die Ebene der Phonologischen Form einen integralen Bestandteil des Grammatikmodells in (9); da dieses Modell die theoretische Grundlage der vorliegenden Arbeit darstellt, sagt der hier vertretene Ansatz also voraus, daß komplexe Wörter auch phonologischen Wohlgeformtheitsbedingungen unterliegen müssen. Obwohl die Phonologie nicht den Schwerpunkt dieser Arbeit bildet, sollen im folgenden aus Gründen der Vollständigkeit die phonologischen Eigenschaften der -bar-Adjektive sowie einige Aspekte der Phonologie/Morphologie- bzw. Phonologie/Syntax-Interaktion kurz skizziert werden; weitere PF-spezifische Restriktionen werden in Kap. 4 im Rahmen der Diskussion von Klammerparadoxa zur Sprache kommen.

---

[30] Zu weiteren Charakteristika von Flexion vs. Derivation vgl. etwa Scalise (1984: 102ff.) und Wurzel (1984: 40ff.).

[31] Weitere Lücken in diesem Paradigma ergeben sich daraus, daß -bar ausschließlich an transitive Verben affigiert werden kann; wie ich in Kap. 3.2 zeigen werde, kann diese Restriktion aus Kasusgründen abgeleitet werden.

3.1.3 PF-Bedingungen

Die -bar-Adjektive unterliegen offenbar keinerlei phonologischen Restriktionen, die aus etwaigen spezifischen Eigenschaften des Suffixes abzuleiten wären. Vielmehr scheinen die einzigen PF-relevanten Eigenschaften von -bar darin zu bestehen, daß dieses (i) ein phonologisches Wort ist und (ii) einen konsonantischen Anlaut hat.[32] Dies hat wiederum den Effekt, daß -bar jeweils eine Silbe konstituiert bzw. daß in den -bar-Adjektiven stets eine Silbengrenze zwischen dem Suffix und dem Erstglied verläuft.

Daß -bar den Status eines phonologischen Wortes hat, ergibt sich aus der in Wiese (1996: 69ff.) vertretenen Annahme, derzufolge die Kategorie 'phonologisches Wort' die für Tilgung relevante Domäne darstellt:

(49) a. erkenn- und begreifbar, trink- oder eßbar, ...
 b. hilf- und hoffnungslos; Piraten- und Banausentum; Ritter- oder Bauernschaft; ...
 c. Damen- und Herrenmäntel; Tief- und Hochebenen; ...
 (vgl. Wiese 1996: 70 sowie Höhle 1982: 89)

Ebenso wie andere auf Konsonant auslautende Suffixe läßt -bar in einer Koordinationsstruktur die Elision seines Erstglieds im ersten Konjunkt zu; da Suffixderivata sich in dieser Konstruktion genauso wie Komposita verhalten, ist die Tilgungsregel offenbar für den Unterschied zwischen morphosyntaktischen Kategorien wie Wurzel vs. Affix nicht sensitiv.[33]

Mit der Annahme, daß -bar selbst eine Silbe konstituiert, wird vorausgesagt, daß ein -bar-Adjektiv genau dann ein legitimes PF-Objekt sein muß, wenn auch das Erstglied eine wohlgeformte Sibenstruktur aufweist. Diese Voraussage wird durch die folgenden Daten bestätigt:

(50) a. lösbar/Los, heilbar/Teil, dehnbar/Sohn, begehbar/See, verleihbar/Brei, ...
 b. einord[n̩]bar/Ord[n̩], abtrock[ŋ]bar/trock[ŋ], abseg[ŋ]bar/ Seg[ŋ], beat[m̩]bar/-At[m̩], ...

Die Erstglieder in (50.a), die auf Vokal+Konsonant bzw. auf Langvokal oder Diphthong auslauten, entsprechen ohnehin dem kanonischen Silbenschema des Deutschen. Wohl-

---

[32] Die Frage, ob und ggf. welche Korrelationen zwischen (i) und (ii) bestehen, will ich in dieser Arbeit nicht diskutieren.
[33] Auf diese Parallele zwischen Derivation und Komposition weist bereits Höhle (1982) hin. Bei Suffixen mit vokalischem Anlaut ist Elision des Erstglieds allerdings ausgeschlossen, vgl. etwa *kind- und bäurisch, *winz- oder riesig. Diese Daten können jedoch mit der in Wiese (1996: 70) vorgeschlagenen Tilgungsregel ausgeschlossen werden, derzufolge nur eines von zwei identischen phonologischen Wörtern getilgt werden kann.

geformt sind auch die Bildungen in (50.b), deren Ableitungsbasis auf eine Folge aus Obstruent+Nasal auslautet; Cluster dieser Form können im Deutschen grundsätzlich so silbifiziert werden, daß der Obstruent jeweils den Silben-Onset bildet und der silbisch realisierte Nasal den Silben-Gipfel.[34]

Die Daten in (51.a) zeigen, daß vor -bar keine Nasalassimilation stattfindet:

(51) a. deh[n]bar/*deh[m]bar, bewoh[n]bar/*bewoh[m]bar, tre[n]bar/*tre[m]bar
     b. Deh[n]band/*Deh[m]band, Woh[n]bereich/*Woh[m]bereich, Re[n]boot/*Re[m]boot

Wie aus (51.b) hervorgeht, ist jedoch auch dies keine spezifische Eigenschaft von -bar. Offenbar liegt hier eine allgemeinere phonologische Restriktion vor, die möglicherweise auf das grundsätzliche Verbot von absoluter Neutralisation zurückzuführen ist: Da die Opposition zwischen dem dentalen und dem labialen Nasal im Deutschen distinktiv ist, darf diese nicht durch assimilatorische Prozesse 'verdunkelt', also neutralisiert werden (vgl. Lenerz 1985: 34).

Festzuhalten ist damit, daß sämtliche phonologischen Aspekte der -bar-Adjektive aus den grundsätzlichen phonologischen Beschränkungen des Deutschen abgeleitet werden können. Die Null-Hypothese, derzufolge komplexe Wörter auch PF-spezifischen Restriktionen unterliegen, ist damit - allerdings in trivialer Weise - bestätigt; außerdem haben (49) - (51) gezeigt, daß die Wurzel/Affix-Distinktion für die dort betrachteten phonologischen Regeln nicht relevant ist.

Einige Daten, die mit interessanteren Implikationen für die Frage nach den phonologischen Beschränkungen der Wortbildung verbunden sind, werden in Wiese (1996: 85ff.) diskutiert. Wiese zeigt hier, daß verschiedene Suffixe im Deutschen nur an Erstglieder einer spezifischen phonologischen Kategorie treten und schlägt deshalb vor, diese Beschränkung in Form eines phonologischen Subkategorisierungsrahmens im Lexikoneintrag der betreffenden Morpheme zu spezifizieren. So subkategorisiert etwa das Suffix -ei eine Schwesterkonstituente vom Typ 'zweisilbiger Fuß', dessen zweite Silbe ein Schwa enthalten muß, vgl. *Segelei* vs. **Seglei*.[35] Auf der Grundlage von Wieses Ergebnissen muß also eine Subklasse von gebundenen Morphemen angenommen werden, deren Mitglieder zusätzlich zu ihren c- bzw. m-selektionalen Eigenschaften auch für phonologische Selektionsrestrik-

---

[34] Ausgeschlossen scheint lediglich eine Form wie *unwid[m]bar zu sein; offenbar kann die Sequenz /...dm/ nur mit einer Silbengrenze zwischen /d/ und /m/ wie in *widmen* bzw. *Widmung* realisiert werden, d.h. mit phonetischem [t] im Silbenauslaut und [m] im Anlaut der Folgesilbe. Dies kann möglicherweise als Reflex des sog. 'puzzle-constraints' interpretiert werden, nach dem ungespannte Vokale vor ungespannten Obstruenten im Deutschen ausgeschlossen sind (vgl. Jessen 1996).

[35] Zum Kontrast zwischen **Seglei* vs. *Seglerei* vgl. Wiese (1996: 100ff.). Weitere Affixe mit einem phonologischen Subkategorisierungsrahmen sind Wiese (1996: 85ff.) zufolge *be-* und *ge-* sowie *-heit* und *-keit*.

tionen spezifiziert sind. Dies bestätigt somit eine wesentliche Annahme der syntaktischen Wortbildungstheorie, derzufolge die Produktivitätsbeschränkungen in der Derivationsmorphologie (i) aus der Interaktion von Selektionseigenschaften und grammatischen Wohlgeformtheitsbedingungen abgeleitet werden können, wobei diese Bedingungen (ii) auch PF-spezifischer Natur sein können.

Eine Theorie der Phonologie/Morphologie-Interaktion, die aus offensichtlichen Gründen nicht mit der hier vertretenen Auffassung kompatibel ist, wird im Rahmen der Lexikalischen Phonologie vertreten, die das Lexikon als alleinigen 'Ort' der Morphologie postuliert.[36] Die Lexikalische Phonologie basiert auf der Annahme, daß innerhalb des Lexikons eine wechselseitige 'feeding'-Relation zwischen phonologischen und morphologischen Regeln besteht, wobei die Ableitung morphologisch komplexer Wörter in der Regel mehrere Derivationszyklen umfaßt und dem Prinzip der strikten Zyklizität unterliegt. Die Derivationszyklen als solche entsprechen jeweils verschiedenen Ebenen bzw. Strata des Lexikons.

Auf eine genaue Darstellung und kritische Diskussion dieser Theorie werde ich hier verzichten; ich möchte an dieser Stelle aber kurz auf einige Probleme hinweisen, mit denen die grundlegende Annahme der Lexikalischen Phonologie, nämlich die Ebenenordnung des Lexikons, verbunden ist. Zum einen mangelt es der Theorie hier an der nötigen Restriktivität, da zwischen den einzelnen Strata des Lexikons verschiedene Restrukturierungsmechanismen applizieren können; so wird u.a. angenommen, daß beim Übertritt von einer Ebene zur anderen grundsätzlich Resilbifizierung stattfinden kann bzw. in bestimmten Fällen stattfinden muß (vgl. etwa Rubach 1990). Zum anderen enthält die Theorie keinerlei Aussagen darüber, wieviele lexikalische Ebenen überhaupt angenommen werden müssen bzw. ob und ggf. welchen universalen Beschränkungen die sprachspezifisch festgelegte Einteilung des Lexikons unterliegt. Der wesentliche Einwand gegen die Lexikalische Phonologie ergibt sich jedoch daraus, daß diese sprachspezifische Ebenenordnung für bestimmte lexikon-interne Derivationsprozesse außer Kraft gesetzt werden muß, da diese die Annahme von 'loops' erzwingen. Mit dem Postulat solcher 'Schleifen' wird nun aber das Prinzip der Ebenenordnung selbst unterminiert, so daß sich hier ein unauflösbarer theorie-interner Widerspruch ergibt (vgl. Kaisse & Shaw 1985: 13f.).

In anderen Fällen muß darüberhinaus auch ein 'loop' zwischen morphologischer und syntaktischer Strukturbildung postuliert werden, was wiederum gegen die Auffassung eines abgeschlossenen Morphologie-Blocks in der Grammatik bzw. gegen eine zwischen Morphologie und Syntax bestehende 'feeding'-Relation spricht. So müßte etwa für die Daten in (49) die folgende Analyse angenommen werden: Die im Lexikon erzeugten Komposita und Derivata bilden den Input für die syntaktische Operation der Koordination;

---

[36] Zu den grundlegenden Annahmen der Lexikalischen Phonologie vgl. Kiparsky (1982a; 1982b); zur Anwendung der Lexikalischen Phonologie auf das Deutsche vgl. bes. Wiese (1988) sowie Yu (1992).

die Koordinationsstruktur ihrerseits stellt jedoch wiederum den Input für die lexikon-interne Applikation der Tilgungsregel dar.[37]

Da die Phonologie nicht im Fokus der vorliegenden Arbeit steht, werde ich hier kein alternatives Modell der Morphologie/Phonologie-Interaktion entwerfen. Für die theoretische Fragestellung der Arbeit ist es letztlich unerheblich, wie ein solches Modell adäquat zu formulieren wäre, da nicht nur die Morphologie i.e.S., sondern auch genuin syntaktische Phänomene mit phonologischen Restriktionen interagieren. Hierbei ist auch die Schnittstelle zwischen Syntax und Phonologie dadurch gekennzeichnet, daß syntaktische Regularitäten einerseits phonologische Reflexe zeitigen und andererseits durch phonologische Regularitäten determiniert sind. Dieser bidirektionale Charakter der Syntax/Phonologie-Schnittstelle wird auch in Inkelas & Zek (1995: 535) betont: "The primary source of evidence is provided by phonological rules that operate over syntactically defined domains, showing that constituency in one component (syntax) is relevant to the processes in another (phonology). But interactions between syntax and phonology have also been manifested in the opposite direction: constraints that are phonological in nature may be relevant to syntactic processes."[38]

Sensitivität für phonologische Beschränkungen stellt mit anderen Worten kein Spezifikum der Morphologie dar; aus der Tatsache, daß bestimmte morphologische Regeln in phonologischen Domänen operieren, kann also kein Argument für die Notwendigkeit einer prinzipiellen Unterscheidung von Syntax und Morphologie abgeleitet werden.

Auf weitere PF-Beschränkungen werde ich in Kap. 4. eingehen; im folgenden Abschnitt werde ich mich wieder den genuin syntaktischen Restriktionen zuwenden und hierbei eine s-strukturelle Wohlgeformtheitsbedingung diskutieren, der alle komplexen Wörter im Deutschen unterliegen.

3.1.4 Linearisierung

In Kap. 3.1.1 war die Frage angesprochen worden, wie die linearen Restriktionen auf S-Struktur im Rahmen der Inkorporationsanalyse abzuleiten sind, d.h. wodurch die folgende linksköpfige Struktur ausgeschlossen werden kann:

---

[37] Die Fälle, in denen die Lexikalische Phonologie einen 'loop' zwischen Syntax und Lexikon annehmen muß, liefern auch jeweils empirische Evidenz gegen DiSciullo & Williams' (1987) Version der starken lexikalistischen Hypothese: Entgegen der Atomizitätsthese muß hier stets angenommen werden, daß die Syntax die interne Struktur von Wörtern bzw. deren morphologisch atomare Bestandteile 'sehen' kann. Zu einer Diskussion weiterer Daten dieser Art vgl. Lieber (1992: 11ff.).
[38] Zum Syntax/Phonologie-Interface vgl. auch Selkirk (1984) sowie Kleinhenz (1996: 1-127). Überlegungen zu einem Modell der Interaktion von Morphologie und Phonologie, das mit dem Verzicht auf morphologiespezifische Regeln kompatibel ist, werden in Lieber (1992: 197ff.) skizziert. In dieser Arbeit werde ich auf eine PF-Bedingung des Englischen in Kap. 4 zu sprechen kommen.

(52)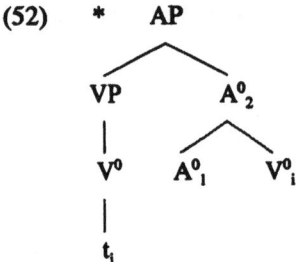

Obwohl (52) sämtliche der in Kap. 3.1.1 diskutierten strukturellen Beschränkungen erfüllt, führt Linksadjunktion von V^0 im Gegensatz zu Rechtsadjunktion (23) zu Ungrammatikalität:

(53) *barlös

Die Standardauffassung in der Wortbildungstheorie besagt, daß linksköpfige Wörter - mithin auch die Form in (53) - ausgeschlossen sind, da morphologische Strukturen der 'Right-hand Head Rule' (RHR) unterliegen:

(54) In morphology we define the head of a morphologically complex word to be the right-hand member of that word.
(Williams 1981: 248)

Die Annahme, daß komplexe Wörter im Deutschen grundsätzlich rechtsköpfig sind, ist in der einschlägigen Literatur unkontrovers (vgl. etwa Höhle 1983; Toman 1987[2]; Wunderlich (1987).[39] Dieser Auffassung werde ich mich deshalb auch in der vorliegenden Arbeit anschließen.

Nun stellt die Right-hand Head Rule allerdings lediglich eine deskriptive Generalisierung dar; meines Erachtens ist es beim gegenwärtigen Stand der Diskussion nicht nur unklar, ob und ggf. aus welcher grammatischen Beschränkung diese Generalisierung abzuleiten sein könnte; ungeklärt ist darüberhinaus auch, ob und ggf. welche Korrelationen zwischen den Abfolgebeschränkungen in der Wortsyntax und der sententialen Syntax bestehen.

Entgegen Williams, der (54) als universale Beschränkung über Wortstrukturen postuliert, ist zunächst festzustellen, daß es sich hierbei um eine sprachspezifische Restriktion handelt; so muß etwa angenommen werden, daß komplexe Wörter in Bantu-Sprachen ausschließlich linksköpfig sind (vgl. van Beurden 1988 und die in Baker 1988a diskutierten Daten). Weiterhin ist davon auszugehen, daß die Position des morphologischen Kopfs - anders als im Deutschen bzw. in den Bantu-Sprachen - auch innergrammatisch variieren kann; beispielsweise ist die Morphologie in den romanischen Sprachen sowie im Tagalog zwar

---

[39] Zwar nimmt Olsen (1986) noch an, daß es im Deutschen auch linksköpfige Wortbildungsmuster gibt; wie sie jedoch in einer späteren Arbeit (1990) zeigt, kann diese Annahme nicht aufrechterhalten werden.

vorwiegend, aber nicht ausschließlich linksköpfig (vgl. zum Tagalog die in Lieber 1992: 40ff. diskutierten Daten).

Unabhängig von der Frage nach der deskriptiven Adäquatheit der Right-hand Head Rule wird in der Literatur die Frage diskutiert, ob die Annahme einer morphologiespezifischen Kopfdefinition - sei es in Form einer Right-hand-, einer Left-hand- oder einer gemischten Head Rule - überhaupt sinnvoll bzw. notwendig ist.

Gegen diese Annahme argumentiert Lieber (1992); sie geht vielmehr davon aus, daß Linearisierung in morphologischen und phrasalen Strukturen aus denselben grammatischen Prinzipien abgeleitet werden kann. Liebers Vorschlag basiert auf den Annahmen von Travis (1990): Travis nimmt an, daß sprachspezifische Wortstellungsunterschiede, insbesondere der typologische Unterschied zwischen OV- und VO-Sprachen, aus den Direktionalitätsparametern der Theta-Theorie und der Kasustheorie abgeleitet werden können; die relative Position eines lexikalischen Kopfs X^0 ergibt sich im Rahmen dieser Theorie aus den Merkmalspezifikationen von X^0 bezüglich dieser beiden Parameter, d.h. daraus, ob X^0 Kasus bzw. Thetarollen nach links oder nach rechts zuweist.

Lieber versucht nun nachzuweisen, daß der sprachspezifisch festgelegte Wert der beiden Direktionalitätsparameter nicht nur die satzsyntaktischen, sondern auch die wortsyntaktischen Linearisierungsbedingungen in der jeweiligen Sprache determiniert; Lieber zufolge ist die relative Position des Kopfs also in sublexikalischen und phrasalen Strukturen identisch. Angesichts der Tatsache, daß Stellungsregularitäten nicht nur in der Syntax, sondern auch in der Morphologie sprachspezifisch variieren, erscheint eine solche Annahme durchaus plausibel; in der konkreten Umsetzung von Liebers Vorschlag zeigt sich jedoch, daß dieser mit gravierenden empirischen und theoretischen Problemen verbunden ist:

Für die VP im Englischen muß die Abfolge 'Kopf-Komplement' angenommen werden, vgl. *quench thirst*; in deverbalen Rektionskomposita, den sog. 'synthetic compounds' dagegen erscheint das Komplement des Verbs obligatorisch links vom Kopf, vgl. *thirstquencher*. Für diesen Konflikt schlägt Lieber die folgende Lösung vor: Synchron regiere V^0 im Englischen nach rechts; die oberflächliche Abfolge in Rektionskomposita hingegen reflektiere noch die Wortstellung des Altenglischen, das eine OV-Sprache war. Rektionskomposita stellten bereits im Altenglischen ein außerordentlich produktives Wortbildungsmuster dar; aufgrunddessen war die kanonische OV-Abfolge in diesem Muster - so Lieber (S. 62f.) - resistent gegen Sprachwandel, d.h. gegen die diachrone Umfixierung des Direktionalitätsparameters von 'head-final' zu 'head-initial'.

Zur Ableitung der synchronen OV-Abfolge in *thirstquencher* nimmt Lieber nun an, daß diese einen obligatorischen Bewegungsprozeß involviert: *thirst* ist das N^0-Komplement des deverbalen Nomens *quencher* und wird - entsprechend der synchronen Parameterfixierung - rechts von diesem basisgeneriert, wo es die an das komplexe Nomen vererbte Theta-Rolle des Verbs *quench* erhält. Da *thirst* ein N^0 ist, Kasus aber nur an maximale Projektionen zugewiesen werden kann, ist diese Struktur - so Lieber (S. 60) - 'blockiert'. Innerhalb von komplexen Wörtern brauchen Nomina keinen Kasus; um eine Verletzung des Kasusfilters zu vermeiden, muß *thirst* deshalb aus seiner Basisposition in das komplexe Wort bewegt, d.h. an *quencher* adjungiert werden.

Ein Problem an dieser Analyse ist nun allerdings, daß Liebers kasustheoretische Annahmen in sich widersprüchlich sind (vgl. Sproat 1992; Neef 1994). Einerseits geht sie (S. 60) davon aus, daß ausschließlich NPs dem Kasusfilter unterliegen, was der Standardauffassung in der Kasustheorie entspricht; andererseits nimmt sie an (ebd.), daß ein N^0 bewegt werden muß, um dem Kasusfilter zu entgehen. Dieser Widerspruch ist aber nur eine spezifische Konsequenz des theorie-internen Widerspruchs, durch den Liebers Vorschlag grundsätzlich gekennzeichnet ist: Wie bereits in Kap. 2 festgestellt wurde, findet eine wirkliche Dekonstruktion der Morphologie in diesem Ansatz nicht statt, da Lieber mit dem Postulat von morphologiespezifischen X-bar-Prinzipien - entgegen ihrer erklärten Zielsetzung - einen prinzipiellen Unterschied zwischen Syntax und Morphologie präsupponiert. Vor dem Hintergrund dieser Annahme wird das unterschiedliche Verhalten von X^0- vs. XP-Elementen also einerseits vorausgesagt, während Lieber andererseits stets darum bemüht ist, deren gleichartiges Verhalten nachzuweisen. Auch ihre Annahmen zur Diachronie sind jedoch lediglich eine weitere Bestätigung der unbeabsichtigten Voraussage: Wenn die historische Entwicklung von Verbalphrasen vs. Rektionskomposita tatsächlich unterschiedlich verlaufen ist, wird hiermit wiederum ein prinzipieller Unterschied zwischen Syntax vs. Morphologie bzw. X^0- vs. XP-Komplementen diagnostiziert.

Liebers Vorschlag ist aber nicht nur mit theorie-internen Problemen verbunden, sondern muß auch aus unabhängigen Gründen zurückgewiesen werden: Das Explicandum für die dort zugrundegelegte Theorie der Parametrisierung ist die unterschiedliche Position des verbalen Kopfs in phrasalen vs. sublexikalischen Strukturen; die entscheidende Frage lautet also nicht, warum das Komplement des Verbs bewegt wird, sondern wohin es bewegt wird. Liebers Stipulation, derzufolge die OV-Abfolge in *thirstquencher* resistent gegen Sprachwandel war, das Nomen also links adjungieren muß, kann dieses Faktum jedoch nicht erklären, sondern wirft stattdessen weitere Probleme auf. So ist etwa fraglich, warum nur Rektionskomposita, nicht aber andere gleichermaßen produktive Wortbildungsmuster immun gegen Sprachwandel waren. Insbesondere aber bleibt absolut unklar, warum Rektionskomposita die altenglische 'head-initial' Abfolge nur an der Oberfläche, nicht aber in der basisgenerierten Struktur reflektieren müssen. Es stellt sich also die Frage, welche grammatische Repräsentationsebene von der Umfixierung des Parameterwerts affiziert wird, d.h. auf welcher Ebene der Grammatik Sprachwandel überhaupt stattfindet.

Da die entscheidende Frage bei Lieber unbeantwortet bleibt, ist eine systematische Korrelation zwischen der relativen Position des Kopfs in Morphologie und Syntax - zumindest in der von Lieber vorgeschlagenen Form - also nicht nachzuweisen; damit ist auch die Rechtsköpfigkeit der Morphologie im Englischen ein nach wie vor unerklärtes Phänomen.

Eine Übertragung von Liebers Annahmen auf das Deutsche im allgemeinen bzw. die *-bar*-Adjektive im besonderen führt zu den gleichen Problemen: Zwar regieren Adjektive im Deutschen nach links, weshalb hier also eine Parallele besteht zwischen AP, vgl. *ihrem Verlobten hörig*, und einem komplexen A^0, vgl. *lösbar*. Dies scheint jedoch lediglich eine zufällige Eigenschaft der Kategorie A zu sein, da vergleichbare Korrelationen bei Elementen anderer Kategorien nicht zu beobachten sind: Komplexe Wörter im Deutschen sind grundsätzlich rechtsköpfig, während die relative Position des Kopfs in der phrasalen Syntax kategorienspezifisch variiert. So ist etwa NP im Gegensatz zu AP und VP linksköpfig; für Elemente der Kategorie P muß sogar kategorie-interne Variation bezüglich der Rektionsrichtung angenommen werden, da es im Deutschen sowohl Prä- als auch Postpositionen gibt.

Der Rechtsköpfigkeit der Wortstruktur stehen also die in bezug auf Rektionsrichtung heterogenen bzw. der Wortstruktur teilweise diametral entgegengesetzten Verhältnisse in der phrasalen Syntax gegenüber. Angesichts dieser mehrfach konfligierenden Eigenschaften von Wort- vs. Phrasenstruktur erscheint die Annahme, daß diese Eigenschaften aus identischen Parameterwerten abzuleiten sind, auch für das Deutsche ausgesprochen fragwürdig. Da davon auszugehen ist, daß diese Annahme nur mittels ähnlich stipulativer Bedingungen aufrechterhalten werden kann, wie Lieber sie für das Englische postuliert, werde ich den von Lieber eingeschlagenen Weg in dieser Arbeit nicht weiter verfolgen.

Eine radikale Alternative zu der von Travis (1990) bzw. Lieber (1992) vertretenen Auffassung, derzufolge Wortstellungsunterschiede der Effekt sprachspezifischer Parametrisierung sind, ist die von Kayne (1993) vorgelegte Theorie der Phrasenstruktur. Die zentrale These dieser Theorie besagt, daß nur solche strukturellen Konfigurationen zulässig sind, aus denen eine eineindeutige Beziehung zwischen hierarchischer Struktur und linearer Abfolge abgeleitet werden kann. Die Funktion, der die Abbildung von strukturellen Relationen auf lineare Anordnungen unterliegt, ist das 'Linear Correspondence Axiom' (LCA): Wenn ein Knoten A einen Knoten B asymmetrisch c-kommandiert, so müssen die von A dominierten terminalen Elemente den von B dominierten vorausgehen. Kayne zufolge läßt allein die Abfolge 'Specifier-Kopf-Komplement' bzw. 'Adjunkt-Kopf-Komplement' ein reguläres Mapping zwischen Hierarchie und Linearisierung zu; alle anderen Optionen können ausgeschlossen werden, da diese entweder keine Aussage über die lineare Abfolge der terminalen Elemente zulassen oder zu widersprüchlichen Linearisierungsforderungen führen.[40] Um die typologische Wortstellungsvariation, d.h. die Stellungsregularitäten in Sprachen mit kopf-finalen Phrasen ableiten zu können, nimmt Kayne (1993) an, daß die 'Komplement-Kopf'-Abfolge in diesen Sprachen durch obligatorische Bewegung aus der universalen 'Specifier-Kopf-Komplement'-Struktur deriviert ist. Insbesondere geht er (S. 20) davon aus, daß es für jede bewegte Phrase einen distinkten Kopf geben muß, der die obligatorische Bewegung auslöst, wobei die Projektion dieses Kopfs als Landeplatz für die bewegte Phrase fungiert. Wenn die 'Specifier-Kopf-Komplement'-Abfolge tatsächlich als universal anzunehmen ist, sind Direktionalitätsparameter in der von Travis (1990) vorgeschlagenen Form im Rahmen dieser Theorie folglich überflüssig.

---

[40] Specifier werden hier als Spezialfall von Adjunkten aufgefaßt.

Kayne (1993: 38ff.) nimmt nun an, daß auch die Struktur unterhalb der Wortebene unter das LCA fällt; für ein komplexes Wort wie *overturn* ergibt sich damit als einzige Option die folgende Konfiguration, in der *over* an *turn* adjungiert ist:[41]

(55)
```
      R
     / \
    S   R
    |   |
    s   r
```

May (1985) folgend nimmt Kayne an, daß Adjunktion zu Segmentierung des 'gastgebenden' Knotens führt und daß nur Kategorien, nicht aber Segmente an C-Kommando-Relationen partizipieren können:

(56) a. X c-commands Y iff X and Y are categories and X excludes Y and every category that dominates X dominates Y.
         (Kayne 1993: 16 et pass.)
     b. X excludes Y if no segment of X dominates Y.
         (Kayne 1993: 133, Anm.1 nach Chomsky 1986b: 9)

Wie in Kap. 3.1.1 festgestellt wurde, folgt aus Mays (1985) Annahmen, daß in einer Struktur wie (55) symmetrisches C-Kommando zwischen S und der zweisegmentigen Kategorie R vorliegt; dies schließt Kayne (1993) in Anlehnung an Chomsky (1986b) unter Rekurs auf den Begriff der Exklusion aus, vgl. (56.b). Damit folgt aus (56), daß R von S in (55) asymmetrisch c-kommandiert wird; hieraus folgt wiederum via LCA, daß das von S dominierte terminale Element dem von R dominierten vorausgehen muß:

(57) $_{X^\circ}$[s r]/*$_{X^\circ}$[r s]

Unter der durch das LCA motivierten Annahme, daß Adjunktion stets Linksadjunktion sein muß, kann die Rechtsköpfigkeit von komplexen Wörtern, d.h. die Right-hand Head Rule im Rahmen von Kaynes Theorie also aus einer strukturellen Restriktion abgeleitet werden.

Obwohl dieses Ergebnis natürlich insofern wünschenswert ist, als die Ungrammatikalität von Formen wie **barlös* in (52) damit vorausgesagt werden kann, werde ich mich Kaynes Vorschlag in der vorliegenden Arbeit nicht anschließen: Die unabdingbare Voraussetzung für den Ausschluß von linksköpfigen Wortstrukturen ist Kaynes Version der segmentalen Adjunktionstheorie bzw. die hieraus resultierende Annahme von asymmetrischem C-Kommando zwischen Gastgeber und Adjunkt. In der vorliegenden Arbeit gehe ich jedoch

---

[41] Der Notation von Kayne (1993) folgend, habe ich die terminalen Elemente in (55) bzw. (57) mit Minuskeln gekennzeichnet.

von den in Kap. 3.1.1 erläuterten symmetrischen C-Kommando-Relationen in Adjunktionsstrukturen aus, die nun wiederum keinerlei Voraussagen über die Abfolge von Inkorporans und Inkorporandum auf S-Struktur zulassen. Folglich gibt es im Rahmen der syntaktischen Wortbildungstheorie keine Möglichkeit, die Rechtsköpfigkeit von komplexen X^0-Kategorien abzuleiten. Ich nehme deshalb in dieser Arbeit an, daß das Deutsche einer s-strukturellen Restriktion unterliegt, derzufolge Kopfbewegung stets Linksadjunktion ist. Diese Beschränkung stellt zwar lediglich eine notationelle Variante der Right-hand Head Rule dar und hat damit ebenfalls nur stipulativen Charakter. Der Rekurs auf eine solche sprachspezifische Regel scheint jedoch unvermeidbar zu sein, da Kaynes Annahmen nicht nur im Kontext der vorliegenden Arbeit, sondern auch aus unabhängigen Gründen nicht aurechterhalten werden können:

Ackema (1994: 117ff.) weist nach, daß die 'Anwendbarkeit' des LCA auf eine gegebene Wortstruktur jeweils eine spezifische syntaktische Umgebung präsupponiert, in welche diese Wortstruktur selbst eingebettet ist. Wenn eine solche Umgebung nicht vorliegt, läßt sich dagegen - so Ackema (ebd.) - aus dem LCA keine Aussage über die lineare Abfolge der terminalen X^0-Elemente in dieser Struktur ableiten. Entgegen Kayne kann demnach die relative Position des Kopfs in einer Vielzahl von Konstruktionen nicht vorausgesagt werden.

Ein weiteres Problem ergibt sich aus Kaynes C-Kommando-Auffassung für alle Instanzen von Kopfadjunktion, die den 'Head Movement Constraint' erfüllen: Für eine HMC-konforme Struktur besagt diese Auffassung, daß ein Gastgeber X^0 in der derivierten Struktur von einem adjungierten Kopf Y^0 asymmetrisch c-kommandiert wird, wohingegen auf D-Struktur jedoch Y^0 von X^0 asymmetrisch c-kommandiert wird. Letztlich führt (56) also zu der m.E. unplausiblen Konsequenz, daß Inkorporation notwendig mit einer Umkehrung der C-Kommando-Verhältnisse zwischen D- und S-Struktur verbunden ist.[42] Für alle Fälle von Kopfbewegung, die durch M-Selektion ausgelöst werden, stellt sich das zusätzliche Problem, daß nach (56) ein Kopf auf S-Struktur von seinem Komplement regiert wird.

Schließlich stellt sich für Kaynes Annahmen über Bewegung die Frage nach deren empirischer Überprüfbarkeit: Wie oben festgestellt wurde, ist oberflächliche Variation bezüglich der relativen Position des Kopfs nicht nur in phrasalen, sondern auch in sublexikalischen Strukturen festzustellen; auch die Rechtsköpfigkeit komplexer X^0-Strukturen ist demnach kein universales, sondern ein sprachspezifisches Phänomen. Überträgt man Kaynes Annahmen zur Ableitung von kopf-finalen Phrasen nun auf die Ableitung von kopf-initialen Wortstrukturen, so bedeutet dies, daß eine overt linksköpfige Form stets durch einen obligatorischen Bewegungsprozeß aus der zugrundeliegend rechtsköpfigen Struktur abgeleitet werden muß. Da es für jedes bewegte Element einen distinkten Kopf geben muß, an dessen Projektion dieses Element adjungiert wird, muß also über jedem linksköpfigen Wort die Projektion einer von dem overten Kopf distinkten X^0-Kategorie vorhanden sein, der die obligatorische Bewegung auslöst. Hierbei muß natürlich

---

[42] Empirische Evidenz gegen die von Kayne postulierten C-Kommando-Relationen in Inkorporationsstrukturen ergibt sich aus den in Kap. 3.2 dieser Arbeit diskutierten Überlegungen zur Kasuszuweisung.

im Fall von X^0-Bewegung angenommen werden, daß das bewegte Element an den Kopf dieser Projektion adjungiert. Kaynes Theorie erzwingt also für die Ableitung sämtlicher linksköpfiger Wortstrukturen die Annahme einer höheren phrasalen Projektion, deren Kopf als Landeplatz für obligatorische Kopfbewegung dienen kann. Diese Annahme ist zwar nicht grundsätzlich unplausibel; insbesondere für die oben erwähnten Sprachen mit vorwiegend oder ausschließlich linksköpfiger Morphologie stellt sich jedoch die Frage, ob und ggf. welche Evidenz es für die Präsenz einer solchen Projektion gibt. Wenn es keine unabhängige Evidenz für das Vorhandensein dieser Projektion gibt, ist aber nicht nur unklar, welche Eigenschaften diese bzw. deren Kopf hat; darüberhinaus stellt sich auch die Frage, welche Merkmale dieses Kopfs als Auslöser für die obligatorische Bewegung des tiefer eingebetteten Kopfs anzunehmen sind bzw. wie diese ermittelt werden können.

Eine konkrete Anwendung der Linearisierungstheorie von Kayne (1993) in Verbindung mit den minimalistischen Annahmen über Bewegung (Chomsky 1995) wird in einer Analyse der Wortbildung in den romanischen Sprachen von Bok-Bennema & Kampers-Manhe (1996) vorgelegt. Hier wird dafür argumentiert, daß die Projektionen spezifischer lexikalischer X^0-Kategorien in eine WP ('Word Phrase') eingebettet sind, welche die maximale Projektion des funktionalen Kopfs W^0 ('Word') ist; der Unterschied zwischen rechts- vs. linksköpfigen Wortstrukturen wird aus der Unterscheidung von starken vs. schwachen Merkmalen abgeleitet: Wenn das Merkmal des W-Kopfs stark ist, so löst dies overte, d.h. vor 'Spell-Out' applizierende Bewegung von X^0 zu W^0 aus; in einer zugrundeliegenden 'Adjunkt-Kopf'-Abfolge muß der Kopf also über das Adjunkt hinweg an den Kopf der WP angehoben werden. Dies hat den Effekt, daß eine zugrundeliegend rechtsköpfige Struktur $[Y^0\ X^0]$ overt in der linksköpfigen Abfolge $[[X^0_i\ W^0]\ [Y^0\ t_i]]$ realisiert wird. Wenn die Merkmale des W-Kopfs schwach sind, wird X^0 'covert', d.h. erst nach 'Spell-Out' bewegt; in diesem Fall liegt also overt die rechtsköpfige Abfolge $[W^0\ [Y^0\ X^0]]$ vor. Auf der Grundlage dieser Analyse kann - so Bok-Bennema & Kampers-Manhe - der oberflächliche Kontrast zwischen einem linksköpfigen Kompositum wie etwa *uomo-rana* 'Froschmann' im Italienischen und dessen rechtsköpfigem Pendant *frogman* im Englischen erklärt werden.

Für den minimalistischen Ansatz stellt sich nun aber im Prinzip das gleiche Problem, das bereits oben im Zusammenhang mit Kaynes Hypothese angesprochen wurde: Auch für die im Minimalistischen Programm postulierte Unterscheidung von starken vs. schwachen Merkmalen, die als alleiniges Kriterium für die Unterscheidung von overter vs. coverter Bewegung dient, gibt es keine unabhängige empirische Evidenz. Darüberhinaus ist festzustellen, daß die minimalistischen Vorstellungen über Bewegung der theoretischen Fundierung in Form einer expliziten Merkmaltheorie bedürften; eine solche Theorie, die u.a. Aussagen über das universale Inventar von syntaktischen Merkmalen bzw. dessen interne Struktur sowie über sprachspezifisch mögliche Kombinationen von Merkmalen beinhalten müßte, steht jedoch zum gegenwärtigen Zeitpunkt noch aus.[43] Chomsky selbst (1995: 233) stellt im Zusammenhang mit der 'stark/schwach'-Unterscheidung fest, daß

---

[43] Zu einer Diskussion dieser und weiterer Probleme des Minimalistischen Programms vgl. Lenerz (1996).

diese lediglich die empirischen Tatsachen reformuliert; eine wirkliche Erklärung für das Phänomen der (overten) Bewegung bzw. der Wortstellungsvariation bleibt letztlich also auch das Minimalistische Programm schuldig.[44]

Als Fazit der vorausgegangen Diskussion kann damit folgendes festgehalten werden: Auf die Frage, ob und ggf. welche Korrelationen zwischen phrasalen und sublexikalischen Linearisierungsbedingungen bestehen bzw. ob und ggf. aus welchen grammatischen Prinzipien solche Linearisierungsbedingungen überhaupt abzuleiten sind, gibt es offenbar beim gegenwärtigen Stand der Forschung keine plausible Antwort. Da weder die Annahme von Direktionalitätsparametern (Lieber 1992) noch das Postulat eines universalen Linearisierungsprinzips (Bok-Bennema & Kampers-Manhe 1996) empirisch gerechtfertigt erscheinen, muß an der oben angenommenen s-strukturellen Bedingung festgehalten werden, derzufolge X^0-Bewegung im Deutschen immer Links-Adjunktion ist.

3.2 Kasusabsorption

In diesem Abschnitt sollen die syntaktischen Effekte der *-bar*-Affigierung sowie eine weitere wortbildungsinterne Restriktion dieses Ableitungsmusters diskutiert werden; hierbei wird gezeigt, daß zwischen diesen beiden Phänomenen (i) eine systematische Korrelation besteht und daß diese Korrelation (ii) aus den Kasuseigenschaften des Suffixes abgeleitet werden kann.

Die 'Produktivitätsbeschränkung' kann durch die folgenden Kontraste illustriert werden:

(58) a.   lösbar, extrahierbar, lieferbar, ersetzbar, ...
     b.   *arbeitbar, *explodierbar, *beeilbar, *helfbar, *gedenkbar, *wohnbar

Obwohl es sich bei den Ableitungsbasen in (58.b) durchgängig um nicht-statische Verben handelt, sind sie als Erstglied eines *-bar*-Adjektivs ausgeschlossen; die Ungrammatikalität dieser Daten kann also offenbar nicht auf die in Kap. 3.1 diskutierten semantischen Selektionseigenschaften des Suffixes zurückgeführt werden. Wie aus (59) und (60) hervorgeht, scheint der oben illustrierte Kontrast vielmehr mit den Kasuseigenschaften der Basisverben zusammenzuhängen:

(59)   [den Fall]$_{Akk}$ lösen, [den Satz]$_{Akk}$ extraponieren, [die Waren]$_{Akk}$ liefern, ...

---

[44] Wie Chomsky (1994: 340) feststellt, lassen sich aus dem Minimalistischen Programm bzw. der dort zugrundegelegten 'bare phrase structure'-Theorie ebenfalls keine Voraussagen über Linearisierung in Kopfadjunktionsstrukturen ableiten: "Left open, then, is the case of adjunction of a head to another head, that is, ordering within words."

(60) a. (*[den Motor]_Akk) arbeiten
    b. (*[die Bombe]_Akk) explodieren
    c. [sich]_Refl/*[den Begleiter]_Akk beeilen
    d. [dem Kind]_Dat/*[das Kind]_Akk helfen
    e. [der Opfer]_Gen/*[die Opfer]_Akk gedenken
    f. [in der Stadt]_PP/*[die Stadt]_Akk wohnen

Die wohlgeformten Bildungen in (58.a) sind aus transitiven Verben abgeleitet; bei den ungrammatischen in (58.b) handelt es sich dagegen um Ableitungen aus intransitiven, ergativen und reflexiven Verben sowie aus solchen mit lexikalischem Kasus bzw. präpositionalem Komplement.

Unter der allgemein akzeptierten Voraussetzung, daß Akkusativ in monotransitiven Verben struktureller Kasus ist, kann aus diesem Kontrast die Generalisierung abgeleitet werden, daß ausschließlich Verben, die strukturellen Kasus zuweisen, eine legitime Basis für eine -bar-Ableitung bilden.[45]

Der oberflächliche syntaktische Effekt der -bar-Affigierung besteht darin, daß das interne Argument des zugrundeliegenden Verbs an das Adjektiv 'vererbt' wird, d.h. das direkte Objekt erscheint als Subjekt der abgeleiteten Form:

(61) a. x löst den Fall
    b. der Fall/*den Fall ist lösbar

Damit weist die Argumentvererbung bei den -bar-Adjektiven eine signifikante Ähnlichkeit mit den syntaktischen Effekten der Passivierung auf:

(62) a. x löst den Fall
    b. der Fall/*den Fall wird gelöst

Die -bar-Affigierung kann also analog zur Passivierung als 'Grammatical Function Changing'-Prozeß (GFC-Prozeß) aufgefaßt werden, wobei dieser oberflächlich wie folgt zu charakterisieren ist:

(63)   object → subject; subject → ∅

GFC-Prozesse wie der in (63) illustrierte sind traditionell in Form von konstruktionsspezifischen Regeln beschrieben worden. So besagt die im Rahmen der Government-Binding Theorie vertretene Standardanalyse des Passivs, daß struktureller Kasus durch die passivische Verbmorphologie 'absorbiert' wird (vgl. Chomsky 1981); dieser Analyse zufolge ist aufgrund der spezifschen Eigenschaft von passivischen Verben kein struktureller

---

[45] Auf vermeintliche Gegenbeispiele wie *haftbar*, *unsinkbar* werde ich in Kap. 3.4 eingehen.

Kasus für das d-strukturelle Objekt verfügbar, weshalb es nach Spec/IP bewegt wird und dort unter Spec/Head-Agreement Nominativ von einem finiten I⁰ erhält.

Das erklärte Ziel der von Baker (1988a) entwickelten Theorie besteht nun darin, auf die Annahme solcher konstruktionsspezifischer Regeln zur Beschreibung von GFC-Prozesse zu verzichten. Im Gegensatz zur Standardanalyse des Passivs nimmt Baker (1988a) deshalb an, daß Kasusabsorption eine reguläre Instanz von Kasuszuweisung darstellt. Dieser Auffassung zufolge wird der strukturelle Kasus in (62.b) also nicht durch die passivische Verbmorphologie 'absorbiert', sondern vielmehr dem Passivmorphem zugewiesen.

Weiter unten werde ich zeigen, wie Bakers Annahmen zur Kasuszuweisung auf die -bar-Adjektive übertragen werden können; hierbei führe ich die in (58) und (61) illustrierten Phänomene in Anlehnung an Baker darauf zurück, daß das inkorporierte Verb dem Affix -bar strukturellen Kasus zuweisen muß. Zunächst soll aber die Inkorporationsanalyse des Passivs kurz dargestellt werden, bei der Baker (1988a: 305ff.) von den folgenden Annahmen ausgeht:

Auf S-Struktur ist das Verb in das Passiv-Morphem inkorporiert, welches sich in der I⁰-Position befindet; das Passiv-Morphem kann vom inkorporierten Verb kasusmarkiert werden, ist also ein potentieller Kasusempfänger. Die in Passivkonstruktionen zu beobachtenden innergrammatischen Restriktionen und typologischen Unterschiede werden im Rahmen dieses Ansatzes unter anderem auf die unterschiedlichen Kasusforderungen der jeweiligen Passiv-Morpheme zurückgeführt.[46] Hierbei unterscheidet Baker (1988a: 340ff.) drei Kategorien von Passiv-Morphemen: Typ I (Englisch, Chichewa, Italienisch) muß strukturellen Kasus vom Verb erhalten; Typ II (Deutsch, Holländisch, Isländisch) muß den vom Verb zugewiesenen strukturellen Kasus nicht notwendigerweise erhalten; Typ III (Irisch, Walisisch) benötigt grundsätzlich keinen strukturellen Kasus.

Aus diesen unterschiedlichen Kasuseigenschaften kann nun die folgende Typologie von Passiv-Konstruktionen abgeleitet werden: Sowohl Sprachen vom Typ I als auch die vom Typ II lassen die Passivierung von Verben zu, die strukturellen Kasus zuweisen; hierbei wird struktureller Kasus unter Passivierung 'absorbiert'. In Sprachen vom Typ I sind weder intransitive Verben noch Verben mit inhärentem Kasus passivierbar. Sprachen vom Typ II lassen beides zu; hierbei bilden die intransitiven Verben ein unpersönliches Passiv, und inhärenter Kasus bleibt unter Passivierung erhalten. In Sprachen vom Typ III sind Verben aller drei Klassen passivierbar; in diesen Sprachen findet keine Kasusabsorption statt, d.h. hier bleibt nicht nur inhärenter, sondern auch struktureller Kasus unter Passivierung erhalten.

Wie aus der obigen Typologie hervorgeht, ist Kasusabsorption also keine universale Begleiterscheinung des Passivs; damit ist Bakers Erklärung, die dieses Phänomen als reguläre Instanz von Kasuszuweisung auffaßt, der Standardauffassung insofern überlegen, als die

---

[46] Weitere kasus-relevante Unterschiede ergeben sich daraus, ob das Passiv-Morphem in I⁰ basisgeneriert ist, oder ob es durch Inkorporation in diese Position gelangt.

sprachspezifischen Unterschiede im Rahmen dieser Analyse auf die idiosynkratischen lexikalischen Eigenschaften der jeweiligen Morpheme zurückgeführt werden können.

Für Bakers Annahme, daß Kasusabsorption Kasuszuweisung an ein X^0-Element ist, spricht weiterhin, daß diese Erscheinung ebenfalls kein konstruktionsspezifisches Phänomen darstellt. So wird struktureller Verbkasus etwa auch beim sog. 'clitic doubling' sowie im Antipassiv absorbiert, wobei diese beiden Konstruktionen einen GFC-Prozeß der folgenden Form konstituieren:

(64) object → oblique

Das Phänomen des 'clitic-doubling', das u.a. in südamerikanischen Dialekten des Spanischen auftritt, kann mit dem folgenden Beispiel illustriert werden:

(65) lo   vimos *(a) Juan
      him   I-saw to Juan
      'I saw Juan'

In (65) 'dupliziert' das Klitikon *lo-* die Objekt-NP *Juan*, und diese wird von einer Präposition kasusmarkiert (vgl. Jaeggli 1982). In neueren Arbeiten zur Syntax von Klitika wird die Auffassung vertreten, daß Klitisierung eine Instanz von Inkorporation darstellt (vgl. Rizzi & Roberts 1989); vor dem Hintergrund dieser Annahme kann auch die Kasusabsorption beim 'clitic doubling' als reguläre Instanz von Kasuszuweisung aufgefaßt werden: Da der strukturelle Kasus dem in das Verb inkorporierten Klitikon zugewiesen wird und damit 'verbraucht' ist, muß die Objekt-NP durch eine 'dummy'-Präposition kasusmarkiert werden.

Die folgenden Daten aus dem Grönland-Eskimo sind ein Beispiel für die Antipassiv-Konstruktion:

(66) a. Aŋut-ip   miirqa-t   paar-ai.
         man-ERG   child-PL(ABS)   care-INDIC/3sS/3pO
         'The man takes care of the children.'
     b. Aŋut-Ø   miirqa-nik   paar-si-vuq.
         man(ABS)   children-INSTR   care-APASS-INDIC/3sS
         'The man takes care of the children'
         (Baker 1988a: 9)

In Ergativsprachen erscheint das direkte Objekt eines transitiven Verbs im Absolutiv und kongruiert mit dem finiten Verb; eine solche transitive Konstruktion mit dem Objekt *miirqa* 'children' ist in (66.a) dargestellt. In der Antipassiv-Konstruktion in (66.b) wird dasselbe Argument mit obliquem Kasus (Instrumental) markiert; Kongruenz zwischen Verb und Objekt besteht im Antipassiv nicht.

Baker (1988a: 129ff.) nimmt nun an, daß die Antipassiv-Konstruktion eine Variante von Nomen-Inkorporation darstellt, da zwischen beiden Konstruktionstypen zahlreiche Parallelen bestehen; der einzige Unterschied besteht darin, daß bei 'regulärer' Nomeninkorporation eine nominale Wurzel in das Verb bewegt wird, während im Antipassiv obligatorische Inkorporation stattfindet, da das Antipassiv-Morphem -si- ein Affix, d.h. ein gebundenes Nomen ist. Ebenso wie in anderen Instanzen von Nomeninkorporation weist das Verb auch im Antipassiv dem inkorporierten Nomen strukturellen Kasus zu; da also im Antipassiv kein struktureller Kasus für das direkte Objekt verfügbar ist, muß dieses zu einem obliquen Argument 'degradiert' werden.

Nach diesem Überblick über unterschiedliche Formen von Kasusabsorption sollen im folgenden die kasusbedingten Regularitäten der -bar-Affigierung diskutiert werden.

Zu Beginn dieses Abschnitts wurde festgestellt, daß ausschließlich Verben, die strukturellen Kasus zuweisen, eine -bar-Ableitung zulassen. In Anlehnung an Bakers Auffassung zur Kasusabsorption nehme ich deshalb an, daß das Suffix -bar strukturellen Kasus vom inkorporierten Verb erhalten muß; -bar hat also die gleichen Eigenschaften wie ein Passiv-Morphem in Sprachen vom Typ I, in denen ausschließlich Verben, die strukturellen Kasus zuweisen, passivierbar sind. Auf der Grundlage dieser Annahme können die Daten in (58.b), hier wiederholt in (67), nunmehr ausgeschlossen werden; da die dort angeführten Verben die Kasusforderung von -bar nicht erfüllen, führt die Inkorporation eines solchen Verbs in das Affix zu Ungrammatikalität:

(67) a. intransitiv:
       *arbeitbar, *lachbar, *hüpfbar, *rennbar, ...
   b. ergativ:
       *explodierbar, *ankommbar, *versickerbar, ...
   c. Dativ-Objekt:
       *helfbar, *dankbar[47]
   d. Genitiv-Objekt:
       *gedenkbar, *frönbar
   e. PP-Komplement:
       *wohnbar
   f. reflexiv:
       *beeilbar

Die Annahme, daß intransitive und ergative Verben sowie solche mit lexikalischem Kasus bzw. präpositionalem Komplement keinen strukturellen Kasus zuweisen, ist sicher unkontrovers und nicht erläuterungsbedürftig; die Behauptung, daß dies auch für die echt reflexiven Verben gilt, erfordert allerdings einen Kommentar. Im Zusammenhang mit dieser

---

[47] Aus der Ungrammatikalität von *dem Mann ist dankbar bzw. daraus, daß der Mann ist dankbar nicht bedeutet 'dem Mann kann gedankt werden' geht hervor, daß das wohlgeformte dankbar tatsächlich das denominale Relikt aus dem Ahd. ist.

Frage können die Überlegungen von Müller (1993: 231ff.) zu den Kasuseigenschaften von Anaphern angeführt werden. Müller geht davon aus, daß anaphorisches *sich* im Deutschen keinen strukturellen Kasus benötigt und zeigt dies anhand verschiedener Phänomene, u.a. am Beispiel der Kasusabsorption im Passiv.[48]

Bei reflexiv gebrauchten transitiven Verben alterniert die Anapher *sich* mit einem 'echten' kasusmarkierten Argument:

(68) a. weil der Otto den Fritz wäscht
  b. weil der Otto sich wäscht

Im Passiv ergibt sich allerdings ein Kontrast, insofern als die Anapher im Gegensatz zur vollen NP offenbar 'immun' gegen Kasusabsorption ist:

(69) a. *daß den Fritz jetzt gewaschen wird
  b. daß sich jetzt gewaschen wird
   (Müller 1993: 232)

Im Unterschied zu der NP in (69.a) kann die Anapher in (69.b) offensichtlich dem Kasusfilter entgehen, d.h. die Anapher ist lizensiert, obwohl der strukturelle Kasus von *waschen* durch Passivierung 'absorbiert' ist; daraus schließt Müller (1993: 232), daß anaphorisches *sich* keinen strukturellen Kasus benötigt.

Aus diesen Beobachtungen läßt sich nun meines Erachtens die folgende Generalisierung ableiten: Echt reflexive Verben, d.h. Verben, bei denen das Reflexivpronomen nie mit einem 'echten' Argument alterniert, weisen keinen strukturellen Kasus zu.

Gegen diese Hypothese scheinen zunächst die Daten in (70) zu sprechen:

(70)   weil ich mich beeile/wir uns beeilen/du dich beeilst/ihr euch beeilt

In (70) liegen zwar scheinbar die kasus-markierten Formen der Pronomina vor, jedoch ist dies nicht notwendigerweise auf die Kasuseigenschaften des Verbs zurückzuführen. Es kann vielmehr angenommen werden, daß *mich/uns* bzw. *dich/euch* die für erste/zweite Person Singular/Plural spezifizierten Formen des Reflexivpronomens *sich* sind; der vermeintliche Akkusativ in (70) ist demnach nicht das Resultat von Kasuszuweisung, sondern ein Reflex der Personen- und Numeruskongruenz, die zwischen dem Antezedens und dem koreferenten Pronomen bestehen muß.

Wenn (70) tatsächlich eine Instanz von Kasuszuweisung wäre, müßte eine Passiv-Konstruktion wie in (71) lizensiert sein, d.h. das Pronomen müßte im Passiv aufgrund von Kasusabsorption als deriviertes Subjekt im Nominativ erscheinen:

---

[48] Als weitere Evidenz für diese Annahme werden in Müller (1993: 231) die Kasusverhältnisse in Medialkonstruktionen sowie verschiedene Bindungsdaten angeführt.

(71)   *weil du beeilt/geschämt/gewundert wirst

Tatsächlich verhalten sich die reflexiven Verben im Passiv jedoch nicht analog zu den transitiven; sie lassen vielmehr ein unpersönliches Passiv zu und bilden also unter diesem Aspekt eine natürliche Klasse mit den intransitiven, die bekanntermaßen keinen strukturellen Kasus zuweisen:

(72) a.   jetzt wird sich nicht beeilt/geschämt/gewundert
     b.   jetzt wird nicht gearbeitet/gelacht/gefaulenzt

Nicht zuletzt kann aus dem fehlenden Kasuszuweisungspotential der echten Reflexiva auch die definierende Eigenschaft dieser Verbklasse abgeleitet werden, i.e. die Tatsache, daß das Reflexivpronomen nie mit einer vollen NP bzw. einem nicht-koreferenten Pronomen alterniert:

(73) a.   weil der Otto sich/den Fritz/ihn wäscht/
     b.   weil der Otto sich/*den Fritz/*ihn beeilt/schämt/wundert

Damit scheint die Schlußfolgerung gerechtfertigt zu sein, daß die Ungrammatikalität von *beeilbar* in (67.f) aus Kasuseigenschaften abgeleitet werden kann.[49]

Sowohl bei der *-bar*-Ableitung als auch bei der Passivierung bilden also die reflexiven und die intransitiven Verben eine natürliche Klasse: *-bar*-Adjektive können aus beiden nicht abgeleitet werden, da dem Suffix struktureller Kasus zugewiesen werden muß. Passivierung hingegen ist in beiden Fällen zulässig, da das Deutsche ein Passiv-Morphem vom Typ II hat, das nicht notwendigerweise strukturellen Kasus vom Verb erhalten muß; aufgrund des fehlenden Kasuszuweisungspotentials bilden sowohl intransitive und reflexive Verben ausschließlich ein unpersönliches Passiv.

Der strukturelle Kasus von V^0 ist durch die Kasusforderung von *-bar* 'verbraucht'; das direkte Objekt muß also bewegt werden:

(74) a.   weil X den Fall löst
     b.   weil der Fall lösbar ist

Unter der Voraussetzung, daß (i) die AP in einer Konstruktion wie (74.b) in eine *sein*-VP eingebettet ist, und daß (ii) Nominativ unter Spec/Head-Agreement von einem finiten I^0 in Spec/IP zugewiesen wird, muß das interne Argument also nach Spec/IP bewegt werden:

---

[49] Weitere echte Reflexiva wie *sich schämen, sich wundern* denotieren einen Zustand und sind deshalb aus semantischen Gründen als Basis einer *-bar*-Ableitung ausgeschlossen; *wunderbar* ist nicht deverbal, sondern denominal, also ein Relikt aus dem Althochdeutschen (vgl. Kap. 4.4).

(75)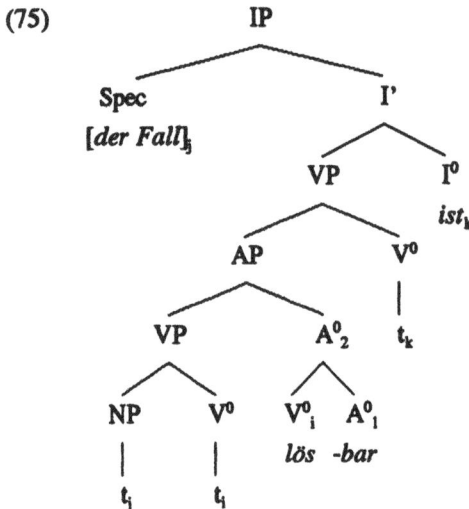

In dem durch Inkorporation derivierten komplexen A^0-Kopf in (75) weist das Verb dem Adjektivknoten A^0_1 unter C-Kommando strukturellen Kasus zu.

Das in (74) illustrierte Phänomen, das sich im Rahmen der Inkorporationsanalyse als NP-Bewegung darstellt, wird in der lexikalistischen Wortbildungstheorie als Instanz von 'Argumentvererbung' aufgefaßt; daß das Objekt des zugrundeliegenden Verbs tatsächlich an das abgeleitete Adjektiv 'vererbt' wird, bestätigt der folgende Kontrast:

(76) die Pizza/*die Theorie ist eßbar
(Toman 1987^2: 77)

Toman (1987^2: 77) stellt hierzu fest, "[...] daß das Subjekt in der -bar-Konstruktion die gleichen Selektionseigenschaften hat wie das direkte Objekt eines transitiven Verbs"; er nimmt an, daß die Regel der Argumentvererbung einem sog. 'Ergativ Prinzip' (S. 64) unterliegt, welches im Falle der -bar-Adjektive gewährleistet, daß ausschließlich die Objekt-NP von der Vererbungsregel affiziert wird.

Für DiSciullo & Williams (1987: 34ff. et pass.) stellt die Argumentvererbung das Resultat der semantischen Operation 'Funktionskomposition' dar: Suffixe in deverbalen Ableitungen werden hier als Funktoren aufgefaßt, die das Basisverb mit seiner ungesättigten Argumentstruktur als Argument nehmen; durch den Mechanismus der funktionalen Komposition werden die noch freien Argumentstellen der Ableitungsbasis zu Argumenten des Derivats. Dieser Auffassung zufolge ist das Subjekt einer -bar-Ableitung also nicht das Argument des Basisverbs, sondern das des Adjektivs.

Zwar kann die Argumentvererbung im Rahmen der lexikalistischen Wortbildungstheorien mithilfe spezieller Regeln und Mechanismen beschrieben werden; dennoch stellt dieses Phänomen - speziell für den Ansatz von DiSciullo & Williams - insofern ein Problem dar, als hier eine Eigenschaft des morphologischen Nicht-Kopfs an das Gesamtwort weitergegeben wird, obwohl dieser qua Atomizitätsthese für die Syntax nicht sichtbar sein sollte.

Die Inkorporationstheorie hingegen besagt, daß der morphologische Nicht-Kopf zwar kein s-struktureller Kopf ist, daß es jedoch eine grammatische Repräsentationsebene gibt, nämlich D-Struktur, auf der auch dieser den Status eines syntaktischen Kopfs hat. Diese Theorie sagt also voraus, daß die Eigenschaften des Gesamtwortes auch durch Merkmale des morphologischen Nicht-Kopfs determiniert werden. Auch die Annahme von speziellen Mechanismen der Argumentvererbung ist im Rahmen der Inkorporationsanalyse überflüssig: Die Argumentvererbung als solche stellt eine Instanz von NP-Bewegung dar; der Kontrast in (76) wird daraus abgeleitet, daß das derivierte Subjekt auf D-Struktur vom Verb thematisch markiert wird und nur in eine nicht theta-markierte Position, i.e. Spec/IP bewegt werden kann.[50]

Im folgenden soll nun noch das Verhalten der ditransitiven Verben betrachtet werden, d.h. der Klasse von Verben, die einem ihrer Argumente strukturellen Kasus zuweisen und deren zweites Argument mit inhärentem, i.e. lexikalischem Kasus markiert ist. Da ditransitive Verben die Kasusforderung von *-bar* also prinzipiell erfüllen können, müßten Ableitungen aus dieser Klasse demnach grundsätzlich zulässig sein. Die folgenden Daten bestätigen diese Voraussage und zeigen darüberhinaus, daß Genitiv- und Dativobjekte an die *-bar*-Ableitung 'vererbt' werden:

(77) a. weil politisch Verfolgte des Landes nicht verweisbar sind
 b. weil Teddybären auch Teenagern schenkbar sind; weil solche Gegenstände den Touristen leicht entwendbar sind; weil diese Tat dem Angeklagten nicht nachweisbar war; weil dieser Wunsch dem Mandanten nicht verwehrbar ist (vgl. Toman 1987[2]: 78f.)

Baker (1988a) nimmt an, daß die Inkorporation eines lexikalischen Kopfs mit einer Erweiterung der Rektionsdomäne des Inkorporans einhergeht:

(78) Government Transparency Corollary (GTC)
 A lexical category which has an item incorporated into it governs everything which the incorporated item governed in its original structural position.
 (Baker 1988a: 64)

Das GTC besagt also, daß das Genitiv- bzw. Dativobjekt von *verweisen* bzw. *schenken* in (77) von dem durch Verbinkorporation derivierten *-bar*-Adjektiv regiert wird.

Bei einem Verb wie *lehren*, das zwei Akkusative vergibt, führt das GTC allerdings zu einem Problem:

---

[50] Die Frage, ob und ggf. in welcher Form auch das Subjekt des zugrundeliegenden Verbs 'vererbt' werden kann, wird in Kap. 4.3 diskutiert.

(79)   *weil ein Kopfsprung auch einen ungelenkigen Schüler lehrbar ist

Offenbar kann das mit lexikalischem Akkusativ markierte Argument von *lehren* nicht von dem derivierten Adjektiv regiert werden.[51]

Nun nimmt auch Baker (1988a: 121ff.) an, daß die Rektionseigenschaften komplexer lexikalischer Köpfe sich zwar prinzipiell aus dem GTC ergeben, jedoch außerdem der folgenden Beschränkung unterliegen:

(80)   Case Frame Preservation Principle (CFPP)
A complex X^0 of category A in a given language can have at most the maximal Case assigning properties allowed to a morphologically simple item of category A in that language.
(Baker 1988a: 122)

Aus dem CFPP geht hervor, daß die Kasusmuster in derivierten Strukturen identisch mit denen sein müssen, die auch in basisgenerierten Strukturen lizensiert sind (vgl. Baker 1988a: 123). Auf der Grundlage dieser Beschränkung kann der oben angeführte Kontrast nunmehr abgeleitet werden:

(81) a.   des Bräutigams sicher/überdrüssig
     b.   dem Bräutigam treu/hörig/böse
     c.   *den Bräutigam sauer/stolz/neidisch

Wie die Daten in (81) zeigen, können adjektivische Simplizia im Deutschen zwar den Genitiv und den Dativ regieren, jedoch keinen Akkusativ zuweisen; das Kasusmuster der derivierten Adjektive in (77) vs. (79) ist also identisch mit dem, das auch bei den Simplizia in (81.a) bzw. (81.b) vs. (81.c) zu beobachten ist.

Wenn in einem durch Kopfbewegung derivierten Adjektiv nur die Kasus lizensiert sind, die qua 'Case Frame Preservation' mit den Kasuseigenschaften der Kategorie A kompatibel sind, folgt hieraus, daß Argumente mit lexikalischem Genitiv und Dativ an die *-bar-* Ableitung 'vererbt' werden können, wohingegen die Vererbung von Argumenten mit lexikalischem Akkusativ blockiert ist.

Weiter oben wurde festgestellt, daß die verbalen Argumente mit lexikalischem Kasus via GTC von dem komplexen Adjektiv regiert werden; da die lexikalischen Kasus jedoch in identischer Form in der derivierten Struktur erscheinen, werden diese offenbar nicht von A^0 zugewiesen:

(82)   des Landes/*dem Lande nicht verweisbar; den Teenagern/*der Teenager schenkbar

---

[51] Welches der beiden Argumente strukturellen Kasus erhält und welches mit lexikalischem Kasus versehen ist, kann aus dem Verhalten dieser Argumente bei Passivierung ermittelt werden: *weil ein Kopfsprung/*ein ungelenkiger Schüler einfach nicht lehrbar ist.*

Wenn *-bar* Kasus zuweisen würde, wäre zu erwarten, daß die Argumente uniform entweder Genitiv oder Dativ erhielten; auf der Grundlage dieser Annahme wären also die Kontraste in (82) nicht zu erklären; weiterhin würde dies fälschlicherweise voraussagen, daß auch eine der beiden folgenden Formen zulässig sein müßte:

(83)   *dem Schüler lehrbar/*des Schülers lehrbar

Die Kasusvariation bei den adjektivischen Simplizia, d.h. die Tatsache, daß Adjektive ihre Komplemente idiosynkratisch entweder mit Genitiv oder Dativ markieren, deutet überdies darauf hin, daß Adjektive im Deutschen keinen strukturellen Kasus zuweisen; hierin unterscheiden sie sich nicht nur von Verben, sondern auch von Nomina, die ihren Argumenten uniform strukturellen Genitiv zuweisen.

Gegen die Hypothese, daß das Adjektiv Kasus zuweist, spricht aber vor allem die Tatsache, daß Genitiv, Dativ und (nicht-struktureller) Akkusativ in Doppelobjekt-Konstruktionen inhärente Kasus sind. Wenn der Kasus von A^0 zugewiesen würde, so würde dies implizieren, daß ein auf D-Struktur präsentes inhärentes Kasusmerkmal durch erneute Kasuszuweisung 'gelöscht' bzw. 'überschrieben' wird.

Aufgrund dieser Überlegungen nehme ich an, daß lexikalischer Kasus bei Affigierung mit *-bar* erhalten bleibt; Einschränkungen über mögliche Kasusmuster des derivierten Adjektivs ergeben sich hierbei aus dem 'Case Frame Preservation'-Prinzip.

Als Zwischenresümee lassen sich damit an dieser Stelle die folgenden Ergebnisse festhalten: Da das Suffix *-bar* strukturellen Kasus vom inkorporierten Verb erhalten muß, sind ausschließlich Verben, die strukturellen Kasus zuweisen, als Basis einer *-bar*-Ableitung zulässig; da der strukturelle Kasus, der eigentlich der Objekt-NP 'zustehen' würde, dem Affix zugewiesen wird, muß diese bewegt werden. Bei ditransitiven Verben wird der strukturelle Kasus ebenso wie bei den monotransitiven 'absorbiert', weshalb die Inkorporation eines ditransitiven Verbs ebenfalls obligatorische NP-Bewegung auslöst; daß NPs mit lexikalischem Dativ und Genitiv auch als Komplement des derivierten Wortes zulässig sind, während Argumente mit lexikalischem Akkusativ ausgeschlossen sind, folgt aus dem 'Case Frame Preservation'-Prinzip.

Wenn Kasusabsorption durch einen lexikalischen Kopf als Kasuszuweisung interpretiert wird, setzt auch dieser Mechanismus eine strukturelle Konfiguration voraus, in der ein kasuszuweisendes Element den potentiellen Kasusempfänger regiert. Unter der Voraussetzung, daß es keine basisgenerierten komplexen X^0-Kategorien gibt, kann Kasuszuweisung an einen lexikalischen Kopf nur in einer Inkorporationsstruktur wie (84) stattfinden:

(84)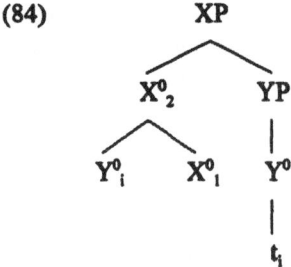

Aus den in Kap. 3.1 erläuterten Gründen gehe ich in dieser Arbeit davon aus, daß in der durch Kopfbewegung derivierten Konfiguration (84) wechselseitiges C-Kommando zwischen den beiden Elementen des komplexen Kopfs vorliegt. Diese Annahme sagt voraus, daß in einer solchen Struktur sowohl das Inkorporans dem Inkorporandum als auch das Inkorporandum dem Inkorporans Kasus zuweisen kann.

Wie die oben diskutierten Daten gezeigt haben, sind beide Formen von Kasuszuweisung empirisch belegt: Antipassiv und 'clitic-doubling' sind Instanzen von Nomen-Inkorporation; diese repräsentieren den ersteren Fall, in dem das Inkorporandum Y^0 Kasus vom Inkorporans X^0_1 erhält. Passiv und -bar-Ableitung sind Instanzen von Verb-Inkorporation; diese repräsentieren den letzteren Fall, in dem das Inkorporans X^0_1 Kasus vom Inkorporandum Y^0 erhält.

Diese Datenverteilung könnte auf der Grundlage von Kaynes (1995) C-Kommando-Definition nicht erklärt werden: Wenn angenommen würde, daß die zweisegmentige Kategorie X^0 in (84) asymmetrisch von Y^0 c-kommandiert würde, so könnte zwar X^0 Kasus von Y^0 erhalten, der umgekehrte Fall wäre jedoch ausgeschlossen. Damit würde also fälschlicherweise vorausgesagt, daß Kasusabsorption bei Verb-Inkorporation, nicht aber bei Nomen-Inkorporation auftreten kann.

Für die -bar-Ableitungen ist an dieser Stelle festzuhalten, daß der defektive Charakter dieses Paradigmas aus der Interaktion der semantischen, kategorialen und morphologischen Selektionsrestriktionen mit kasusbedingten Beschränkungen abgeleitet werden konnten.

Die folgenden Daten aus Chomsky (1986a: 88f.) zeigen nun, daß auch im Hinblick auf dieses Phänomen eine Parallele zwischen der sententialen Syntax und der Wortsyntax besteht:

(85) a. I asked [what time it is]
    b. I wondered [what time it is]
    c. I don't care [what time it is]

Wie aus (85) hervorgeht, s-selegieren *ask*, *wonder* und *care* ein propositionales Komplement; im Gegensatz zu *ask* lassen jedoch *wonder* und *care* keine NP mit propositionalem Gehalt als Komplement zu:

(86) a. I asked the time
b. *I wondered the time
c. *I cared the time

Auch dies scheint zunächst der in Kap. 3.1.1 diskutierten Bedingung der 'Canonical Structural Realization' zu widersprechen, derzufolge Verben mit identischer S-Selektion auch identische c-selektionale Eigenschaften haben sollten.

Wie jedoch Pesetsky (1982) gezeigt hat, können die Kontraste in (86) aus den unterschiedlichen Kasuseigenschaften der jeweiligen Verben abgeleitet werden; da im Englischen ausschließlich Verben, die strukturellen Kasus zuweisen, passiviert werden können, lassen sich diese Kasuseigenschaften anhand der folgenden Daten ermitteln:[52]

(87) a. it was asked what time it is
b. *it was wondered what time it is
c. *it was cared what time it is

(87) zeigt, daß *wonder* und *care* im Gegensatz zu *ask* keinen strukturellen Kasus zuweisen; hieraus folgt nun wiederum, daß *wonder* und *care* lediglich sententiale Komplemente zulassen, aber - wegen der Kasusforderung von NPs - keine nominalen Komplemente lizensieren können; *ask* hingegen lizensiert - wie von CSR vorausgesagt - sowohl CPs als auch NPs mit propositionalem Gehalt.

Auch diese Daten bestätigen also, daß kategoriale Selektionseigenschaften kein Primitivum der Grammatik darstellen, da die c-selektionalen Restriktionen aus der Interaktion von S-Selektion und Kasustheorie abgeleitet werden können.

Nun ist es zwar im oben diskutierten Fall der Verben *ask*, *wonder* und *care* die Menge der zulässigen XP-Komplemente, die durch Kasuseigenschaften eingeschränkt wird, wohingegen die kasusbedingten Einschränkungen im Fall der *-bar*-Affigierung die Menge der zulässigen X^0-Komplemente betreffen. Dies ist jedoch ein rein oberflächlicher Unterschied, der sich aus idiosynkratischen Eigenschaften des selegierenden Kopfs ergibt: Im ersteren Fall werden die Komplemente (nur) c-selegiert, im letzteren Fall dagegen (auch) m-selegiert. Da sowohl Kasus als auch M-Selektion auf S-Struktur überprüft werden, handelt es sich in beiden Fällen um eine s-strukturelle Restriktion.

Ein weiterer Unterschied zwischen diesen beiden Formen von Kasusrestriktionen besteht nun unter dem folgenden Aspekt: Die kategorialen Selektionsrestriktionen ergeben sich aus dem Kasuspotential des Kopfs der jeweiligen Konstruktion, vgl. *ask the time* vs. **wonder/care the time*; die morphologischen sind dagegen aus denen des Komplements abzuleiten, vgl. *lösbar* vs. **lachbar/helfbar* etc.

---

[52] Wie oben erläutert wurde, kann dies im Rahmen von Bakers Theorie aus den Kasuseigenschaften des Passiv-Morphems abgeleitet werden: Es ist eine idiosynkratische Eigenschaft des englischen Passiv-Morphems, daß dieses strukturellen Kasus von V^0 erhalten muß.

Letztlich kann jedoch auch dieser Unterschied darauf zurückgeführt werden, daß das Komplement im letzteren Fall m-selegiert wird: Ein Kopf kann nur dann Kasus von seinem Komplement erhalten, wenn das Komplement den Kopf regiert, i.e. c-kommandiert; eine solche Konfiguration liegt genau dann vor, wenn das Komplement in den Kopf inkorporiert ist. Da morphologische Selektion obligatorische Inkorporation auslöst, ist M-Selektion also eine der Voraussetzungen für Kasuszuweisung eines X^0-Komplements an einen X^0-Kopf.

Im folgenden möchte ich in Form eines Exkurses auf vermeintliche Ausnahmen zu der in diesem Abschnitt diskutierten Kasusbeschränkung eingehen und hierbei auch einige diachronische Erwägungen berücksichtigen.

Exkurs: Grammatikalität vs. Akzeptabilität

Gegen die in dieser Arbeit und in Toman (1987^2) vertretene Annahme, derzufolge ausschließlich Verben, die strukturellen Kasus zuweisen, als Basis einer -*bar*-Ableitung lizensiert sind, argumentiert Riehemann (1993). Sie untersucht ein umfangreiches Korpus von -*bar*-Adjektiven und versucht anhand der folgenden Belege nachzuweisen, daß -*bar* auch synchron an nicht-transitive Verben affigiert werden kann:

(88) aufwallbar, entflammbar, ermüdbar, explodierbar, faulbar, kristallisierbar, mutierbar, oxydierbar, schäumbar, schwimmbar, tropfbar, unausbleibbar, ungerinnbar, unsinkbar, unverfallbar, unverjährbar, unversiegbar, unverwelkbar, verheilbar, verlaufbar, verrottbar, verwesbar, verwitterbar, zerfließbar, zerknallbar (Riehemann 1993: 16)

Das Problem ist nun allerdings, daß eine bloße Korpus-Analyse - und auf diese stützt Riehemann ihre Argumentation - bekanntermaßen keine negative Evidenz liefert und somit nicht die Basis für eine deskriptiv adäquate Generalisierung darstellen kann.

Die notwendige negative Evidenz ergibt sich aus Grammatikalitätsurteilen über die Formen in (88); wie ich in einer Informantenbefragung feststellen konnte, werden diese - von einigen Ausnahmen abgesehen - als ungrammatisch abgelehnt. Eine Ausnahme bilden *entflammbar, ermüdbar, schwimmbar*; diese sind aber entgegen Riehemann keine Ableitungen aus Intransitiva, da die Informanten hier jeweils die transitive Variante als Ableitungsbasis angeben:

(89) a. X ist entflammbar: 'X kann entflammt werden/*kann entflammen'
     b. X ist ermüdbar: 'X kann ermüdet werden/*kann ermüden'
     c. X ist schwimmbar: 'X kann geschwommen werden/*kann schwimmen'

Zu (89.c) ist zu bemerken, daß es sich bei dem internen Argument von *schwimmen* in *X ist schwimmbar* nicht um 'affiziertes Objekt', sondern eher um einen sog. 'Akkusativ des Inhalts' bzw. ein 'cognate object' handelt: *die Strecke ist (in zehn Minuten) schwimmbar*.

Im Gegensatz zu diesen Formen haben die anderen Basisverben in (88) keine transitive Variante.

Die andere Ausnahme ist *unsinkbar*, welches alle Informanten als wohlgeformt beurteilen; hierbei handelt es sich aber zweifellos um eine lexikalisierte Bildung, d.h. um eine Form, die als Teil des gelernten Vokabulars akzeptabel, nach synchronen Maßstäben aber gleichwohl ungrammatisch ist: Wenn *unsinkbar* auch den synchronen Wohlgeformtheitsbedingungen entsprechen würde, müßte auch das nicht-negierte Gegenstück **sinkbar* zulässig sein; diese Form wird jedoch von allen Informanten als ungrammatisch abgelehnt. Ebenso wie **sinkbar* werden auch die folgenden Ableitungen aus ergativen Verben abgelehnt:

(90)   *versickerbar, *ankommbar, *sterbbar, *fallbar, *erkrankbar

Im Gegensatz zu *sinken* bzw. *versickern* etc. in (90) haben Ergativa wie *rollen, schmelzen, zerbrechen* jeweils ein homophones kausatives Gegenstück; bei Ableitungen aus diesen Verben geben die Informanten durchgängig die kausative, i.e. transitive Variante als Basis an:

(91) a.   X ist rollbar: 'X kann gerollt werden/*kann rollen'
     b.   X ist zerbrechbar: 'X kann zerbrochen werden/*kann zerbrechen'
     c.   X ist schmelzbar: 'X kann geschmolzen werden/*kann schmelzen'

Für viele Sprecher ist übrigens *schmelzen* nicht ambig zwischen der kausativen und der ergativen Bedeutung; für diese kann *schmelzen* nur die kausative, also transitive Lesart haben, wohingegen die ergative Variante mit dem neugebildeten Infinitiv *schmilzen* belegt ist. Für Sprecher, die über diese beiden distinkten Infinitive verfügen, besteht deshalb der folgende Grammatikalitätskontrast:

(92) a.   *(der Schnee ist) schmilzbar
     b.   (das Metall ist) schmelzbar

Die Annahme, derzufolge ergative und intransitive Verben synchron als Basis einer -*bar*-Ableitung ausgeschlossen sind, scheint damit hinreichend motiviert.

Entgegen Riehemann kann außerdem festgestellt werden, daß die Daten in (88), die sie expressis verbis (S. 15) als "new *bar*-adjectives" bezeichnet, keineswegs Neubildungen sein müssen. Die folgende Liste, die ich aus der Quellen-Auswertung in Flury (1964) extrahiert habe, zeigt, daß es sich bei einem großen Teil dieser Daten um 'Neubildungen' des 16. - 19. Jahrhunderts handelt; der Übersichtlichkeit halber habe ich die Formen, die auch in Riehemanns Korpus erscheinen, in (93) mit '#' gekennzeichnet:

(93) 16. Jh.: faulbar#
17. Jh.: schmelzbar, unwelkbar, genesbar, rennbar, wachsbar
18. Jh.: unverbleichbar, unverglühbar, unverjährbar#, unversiegbar#, unverwelkbar#, verwesbar#, unzerschellbar, brennbar
19. Jh.: erscheinbar, flammbar, haftbar, keimbar, unsinkbar#, unveraltbar, verwitterbar#, gerinnbar, schlurfbar, schreitbar, verfügbar, unverzichtbar, (un-)ermüdbar#, kristallisierbar#, untropfbar

Wenn die anderen Formen aus (88) in den von Flury ausgewerteten Quellen nicht vorkommen und deshalb in seinem Korpus ebenfalls nicht erscheinen, so kann dies purer Zufall sein; es ist also nicht auszuschließen, daß es sich auch bei dieser Restmenge nicht um Neubildungen, sondern ebenfalls um lexikalisierte Formen handelt. Lexikalisierte Bildungen können hierbei als 'Listemes' im Sinne von DiSciullo & Williams (1987: 1) aufgefaßt werden, d.h. als 'listed units of language', die nicht notwendigerweise den synchronen Wohlgeformtheitsbedingungen entsprechen. Von Sprechern, für die diese Formen nicht lexikalisiert sind, also nicht zum gelernten Vokabular gehören, werden sie - wie oben gezeigt wurde - als ungrammatisch beurteilt.

Aus der diachronischen Untersuchung von Flury (1964) ergibt sich nun auch weitere, allerdings indirekte Evidenz für die synchron zu postulierende Kasusforderung von -bar. Flury kommt hier zu dem Ergebnis, daß die lexikalisierten Formen mit nicht-transitiven Basisverben nur den weitaus geringsten Teil der Bildungen darstellen, die an Ableitungen dieses Typs noch in älteren Sprachstufen belegt waren: Der größte Teil dieser Bildungen ist im Laufe der Sprachgeschichte sukzessive eliminiert worden, und die Anzahl der Ableitungen aus transitiven Basisverben ist proportional zu einer abnehmenden Anzahl von Ableitungen aus nicht-transitiven angestiegen.

Nun sind auch Flurys Ergebnisse lediglich das Resultat einer Korpus-Analyse, was im Falle einer diachronischen Untersuchung aber trivialerweise in der Natur der Sache liegt; insbesondere gegen seine auf einer rein statistischen Datenauswertung beruhenden Schlußfolgerungen kann deshalb im Prinzip das gleiche Argument wie gegen Riehemann angeführt werden. In Ermangelung weiterer Evidenz gehe ich aber im folgenden davon aus, daß seine Ergebnisse zutreffend sind.

Wenn Ableitungen aus nicht-transitiven Verben also tatsächlich in früheren Stadien wohlgeformt waren, so bedeutet dies natürlich, daß die Kasusforderung des Suffixes eine Eigenschaft ist, die dieses erst im Laufe der neueren historischen Entwicklung erworben hat. Möglicherweise ist die Beschränkung auf transitive Basisverben der vorläufige Endpunkt einer Entwicklung, die bereits beim Übergang vom Ahd. zum Mhd. mit der Veränderung der Selektionseigenschaften des Suffixes eingesetzt hat. Wie in Kap. 3.1 festgestellt wurde, selegierte die ahd. Form *bâri* im Unterschied zu -bar kein verbales, sondern ein nominales Komplement, vgl. *dancbâri*; dem Stadium, in dem *bâri* Suffix-Status hatte, muß eine Phase vorausgegangen sein, in der dieses Element als Flexionsform des transitiven Verbs *beran* zwar semantische und kategoriale, jedoch keine morphologischen Selektionsrestriktionen hatte.

Über den genauen Verlauf und die möglichen Ursachen der diachronischen Entwicklung von *-bar* will ich in dieser Arbeit nicht spekulieren; ich möchte jedoch darauf hinweisen, daß es sich hierbei nicht um eine Instanz von Grammatikwandel im eigentlichen Sinne handelt, sondern vielmehr um den Wandel, d.h. die Geschichte eines lexikalischen Elements: M-Selektion und Kasuszuweisung an X^0-Elemente werden durch die historische Entwicklung dieses Elements nicht in die Grammatik des Deutschen eingeführt, denn dies sind Optionen, die die Grammatik ohnehin bereitstellt. Insbesondere die Ablösung einer analytischen durch eine synthetische Konstruktion besteht - entgegen den Implikationen der starken lexikalistischen Hypothese - nicht in der Umfixierung eines Parameterwerts von {-Morphologie} zu {+Morphologie}. Im Rahmen der hier zugrundelegten Theorie wird dies vielmehr darauf zurückgeführt, daß ein spezifisches lexikalisches Element im Laufe der historischen Entwicklung die idiosynkratische lexikalische Eigenschaft [+M-Selektion] erwirbt. Abschließend kann damit festgehalten werden, daß diese Eigenschaft von lexikalischen Kategorien nicht nur synchron, sondern auch diachron eine Spezifikation des betreffenden lexikalischen Elements für semantische bzw. kategoriale Selektionsrestriktionen präsupponiert.

Mit diesen Überlegungen zur Diachronie möchte ich den Exkurs sowie die Diskussion der Kasusabsorption beenden.

In Kap. 3.1 und 3.2 konnte gezeigt werden, daß eine syntaktische Analyse der Derivationsmorphologie nicht nur zu deskriptiv adäquaten Ergebnissen führt, sondern angesichts der zahlreichen Parallelen zwischen Syntax und Morphologie auch plausibel erscheint. Nach Maßgabe des Einfachheitskriteriums ('Occam's razor') könnte bereits dies als hinreichendes Argument gegen eine strikte Trennung von Morphologie und Syntax angeführt werden. Im folgenden Abschnitt soll nun das stärkere Argument gegen die Annahme einer solchen Trennung präsentiert werden, i.e. die Tatsache, daß diese auch aus empirischen Gründen zurückgewiesen werden muß.

3.3 UTAH, Atomizität und Strukturerhaltung

In diesem Abschnitt soll das in Kap. 3.1 und 3.2 dargestellte syntaktische Modell der Wortbildung am Beispiel der *-bar*-Adjektive im Hinblick auf weitere empirische Voraussagen überprüft und mit den zu Beginn dieser Arbeit diskutierten Ansätzen verglichen werden.

Daß das Postulat der zweigeteilten Grammatik mit theoretisch fragwürdigen Implikationen verbunden ist, konnte bereits in Kap. 2 nachgewiesen werden; im folgenden soll gezeigt werden, daß die Split-Grammar-Hypothese - sei es in Form einer Syntax/Lexikon-

oder in Form einer Syntax/Morphologie-Distinktion - auch aus empirischen Gründen nicht aufrechterhalten werden kann. Der Schwerpunkt der Diskussion liegt auf der von Baker (1988a) vertretenen Auffassung zur Syntax/Lexikon-Unterscheidung, wobei Bakers Argumentation zunächst am Beispiel seiner Analyse des Passivs als Verb-Inkorporation illustriert werden soll. Die Wahl dieses Beispiels erscheint deshalb sinnvoll, weil die oberflächlichen syntaktischen Effekte der *-bar*-Affigierung, insbesondere die oben diskutierten kasusbedingten Phänomene, diesen Prozeß als eine passiv-ähnliche Operation ausweisen.

Hierbei stellt sich nun einerseits heraus, daß die in dieser Arbeit postulierte Inkorporationsanalyse der *-bar*-Adjektive weder unter Bakers Analyse des Passivs als Verb-Inkorporation im besonderen subsumiert werden kann, noch mit seinen Annahmen über syntaktische X^0-Bewegung im allgemeinen kompatibel ist; auf der Basis von Bakers Annahmen müßte die *-bar*-Affigierung vielmehr als lexikalische Operation angesehen werden.

Andererseits kann jedoch nachgewiesen werden, daß Bakers Annahmen mit falschen Voraussagen verbunden sind, wohingegen die Inkorporationsanalyse der *-bar*-Affigierung zu den empirisch richtigen Voraussagen führt; entgegen den Implikationen von Bakers Ansatz ist dieser morphologische Prozeß demnach nicht als lexikalische, sondern als syntaktische Operation aufzufassen. Ein weiteres Argument für die syntaktische Analyse der *-bar*-Adjektive kann aus einer späteren Arbeit von Baker (1992) abgeleitet werden, in der nicht - wie in Baker (1988a) - die 'Uniformity of Theta Assignment Hypothesis', sondern das Strukturerhaltungsprinzip von zentraler Bedeutung für die Unterscheidung von syntaktischen vs. lexikalischen Operationen ist.

Die Uniformity of Theta Assigment Hypothesis (UTAH), die der Inkorporationstheorie als Leitmotiv zugrundeliegt, wird in Baker (1988a: 46) wie folgt formuliert:

(94) Identical thematic relationships between items are represented by identical structural relationships between those items at the level of D-structure.

UTAH stellt nun - so Baker - nicht nur ein 'guiding principle of grammar' dar (S. 46 et pass.), sondern kann auch als Heuristikum bei der linguistischen Analyse herangezogen werden: "Thus, the UTAH can be used to guide the construction of analyses - both by the linguist and by the child - in a nontrivial way." (S. 47).

Die von UTAH geleitete Inkorporationsanalyse des Passivs beruht auf der Prämisse, daß Aktiv- und Passiv-Sätze thematische Paraphrasen voneinander sind, d.h. die verbalen Argumente stehen im Aktiv und im Passiv jeweils in derselben thematischen Relation zum Verb:

(95) a. Something bit my hand
    b. My hand was bitten (by something)
       (Baker 1988a: 305)

Hieraus ergibt sich via UTAH wiederum die Annahme, daß Aktiv- und Passiv-Sätze aus derselben D-Struktur abgeleitet sind. Gegen diese Annahme scheint zunächst der charakteristische Effekt der Passivierung zu sprechen, d.h. die Tatsache, daß das externe Argument im Passiv lediglich als fakultatives Adjunkt erscheint, (95.b) also auch als sog. 'short passive' ohne die overt realisierte Agens-Phrase *by something* grammatisch ist. Für einen passivischen Satz ohne externes Argument kann jedoch im Rahmen von Bakers Modell nicht dieselbe D-Struktur wie für den entsprechenden Aktivsatz angenommen werden, da die s-strukturelle Derivation des ersteren die 'Tilgung' eines Arguments involvieren und somit unausweichlich in einem Verstoß gegen das Projektionsprinzip resultieren würde.

Baker (1988a: 321) schlägt für dieses Problem die in (96) dargestellte Lösung vor. Wie aus dieser Struktur hervorgeht, wird die externe Theta-Rolle des Verbs im Passiv dem Passiv-Morphem zugewiesen; demnach ist nicht die adjungierte *by*-PP, sondern das Passiv-Morphem das externe Argument des passivischen Verbs:[53]

(96)

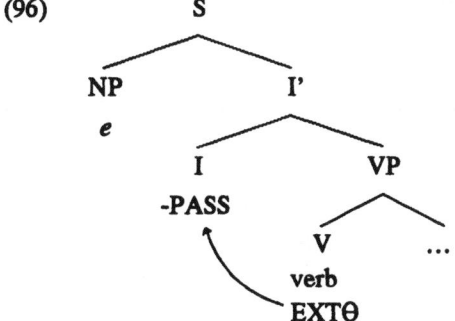

In der d-strukturellen Repräsentation (96) ist die Subjekt-Position Spec/IP - in Bakers Notation die NP/S-Position - leer; das Passiv-Morphem ist in I⁰ basisgeneriert und erhält in dieser Position die externe Theta-Rolle des Verbs; auf S-Struktur wird das Verb nach I⁰ bewegt, d.h. in das Passiv-Morphem inkorporiert.

Wenn im Passiv eine vermeintliche Agens-Phrase, also etwa die PP *by something* in (95.b) in Form eines Adjunkts overt realisiert wird, so hat diese keinen Argument-Status, sie ist vielmehr lediglich ein optionales 'double' des 'echten' externen Arguments in I⁰.

Bakers Auffassung unterscheidet sich damit von der klassischen Passiv-Analyse, die im Rahmen des Government-Binding Modells (vgl. etwa Chomsky 1981) vertreten wird: Diese besagt, daß ein passivisches Verb keine externe Theta-Rolle zuweist, da diese thematische Eigenschaft des Verbs durch die Passiv-Morphologie 'absorbiert' wird.

---

[53] Zu einer ausführlichen Diskussion dieser Annahme vgl. Baker, Johnson & Roberts (1989).

Als Evidenz für seinen Vorschlag führt Baker die sog. 'Implicit Argument'-Effekte an, d.h. syntaktische Phänomene, die darauf hindeuten, daß das externe Argument eines passivischen Verbs auch dann syntaktisch präsent ist, wenn es nicht in Form einer *by*-Phrase overt realisiert ist.[54]

So ist etwa die Anapher *oneself* in (97) offensichtlich gebunden, obwohl sie kein Antezedens zu haben scheint:

(97) Such a privilege cannot be kept to oneself
(Baker 1988a: 316)

In den folgenden Sätzen ist ein kontrolliertes PRO lizensiert, obwohl der erforderliche 'Kontrolleur', i.e. das Agens syntaktisch scheinbar nicht anwesend ist; in (98.b) erscheint zusätzlich ein Adverb, das eine nicht overt realisierte Agens-Phrase modifiziert:

(98) a. The bureaucrat was bribed [PRO to gain special privileges]
 b. It was (unanimously) decided [PRO to leave]
 (Baker 1988a: 318)

Die 'Implicit Argument'-Effekte - so Baker - können nun auf der Basis seiner Annahmen vorausgesagt werden: Wenn das Passiv-Morphem tatsächlich der Empfänger der externen Theta-Rolle ist, handelt es sich bei den oben illustrierten Phänomenen nicht um die Effekte eines 'impliziten' Agens, sondern vielmehr um die syntaktischen Reflexe eines echten externen Arguments; dieses Argument bindet die Anapher *oneself* in (97) bzw. liefert die für das kontrollierte PRO sowie das agens-orientierte Adverb in (98) erforderlichen referentiellen Eigenschaften.

Entscheidend ist aber, daß sich - so Baker - aus den 'Implicit Argument'-Effekten die empirische Bestätigung für seine Annahme ergibt, daß Aktiv- und Passiv-Sätze grundsätzlich thematische Paraphrasen voneinander darstellen: Da im Rahmen seiner Analyse jeder wohlgeformte Passiv-Satz trivialerweise ein externes Argument enthält, folgt aus UTAH, daß Aktiv- und Passivsätze aus derselben D-Struktur abgeleitet sein müssen. Damit kann nunmehr auch das Passiv - Baker zufolge der 'Grammatical Function Changing'-Prozeß par excellence - als Instanz von syntaktischer X^0-Bewegung aufgefaßt und unter die Inkorporationstheorie subsumiert werden.

Wie im folgenden gezeigt wird, führt der alleinige Rekurs auf UTAH bei der Analyse der *-bar*-Ableitungen nun jedoch zu einem Problem; weiter oben wurde festgestellt, daß das interne Argument des zugrundeliegenden Verbs von diesem thematisch markiert und an das Derivat 'vererbt' wird. Für die syntaktische Präsenz des externen Arguments der Ableitungsbasis scheint es hingegen keine klaren Indizien zu geben.

---

[54] Implizite Argumente und deren syntaktische Effekte werden in Roeper (1987) diskutiert, auf den meines Wissens auch der Terminus 'implicit argument' (S.267) zurückgeht.

Auch die -bar-Adjektive lizensieren ein präpositionales Adjunkt, das - wie beim Passiv - gewissen semantischen Restriktionen unterliegt:

(99) a. weil dies ₚₚ[für mich/*für das Wetter] überhaupt nicht nachvollziehbar ist
b. weil dieses Problem auch ₚₚ[für Experten/*für unendliche Mengen] nicht lösbar ist
(vgl. Toman 1987²: 80)

Während jedoch die Agens-Phrase im Passiv in der Regel mit *von* markiert wird, tritt bei den -bar-Adjektiven *für* auf. Eine Lesart, in der die *für*-Phrase als Agens des zugrundeliegenden Verbs interpretiert wird, scheint zwar möglich zu sein, jedoch sind *für*-Adjunkte auch bei nicht-derivierten Adjektiven lizensiert und unterliegen dort ähnlichen Restriktionen wie bei den deverbalen Ableitungen:

(100) a. weil dies ₚₚ[für mich/*für das Wetter] überhaupt nicht lustig ist
b. weil dieses Problem auch ₚₚ[für Experten/*für unendliche Mengen] schwierig ist

Angesichts dieser Daten erscheint es fragwürdig, die Grammatikalitätskontraste in (99) auf eine etwaige thematische Markierung der *für*-PP durch das Basisverb zurückzuführen.

Entscheidend ist aber, daß die -bar-Ableitungen sich durch das gänzliche Fehlen von 'Implicit Argument'- Effekten auszeichnen.

Wie die folgenden Daten zeigen, lizensieren die -bar-Ableitungen weder eine Anapher noch ein kontrolliertes PRO bzw. ein agensorientiertes Adverb:

(101) weil einige Experimente nur an Fröschen/*an sich durchführbar sind

(102) a. weil die Belege überprüfbar sind (*[PRO um spätere Reklamationen auszuschließen])
b. weil die Tür (*absichtlich) verschließbar ist (*[PRO um Diebstähle zu verhindern])

Auf der Basis von Bakers Argumentation muß die Ungrammatikalität dieser Daten darauf zurückgeführt werden, daß hier kein externes Argument vorhanden ist.

Daraus würde via UTAH jedoch wiederum folgen, daß das mit -bar affigierte Verb nicht aus derselben d-strukturellen Konfiguration wie das entsprechende Simplex-Verb abgeleitet sein kann, da die 'conditio sine qua non' für diese Annahme die Präsenz des externen Arguments wäre. Letztlich führt also UTAH - verstanden als heuristisches Instrument - notwendig zu dem Ergebnis, daß die -bar-Affigierung nicht als Instanz von syntaktischer X⁰-Bewegung aufgefaßt werden kann.

Weitgehend analog zu den -bar-Ableitungen verhält sich das sog. 'adjectival passive' im Englischen (vgl. Levin & Rappaport 1986). Hier nimmt Baker (1988a: 319f.) aufgrund der fehlenden 'Implicit Argument'-Effekte an, daß das Passiv-Morphem in dieser Konstruktion keinen Argumentstatus hat. Hieraus wiederum schließt er auf der Basis von UTAH, daß das 'adjectival passive' nicht das Resultat einer syntaktischen Operation ist, sondern vielmehr im Lexikon deriviert wird.

Das Problem für Bakers Analyse ist nun allerdings, daß es auch im verbalen Passiv häufig keinerlei Evidenz für das Vorhandensein eines externen Arguments gibt:

(103)   weil einige Experimente an Fröschen/*an sich durchgeführt werden

Wie (103) zeigt, ist die Bindung der Anapher durch das vermeintliche externe Argument, i.e. das Passiv-Morphem entgegen Bakers Voraussage ausgeschlossen.

Aus den folgenden Kontrasten geht hervor, daß kontrolliertes PRO und agens-orientierte adverbiale Modifikation zwar in einigen Fällen möglich, aber nicht grundsätzlich zulässig sind:

(104)   a.   weil die Belege überprüft werden [PRO um spätere Reklamationen auszuschließen]
        b.   weil die Tür absichtlich verschlossen wird

(105)   a.   weil getanzt wird (*[PRO ohne die Musik zu hören])
        b.   weil die meisten Touristen gern fotografiert werden

Im Gegensatz zu (104.a) läßt (105.a) kein PRO zu; während in (104.b) ein klarer Agensbezug des Adverbs vorliegt, ist dies in (105.b) ausgeschlossen: Obwohl *gern* in der Regel eine agens-orientierte Lesart hat, modifiziert das Adverb hier nicht das Agens-Argument des Verbs, sondern das s-strukturelle Subjekt, also das Thema-Argument.

Auch Bakers Annahme, daß eine overt realisierte Agens-Phrase im Passiv, i.e. die *von*-PP im Deutschen nur ein 'double' des 'echten' externen Arguments ist, führt zu einem Problem. Damit wird vorausgesagt, daß in jeder Passiv-Konstruktion eine *von*-Phrase lizensiert sein müßte; wie die folgenden Daten zeigen, trifft jedoch auch dies - zumindest beim Passiv von intransitiven Verben - nicht zu:

(106)   a.   weil gestern (*von den Auszubildenden) gearbeitet wurde
        b.   weil im Kindergarten (*von den Erzieherinnen) gesungen/gemalt/getanzt wurde

Da es sich in (106) durchgängig um Handlungsverben handelt, kann die Unzulässigkeit der Agensphrase offensichtlich nicht auf mangelnde 'Agenshaftigkeit' des externen Arguments zurückgeführt werden.

Insgesamt deuten die Passivierungsdaten also darauf hin, daß die Annahme, derzufolge das Passiv-Morphem Argument-Status hat, nicht aufrechterhalten werden kann. Darüberhinaus sind Bakers Annahmen aber auch mit theorie-internen Problemen verbunden:

Ein Problem ergibt sich aus der von Baker postulierten d-strukturellen Repräsentation in (96): Hier wird die externe Theta-Rolle eines Passiv-Satzes an die I^0-Position vergeben; für aktivische Sätze nimmt Baker hingegen an, daß Spec/IP der Empfänger dieser Rolle ist. Faktisch ist die strukturelle Identität von Aktiv- und Passivsätzen also in Bakers Analyse überhaupt nicht gegeben, obwohl genau diese qua UTAH aufgrund der vermeintlichen Identität der thematischen Relationen vorausgesagt wird.

Gravierender ist aber die Tatsache, daß Passivierung nicht notwendigerweise mit 'Implicit Argument'-Effekten verbunden ist; hieraus wäre im Einklang mit Bakers Argumentation abzuleiten, daß Aktiv- und Passivsätze keine thematischen Paraphrasen sind und die Aktiv/Passiv-Relation folglich kein 'Grammtical Function Changing'-Phänomen im Sinne von UTAH darstellt. Dies wiederum würde im Rahmen von Bakers Theorie zwingend zu der Annahme führen, daß Passivierung keine syntaktische, sondern eine lexikalische Operation ist. Diese Annahme steht jedoch nicht nur im Widerspruch zu Bakers erklärter Absicht, sie widerspricht vielmehr auch den empirischen Tatsachen: Da die Inkorporationsanalyse des Passivs - insbesondere die aus Bakers Annahmen zur Kasusabsorption abzuleitenden Generalisierungen - zu korrekten Ergebnissen führt, muß aus empirischen Gründen angenommen werden, daß Passivierung keinen lexikalischen, sondern einen syntaktischen Prozeß darstellt.

Die Aktiv/Passiv-Relation zählt sicher zu den meistdiskutierten und nach wie vor rätselhaften grammatischen Phänomenen. Die Frage, wie dieses Problem zu lösen sein könnte, will ich in dieser Arbeit nicht weiter vertiefen; angesichts des oben diskutierten Dilemmas möchte ich jedoch im folgenden kurz einige Überlegungen zu den von Baker (1988a) angeführten 'Implicit Argument'-Effekten skizzieren: Jaeggli (1986) zufolge können diese aus strukturellen Gründen nicht als syntaktische Reflexe eines echten externen Arguments interpretiert werden. 'Implicit Argument'-Effekte sind demnach kein Indikator für die Präsenz des externen Arguments, d.h. wenn solche Effekte auftreten, müssen diese aus unabhängigen Gründen abzuleiten sein. Jaeggli (1986: 611ff.) zeigt, daß kontrolliertes PRO im Passiv nicht durch Argument-Kontrolle, sondern durch 'thematische' Kontrolle lizensiert wird; es handelt sich hierbei also um arbiträres PRO, dessen referentielle Eigenschaften nicht aus der strukturell definierten syntaktischen Umgebung deriviert werden, sondern vielmehr durch den semantischen Kontext determiniert sind. Wenn ähnliche Erklärungen auch für die Lizensierung von agens-orientierten Adverbien sowie für die ohnehin nur marginal zulässige Anaphernbindung gefunden werden können, erscheint es nicht länger mysteriös, daß Passivierung nicht notwendigerweise mit 'Implicit Argument'-Effekten korreliert. Daß es eine solche Korrelation nicht gibt, konnte anhand der oben diskutierten Daten gezeigt werden.[55]

---

[55] Zu einer Diskussion von impliziten Argumenten vgl. auch Frey (1993).

Im Hinblick auf den Verbleib der externen Theta-Rolle - sei es beim Passiv oder bei der -*bar*-Affigierung - schließe ich mich deshalb in dieser Arbeit der traditionellen Auffassung an: Beide Prozesse involvieren die 'Absorption' dieser Rolle; ein Agens ist zwar aus bisher ungeklärten Gründen semantisch präsent, jedoch für syntaktische Operationen nicht zugänglich.

Angesichts der Tatsache, daß eine syntaktische Analyse des Passivs einerseits plausibel erscheint, obwohl Passivierung andererseits keinen GFC-Prozeß im Sinne von UTAH konstituiert, möchte ich als Fazit der vorausgegangenen Diskussion folgendes festhalten:
Die 'Uniformity of Theta Assignment Hypothesis' ist offenkundig zu stark und ist in ihrer Eigenschaft als Heuristikum mit deskriptiv inadäquaten Generalisierungen verbunden.[56]

Bei der folgenden Diskussion der -*bar*-Ableitungen werde ich mich deshalb nicht an UTAH als Leitmotiv orientieren, sondern stattdessen eine andere heuristische Strategie verfolgen.
Die entscheidende empirische Evidenz für die syntaktische Wortbildungstheorie ergibt sich aus der Beobachtung, daß die -*bar*-Adjektive in ihrer externen Syntax zwischen den kategorialen Eigenschaften des Suffixes und denen der verbalen Ableitungsbasis changieren: Die abgeleiteten Adjektive erweisen sich zwar einerseits als typische Instanzen der Kategorie Adjektiv, da sie die für diese charakteristischen syntaktischen 'slots' besetzen und das adjektivspezifische Kasusmuster aufweisen; andererseits zeichnen sie sich jedoch in ihrer externen Syntax nicht durch adjektivtypische, sondern durch verbspezifische Eigenschaften aus.
Dieser hybride Charakter der Ableitungen liefert auch gleichzeitig die Bestätigung dafür, daß die lexikalistische Theorie falsche Voraussagen macht, denn diese besagt, daß die -*bar*-Adjektive syntaktische Atome der Kategorie [A^0] sind, deren morphologischer Nicht-Kopf für die Syntax unsichtbar ist. Ein Indiz dafür, daß Eigenschaften des morphologischen Nicht-Kopfs an das Gesamtwort weitergegeben werden, ist das bereits in Kap. 3.2 diskutierte Phänomen der Argumentvererbung; weitere Evidenz ergibt sich aus der Tatsache, daß nicht nur die Argumente, sondern auch Modifkatoren der Ableitungsbasis an das abgeleitete Wort 'vererbt' werden.

Wie die Kontraste in (107) zeigen, sind die *bar*-Adjektive nicht mit den Gradpartikeln *sehr* und *ziemlich* kombinierbar, die sich typischerweise mit Adjektiven verbinden:

(107) a.   weil X $_{AP}$[sehr/ziemlich schön, interessant, nett, einfach ...] ist
        b.   *weil X $_{AP}$[sehr/ziemlich einsetzbar, kontrollierbar, lösbar, interpretierbar, ...] ist

---

[56] Daß UTAH zu stark ist, stellt aus unabhängigen Gründen auch von Stechow (1992) fest.

Diese Daten allein sind nun nicht sonderlich aufschlußreich, da im Prinzip nichts dagegen spricht, die Ungrammatikalität von (107.b) auf eine idiosynkratische lexikalische Eigenschaft des (gebundenen) Adjektivs -*bar* zurückzuführen. Dies wäre insofern mit dem lexikalistischen Ansatz kompatibel, als die Eigenschaften des komplexen Wortes - wie von der Atomizitätsthese vorausgesagt - unmittelbar aus denen des morphologischen Kopfs abzuleiten bzw. mit diesen identisch sind.

Aus den folgenden Daten geht jedoch hervor, daß die relevante Generalisierung auf der Basis einer solchen Erklärung nicht erfaßt werden kann. Wie (108) zeigt, sind die adjektivischen Simplizia wiederum nicht mit den Modifikatoren kompatibel, die bei den derivierten Adjektiven erscheinen:

(108) a. weil X $_{AP}$[gut/schlecht/leicht/schwer vermittelbar, kontrollierbar, lösbar, interpretierbar, ...] ist
 b. *weil X $_{AP}$[gut/schlecht/leicht/schwer schön, interessant, nett, einfach, ...] ist

Entscheidend ist nun aber, daß die in (107) und (108) illustrierte komplementäre Verteilung von Modifikatoren in analoger Weise innerhalb der VP besteht. Die Gradpartikeln, die bei den *bar*-Adjektiven ausgeschlossen sind, sind auch als VP-Adverbiale unzulässig; stattdessen erscheinen in der VP dieselben Modifikatoren, die auch bei den -*bar*-Adjektiven auftreten:

(109) a. weil sich X $_{VP}$[gut/schlecht/leicht/schwer vermitteln, kontrollieren, lösen, interpretieren, ...] läßt
 b. *weil sich X $_{VP}$[sehr/ziemlich vermitteln, kontrollieren, lösen, interpretieren, ...] läßt

Die abgeleiteten Adjektive unterscheiden sich also nicht nur in regulärer Weise von nichtderivierten Instanzen dieser Kategorie, ihr Verhalten weist darüberhinaus signifikante Gemeinsamkeiten mit dem der Ableitungsbasis auf.

Weitere Evidenz für die verbalen Eigenschaften der -*bar*-Adjektive ergibt sich aus den folgenden Daten:

(110) a. weil das Etikett $_{AP}$[spurlos ablösbar] ist
 b. weil die Daten $_{AP}$[klar strukturierbar] sind
 c. weil die Tür nur $_{AP}$[mit diesem Schlüssel verschließbar] ist
 d. weil das Manuskript nur $_{AP}$[mit einer Lupe entzifferbar] ist

(111) a. *weil das Etikett $_{AP}$[spurlos ab] ist
 b. *weil die Daten $_{AP}$[klar ordentlich] sind
 c. *weil die Tür nur $_{AP}$[mit diesem Schlüssel zu] ist
 d. *weil das Manuskript nur $_{AP}$[mit einer Lupe deutlich] ist

(112) a. weil sich das Etikett ᵥₚ[spurlos ablösen] läßt
b. weil sich die Daten ᵥₚ[klar strukturieren] lassen
c. weil sich die Tür nur ᵥₚ[mit diesem Schlüssel verschließen] läßt
d. weil sich das Manuskript nur ᵥₚ[mit einer Lupe entziffern] läßt

-*bar*-Adjektive lizensieren Modaladverbien wie in (110.a) bzw. (110.b) sowie Instrumentalangaben wie in (110.c) bzw. (110.d); diese treten auch bei den entsprechenden Verben in (112) auf, sind jedoch bei den nicht-derivierten Adjektiven in (111) ausgeschlossen.

Formen wie *sehr/ziemlich dankbar, fruchtbar, ...* stellen kein Gegenbeispiel dar: Da es sich bei diesen um lexikalisierte Bildungen handelt, verhalten sie sich wie adjektivische Simplizia und sind deshalb auch mit den adjektivtypischen Modifkatoren kompatibel.

Gegen die oben festgestellte Generalisierung bezüglich der verb- vs. adjektiv-spezifischen Modifikation scheinen allerdings zunächst die folgenden Beispiele zu sprechen:

(113) a. weil er ₐₚ[sehr/ziemlich belastbar] ist
b. weil er ₐₚ[sehr/ziemlich reizbar] ist

Wie jedoch (114) zeigt, sind selbst die vermeintlichen Ausnahmen vollkommen regulär:

(114) a. weil X ᵥₚ[ihn sehr/ziemlich belastet] hat
b. weil X ᵥₚ[ihn sehr/ziemlich gereizt] hat

Das exzeptionelle Verhalten der Adjektive ist offensichtlich ein direkter Reflex der gleichermaßen exzeptionellen Eigenschaft des jeweils zugrundeliegenden Verbs. Die Frage, warum Verben wie *belasten* und *reizen* im Gegensatz zu anderen Elementen dieser Kategorie mit Gradpartikeln kompatibel sind, muß ich hier offenlassen; entscheidend ist in diesem Zusammenhang, daß selbst idiosynkratische Merkmale der Ableitungsbasis an das Gesamtwort 'vererbt' werden. Insofern stellen die Daten in (113) also keine Ausnahme dar, sondern bestätigen die oben festgestellten Regularitäten.

Im Zusammenhang mit der Frage nach dem kategorialen Status des Gerundiums im Englischen zeigt Borer (1990), daß das gleiche Phänomen auch hier zu beobachten ist:[57]

(115) a. *this girl rather slept/ran/danced/...
b. this girl was rather pretty/ugly/tall/...

Die Gradpartikel *rather* ist wie die deutsche Entsprechung *ziemlich* ein Adjektiv-Modifikator und in der Regel nicht mit Verben kompatibel; das Gerundium weist nun

---

[57] Zu den hybriden Eigenschaften dieser Konstruktion vgl. auch Baker (1985).

insofern adjektivische Charasterika auf, als *rather* auch hier typischerweise ausgeschlossen ist:

(116) *a rather sleeping/running/dancing beauty

Wenn eine Gerundialform in Ausnahmefällen mit *rather* kombinierbar ist, so gilt dies interessanterweise auch für die finite Form des betreffenden Verbs:

(117) a. a rather amazing/bothering/interesting story
b. this story rather amazed/bothered/interested me

Auch diese Daten bestätigen also, daß Eigenschaften der derivierten Verbform unmittelbar aus denen der Verbwurzel abgeleitet werden können.

Die *-bar*-Ableitungen zeichnen sich auch im Hinblick auf die Komparierbarkeit - das adjektiv-spezifische Merkmal schlechthin - durch ihr adjektiv-untypisches Verhalten aus:[58]

(118) a. weil X $_{AP}$[schöner/am schönsten, interessanter/am interessantesten, netter/am nettesten, einfacher/am einfachsten, ...] ist
b. *weil X $_{AP}$[vermittelbarer/am vermittelbarsten, lösbarer/am lösbarsten, kontrollierbarer/am kontrollierbarsten, interpretierbarer/am interpretierbarsten, ...] ist

Während die *-bar*-Adjektive im Gegensatz zu den adjektivischen Simplizia nicht komparierbar sind, können sie in Form einer periphrastischen Konstruktion graduiert werden und kontrastieren hierbei wiederum mit den Simplizia:

(119) a. weil X $_{AP}$[besser/am besten vermittelbar, lösbar, kontrollierbar, interpretierbar, ...] ist
b. *weil X $_{AP}$[besser/am besten schön, interessant, nett, einfach, ...] ist

Auch diese Form der Graduierung tritt in identischer Form innerhalb der VP auf:

(120) weil sich X $_{VP}$[besser/am besten vermitteln, kontrollieren, lösen, interpretieren, ...] läßt

Die Distribution in (118) - (120) ist also ein exaktes Spiegelbild des in (107) - (112) angeführten Musters; insgesamt kann damit aus dieser Datenverteilung die folgende Generalisierung abgeleitet werden: Die deverbalen Ableitungen verhalten sich in bezug auf

---

[58] Auch unter diesem Aspekt erweisen sich *belastbar* und *reizbar* als untypische *-bar*-Adjektive, vgl. *belastbarer/am belastbarsten* bzw. *reizbarer/am reizbarsten*; diese Korrelation zwischen Komparierbarkeit und Kompatibilität mit Gradpartikeln deutet darauf hin, daß es sich bei beiden Phänomenen um einen Reflex derselben verbalen Eigenschaft handelt.

ihre syntaktische Distribution zwar wie andere Elemente der Kategorie Adjektiv; in ihrer externen Syntax bilden sie aber nicht mit den adjektivischen Simplizia, sondern vielmehr mit den verbalen Ableitungsbasen eine natürliche Klasse.

Die Tatsache, daß Adverbiale wie *gut/leicht/spurlos/...* bzw. *besser/am besten* nicht das abgeleitete Wort, sondern die Ableitungsbasis modifizieren, besagt mit anderen Worten, daß es sich bei den Konstruktionen in (108.a) und (119.a) um Klammerparadoxa handelt, deren morphologische Struktur nicht mit der aus syntaktischen Gründen anzunehmenden kompatibel ist:

(121) a. Morphologie/*Syntax: [gut [lös bar]]
 b. Syntax/*Morphologie: [[gut lös] bar]

Die Illustration der oben diskutierten Phänomene in (121) zeigt nun auch, daß die lexikalistische Analyse mit empirisch falschen Voraussagen verbunden ist: Die Restriktionen in der *-bar*-Ableitung können eben nicht auf etwaige idiosynkratische Merkmale des adjektivischen Suffixes zurückgeführt werden, was mit der Atomizitätsthese kompatibel wäre. Diese Restriktionen sind vielmehr im Rahmen der lexikalistischen Analyse absolut unerklärlich, da sie offensichtlich aus den Eigenschaften des morphologischen Nicht-Kopfs abzuleiten sind, der jedoch qua Atomizitätsthese für die Syntax unsichtbar sein sollte.

Daß die Existenz von Klammerparadoxa den Voraussagen der starken lexikalistischen Hypothese widerspricht, räumen auch DiSciullo & Williams (1987) ein; sie stellen außerdem expressis verbis fest (S. 73), daß es keine Analyse dieses Phänomens geben kann, die mit den Annahmen der SLH kompatibel ist: "[...] any solution to bracketing paradoxes runs the risk of violating the atomicity thesis."

Das Dilemma für die SLH besteht darin, daß die Atomizität von Wörtern einerseits als ein Faktum der Kerngrammatik aufgefaßt wird, das Phänomen der Paradoxie jedoch andererseits der Atomizitätsthese widerspricht. DiSciullo & Williams (1987: 77) versuchen nun, diesem Dilemma zu entgehen, indem sie die Klammerparadoxa als periphere Erscheinung deklarieren, sie also aus dem Untersuchungsgegenstand ausschließen: "[...] they do not fit in the core and can be best understood as specific kinds of deviations from the core."

Wie jedoch oben gezeigt werden konnte, handelt es sich bei den Restriktionen der *-bar*-Affigierung um vollkommen regelhafte Erscheinungen; entgegen DiSciullo & Williams stellen Klammerparadoxa also keine grammatische Randerscheinung dar, sondern vielmehr ein systematisches und damit erklärungsbedürftiges Phänomen der Kerngrammatik.[59]

Für die syntaktische Wortbildungstheorie stellt das Phänomen der Paradoxie im Gegensatz zur lexikalistischen Hypothese nun nicht das Explicandum dar: Die in Kap. 3.1 postulierte

---

[59] Zusätzliche Evidenz für den regelhaften Charakter von Klammerparadoxa kommt in Kap. 4 zur Sprache, in dem ich mich ausführlich mit weiteren Instanzen dieses Phänomens auseinandersetzen werde.

Analyse besagt, daß auch der morphologische Nicht-Kopf ein syntaktischer Kopf (auf D-Struktur) ist; auf der Basis dieser Annahme kann der hybride Charakter des komplexen Wortes (auf S-Struktur) bzw. der in (121) dargestellte Syntax/Morpologie-Konflikt vorausgesagt werden.

Die Paradoxie, die sich in den oben diskutierten Konstruktionen manifestiert, bestätigt aber nicht nur die Annahme, daß das Affix -bar eine VP, i.e. ein phrasales Komplement selegiert; vielmehr ermöglicht eben diese Annahme auch eine angemessene strukturelle Repräsentation sowie eine reguläre Analyse des Paradoxons:

(122)

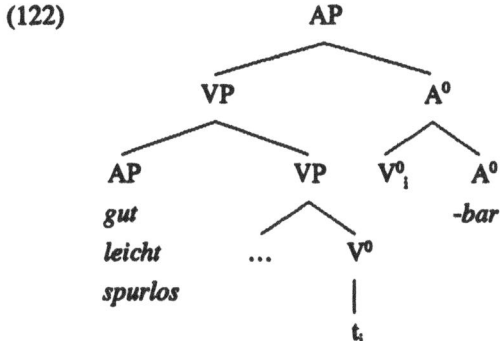

Innerhalb der maximalen Projektion der verbalen Ableitungsbasis steht eine Position für die verb-spezifischen Modifkatoren *gut*, *leicht* etc. zur Verfügung; somit stellt die Repräsentation in (122), in der die Adverbiale als VP-Adjunkte ausgewiesen sind, eine unmittelbare Abbildung der strukturellen Konfiguration in (121.b) dar.[60]

Wie in Kap. 3.1 gezeigt wurde, stellen Klammerpardoxa wie der in (121) dargestellte Syntax/Morphologie-Konflikt für die Inkorporationstheorie kein Problem dar. Die morphologische 'Klammerung' in (121.a) entspricht der für S-Struktur, die syntaktische in (121.b) der für D-Struktur anzunehmenden Repräsentation:

(123) a. D-Struktur: [[gut lös] bar]
      b. S-Struktur: [gut [lös bar]]

(123.b) wird durch die obligatorische Bewegung des Verbs aus (123.a) abgeleitet, d.h. die konfligierenden DS- vs. SS-Repräsentationen können im Rahmen der Inkorporationsanalyse regulär aufeinander bezogen werden.

---

[60] Ein Problem für die Struktur in (122) ergibt sich allerdings daraus, daß Adjunktion der adverbialen AP an die von -bar projizierte AP in dieser Konfiguration nicht ausgeschlossen werden kann; auf dieses Problem werde ich in Kap. 4 eingehen.

Aus den oben diskutierten Daten ergibt sich nun auch klare empirische Evidenz gegen die wortsyntaktischen Ansätze (Höhle 1982; Toman 1987²), die 'dekonstruierte Morphologie' (Lieber 1992) sowie die 'Syntax Below Zero' (Ackema 1995). Das von Höhle, Toman und Lieber postulierte X-bar-Schema läßt Rekursion auf X^0-Ebene zu; hier werden Affixe deshalb als Elemente der Kategorie X^0 aufgefaßt, die ein Komplement vom Typ Y^0 selegieren. Ackema dagegen nimmt an, daß Affixe Elemente der Kategorie X^{-2} sind, die ein Komplement vom Typ Y^0 selegieren. Im Rahmen dieser Modelle ergeben sich für die -bar-Adjektive also die folgenden Repräsentationen, wobei (124.a) der von Ackema und (124.b) der von Höhle, Toman und Lieber postulierten Struktur entspricht:

(124) a.   b.

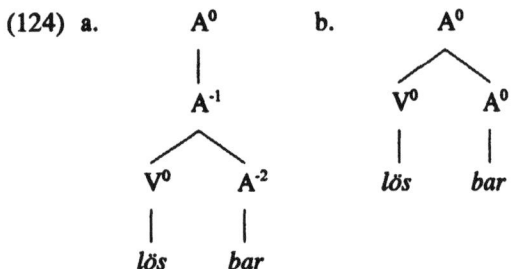

Gegen die in dieser Arbeit vertretene Auffassung, derzufolge Affixe phrasale Komplemente selegieren, führt Ackema (1995: 21) das folgende Argument an: "[...] there is strong empirical evidence against the presence of full XP complements, in that no material that may occur in such a syntactic XP, other than the head X that is incorporated into the affix, can be present." Seine Annahme, derzufolge Affixe X^0-Komplemente selegieren, sei hingegen - so Ackema (1995: 22) - mit den empirisch korrekten Voraussagen verbunden: "Of course, if there is no syntactic XP complement, there cannot be any modifiers or complements belonging to such an XP."

Die oben diskutierten Phänomene, d.h. die Präsenz der VP-Modifikatoren in der deverbalen Ableitung repräsentieren nun jedoch genau den Fall, den Ackemas Theorie explizit ausschließt; folglich führt - entgegen Ackema - nicht die in (124.a), sondern die in (122) postulierte Struktur zu den richtigen Voraussagen.

In Lieber (1992) sowie Höhle (1982) und Toman (1987²) wird der von Ackema angesprochene Fall zwar nicht explizit diskutiert; wie (124.b) zeigt, ist die Präsenz der VP-Modifikatoren jedoch für diese Theorien ebenso unerklärbar wie für die von Ackema.

Aus den Strukturen in (124) geht hervor, daß das von einem X^{-2}- bzw. X^0-Element selegierte Y^0-Komplement keine syntaktische Struktur aufbauen kann; für die phrasale Syntax, d.h. für die 'Syntax Above Zero' hat der von X^{-2} bzw. X^0 projizierte X^0-Knoten demnach den Status einer atomaren Einheit. Letztlich stellen also sowohl die 'Syntax Below Zero' als auch die 'dekonstruierte Morphologie' sowie die wortsyntaktischen Ansätze eine Reformulierung der Atomizitätsthese dar und können deshalb nicht zu deskriptiv adäquaten Generalisierungen führen.

In Kap. 2 wurde gezeigt, daß das Postulat der zweigeteilten Grammatik aufgrund von typologischen Erwägungen nicht aufrechtzuerhalten ist. Als Ergebnis der vorangegangenen Diskussion kann nunmehr festgehalten werden, daß die Version der 'Split Grammar Hypothese', die eine Zweiteilung der Grammatik in Morphologie und Syntax annimmt, auch aus empirischen Gründen zurückgewiesen werden muß: Unabhängig davon, ob eine prinzipielle Syntax/Morphologie-Distinktion in bezug auf das kategoriale Inventar (Ackema 1995), die Prinzipien der X-bar-Theorie (Höhle 1982; Toman 1987^2; Lieber 1992) oder das komplette System von Regeln und Prinzipen (DiSciullo & Williams 1987) angenommen wird, führt diese Distinktion zu empirisch falschen Voraussagen.

Abschließend möchte ich nun auf den zu Beginn dieses Abschnitts angesprochenen Begriff der Strukturerhaltung eingehen: Im Rahmen einer Untersuchung von komplexen Verben im Mohawk diskutiert Baker (1992) die Frage, durch welche empirischen Voraussagen sich eine syntaktische Theorie der Wortbildung von einem lexikalistischen Ansatz unterscheidet.[61] Baker (1992: 261) zufolge sind die beiden Positionen durch jeweils konträre Hypothesen in Bezug auf den strukturerhaltenden Charakter von morphologischen Operationen gekennzeichnet:

> On the lexical approach, morphology exists to derive new lexical items. Because of this, the new forms generated should be subject to the same restrictions as basic lexical items. In other words, morphology will derive new **tokens**, but it will not in general derive whole new **types** of lexical items. These newly formed lexical items then enter the syntax in the same way as basic lexical items, and the syntax is oblivious to the difference between the two. On the syntactic approach, things come out rather differently. In particular, a morphologically complex word may be associated with two or more positions in a syntactic phrase structure, whereas a morphologically simple word can only be associated with one position. Hence, their syntactic behaviors will not necessarily be the same.

In seiner ursprünglichen Version (vgl. Emonds 1976) besagt das Strukturerhaltungsprinzip, daß eine durch eine Transformationsregel derivierte Struktur so beschaffen sein muß, daß sie auch durch die Phrasenstrukturregeln hätte erzeugt werden können. Wie aus dem obigen Zitat zu entnehmen ist, erhält das Strukturerhaltungsprinzip in Bakers Auslegung nun die folgende Interpretation:

Wenn die Morphologie ein lexikon-internes System konstituiert, muß ein durch eine lexikalische Operation deriviertes Element so beschaffen sein, daß es auch zum Basisinventar des Lexikons gehören könnte. Demnach sind morphologische Operationen genau dann strukturerhaltend, wenn sie neue Tokens von unabhängig existierenden lexikalischen Types derivieren, d.h. neue Exemplare von lexikalischen Kategorien, die zum Basisinventar des Lexikons zählen. Operationen, die neue Types von lexikalischen Elementen ableiten,

---

[61] Baker befaßt sich in seinem Beitrag mit der Variante der lexikalistischen Hypothese, für die das Lexikon den Ort der Morphologie in der Grammatik darstellt. Die folgende Diskussion kann damit als Auseinandersetzung mit der in dieser Arbeit als WLH2 bezeichneten Version der Split-Grammar-Hypothese verstanden werden.

d.h. Exemplare von Kategorien, die nicht zum Basisinventar des Lexikons gehören, sind nicht strukturerhaltend.

Da die Morphologie - so Baker - im Rahmen des lexikalistischen Ansatzes als lexikoninternes System aufgefaßt wird, sagt die lexikalistische Position also voraus, daß morphologische Operationen stets strukturerhaltenden Charakter haben müssen. Die syntaktische Position dagegen lokalisiert die Morphologie nicht im Lexikon und sagt damit die Existenz von nicht-strukturerhaltenden morphologischen Operationen voraus. Damit kann aus dem Strukturerhaltungsprinzip ein Kriterium abgeleitet werden, anhand dessen die Voraussagen der verschiedenen theoretischen Ansätze empirisch überprüft und evaluiert werden können.[62]

Baker illustriert seine Argumentation am Beispiel eines produktiven Derivationsmusters im Mohawk: In dieser Sprache sind zwei distinkte Klassen von verbalen Simplizia anzunehmen, i.e. Ereignisverben vs. statische Verben, die sich in ihren syntaktischen Eigenschaften systematisch voneinander unterscheiden; außerdem gibt es im Mohawk ein Suffix mit inchoativer Bedeutung, das bei Affigierung an eine statische Verbwurzel wie 'be big' aus dieser ein Ereignisverb 'become big' ableitet.

Baker zeigt nun, daß das syntaktische Verhalten der morphologisch komplexen Verben zwar teilweise mit dem der nicht-derivierten Ereignisverben identisch ist, jedoch ebenfalls signifikante Gemeinsamkeiten mit dem der statischen Verben aufweist. Die abgeleiteten Verben sind demnach keine neuen Tokens des Types Ereignisverb, sondern Exemplare einer Kategorie, die nicht zum Basisinventar des Mohawk-Lexikons gehört; das syntaktische Verhalten der komplexen Verben zeigt also, daß die Ableitung von Ereignisverben aus statischen Verben keine strukturerhaltende Operation darstellt und widerspricht somit den Voraussagen der lexikalistischen Hypothese.

In der von Baker vorgeschlagenen syntaktischen Analyse dieses Wortbildungsmusters wird das Inchoativ-Suffix als unabhängiges Ereignisverb aufgefaßt, das eine VP, i.e. die phrasale Projektion eines statischen Verbs als Argument selegiert. Vor dem Hintergrund dieser Annahme erscheint es nicht mysteriös, daß die komplexen Verben in ihren syntaktischen Eigenschaften sowohl mit den statischen als auch mit den Ernignisverben korrelieren. Da die statische Verbwurzel und das inchoative Derivationsaffix jeweils als separate syntaktische Köpfe auf D-Struktur erscheinen, kann das kategorial hybride Verhalten der abgeleiteten Ereignisverben also im Rahmen der syntaktischen Analyse vorausgesagt werden.

---

[62] Die hier referierten Überlegungen von Baker gehen letztlich auf Chomsky (1970) zurück: Ein Argument, das Chomsky zufolge gegen eine transformationelle Ableitung von 'derived nominals' wie *destruction, revision* etc. spricht, ist die Tatsache, daß deren Syntax im wesentlichen mit der von nicht-derivierten Nomina übereinstimmt. Allerdings stellt Toman (1987²: 19) fest, daß Chomskys Argumentation eigentlich nur ex post mit dem Strukturerhaltungsprinzip in Zusammenhang gebracht werden kann, da dies zu dem Zeitpunkt, als die *Remarks on Nominalization* geschrieben wurden, noch nicht formuliert war.

Wie aus der obigen Darstellung hervorgegangen ist, beruht Bakers Argumentation auf dem gleichen Typ von empirischer Evidenz, wie ich sie oben zur Motivation einer syntaktischen Analyse der -*bar*-Ableitungen herangezogen habe: Dort wurde festgestellt, daß die -*bar*-Adjektive Hybride sind, d.h. Elemente, die in ihren syntaktischen Eigenschaften sowohl durch adjektivische als auch durch verbale Charakteristika definiert sind. In Anlehnung an Bakers Terminologie können die Ergebnisse dieses und des vorausgegangen Abschnitts nun folgendermaßen reformuliert werden:

Im Hinblick auf die syntaktischen 'slots', die die abgeleiteten Adjektive besetzen sowie auf deren Kasuseigenschaften stellt die -*bar*-Affigierung eine strukturerhaltende morphologische Operation dar; hier verhalten sich die komplexen Adjektive also wie adjektivische Simplizia, d.h. wie andere Tokens des zum Basisinventar des Lexikons zählenden Types 'Adjektiv'.

Im Hinblick auf die 'Vererbung' von Argumenten und Modifikatoren der verbalen Ableitungsbasis sind die abgeleiteten Adjektive dagegen durch Eigenschaften gekennzeichnet, die bei adjektivischen Simplizia nicht zu beobachten sind. Hier stellt die morphologische Operation der -*bar*-Affigierung also einen Verstoß gegen das Strukturerhaltungsprinzip dar, da diese keine neuen Tokens des Types Adjektiv deriviert, sondern Exemplare einer Kategorie, die nicht zum Basisinventar des Lexikons zählt.

Während dies den Voraussagen der lexikalistischen bzw. wortsyntaktischen Ansätze widerspricht, sagt die syntaktische Wortbildungstheorie den kategorial hybriden Charakter komplexer Wörter nicht nur voraus, sondern bietet auch eine Erklärung für die scheinbar widersprüchlichen Eigenschaften der derivierten Adjektive:

Die syntaktische Distribution sowie die Kasuseigenschaften, welche die -*bar*-Affigierung als eine strukturerhaltende Operation kennzeichnen, ergeben sich daraus, daß das Adjektiv der syntaktische Kopf auf S-Struktur ist. Die Tatsache, daß dieser Kopf dieselben Kasuseigenschaften wie andere Exemplare der Kategorie Adjektiv hat, folgt hierbei aus dem in Kap. 3.2 diskutierten 'Case Frame Preservation Principle', welches letztlich eine spezifische Ausprägung des Strukturerhaltungsprinzips darstellt.

Das Auftreten der verb-typischen Argumente und Modifikatoren, das die -*bar*-Affigierung als nicht-strukturerhaltende Operation ausweist, ergibt sich daraus, daß die verbale Ableitungsbasis ein syntaktischer Kopf auf D-Struktur ist. Da das Adjektiv die maximale Projektion dieses Kopfs selegiert, folgt hieraus, daß Material aus dieser Projektion auch bei Inkorporation des verbalen Kopfs in das Adjektiv syntaktisch sichtbar bleibt.

Als Resümee dieses Abschnitts läßt sich damit folgendes festhalten:

Zu Beginn der Diskussion wurde gezeigt, daß die von Baker (1988a) vertretene Auffassung über die Syntax/Lexikon-Distinktion wesentlich auf den Implikationen der 'Uniformity of Theta Assignment Hypothesis' basiert. Wie aus den oben referierten Überlegungen von Baker (1992) hervorgeht, betrachtet er die Frage nach der Lokalisierung der Morphologie in dieser späteren Arbeit aus einer grundlegend veränderten Perspektive. Entscheidend ist nun, daß das Kriterium der Strukturerhaltung zu anderen Ergebnissen führt als die von UTAH geleitete Analyse; für diese jeweils unterschiedlichen Voraussagen hat die Analyse der -bar-Adjektive empirische Evidenz geliefert: Während UTAH impliziert, daß die morphologische Operation der -bar-Affigierung im Lexikon stattfindet, ergibt sich aus dem Strukturerhaltungsprinzip, daß diese einen syntaktischen Prozeß darstellen muß. In der vorausgegangenen Diskussion konnte nun nachgewiesen werden, daß nicht der Rekurs auf UTAH, sondern die Frage nach dem strukturerhaltenden Charakter grammatischer Operationen mit den deskriptiv adäquaten Generalisierungen verbunden ist. Da die -bar-Affigierung keine strukturerhaltende Operation ist, und da die syntaktische Analyse dies voraussagt, kann diese Operation folglich nicht 'im Lexikon' stattfinden, sondern muß vielmehr syntaktischer Natur sein.

Somit hat die Analyse der -bar-Adjektive also zum einen empirische Evidenz für die syntaktische Wortbildungstheorie geliefert; zum anderen konnte hiermit auch die von Baker (1988a) vertretene Version der Split-Grammar-Hypothese, die eine auf UTAH basierende Zweiteilung der Grammatik in Syntax vs. Lexikon postuliert, empirisch widerlegt werden.

3.4 Zusammenfassung

In diesem Kapitel wurde gezeigt, daß die Beschränkungen, denen (i) die interne und (ii) die externe Syntax der -bar-Ableitungen unterliegt, aus unabhängig motivierten grammatischen Prinzipien und Restriktionen abgeleitet werden können. Außerdem wurde nachgewiesen, daß diese Prinzipien und Restriktionen für phrasale und sublexikalische Strukturen gleichermaßen gelten; oberflächliche Unterschiede zwischen analytischen und synthetischen Konstruktionen wurden darauf zurückgeführt, daß im letzteren Fall eines der beteiligten Elemente für ein idiosynkratisches Merkmal [+M-Selektion] spezifiziert ist, welches obligatorische Inkorporation auf S-Struktur auslöst. Das Ergebnis des Exkurses in Kap. 3.2 deutete darauf hin, daß die synchron motivierte reguläre Abbildungsfunktion zwischen den verschiedenen Selektionseigenschaften lexikalischer Elemente auch diachron relevant ist.

Einen Argumentationsschwerpunkt dieses Kapitels bildete der kategorial hybride Charakter mophologisch komplexer Wörter bzw. das Strukturerhaltungsprinzip. Hierbei wurde zum einen gezeigt, daß die vermeintlich widersprüchlichen Eigenschaften der deverbalen Adjektive im Rahmen der syntaktischen Wortbildungstheorie aus der unabhängig motivierten Annahme abgeleitet werden können, derzufolge das (gebundene) Adjektiv -bar der s-strukturelle Kopf, das (inkorporierte) Verb ein d-struktureller Kopf ist. Zum anderen konnte anhand dieses Phänomens nachgewiesen werden, daß die verschiedenen Versionen der Split-Grammar-Hypothese mit empirisch falschen Voraussagen verbunden sind.

4 Klammerparadoxa

Klammerparadoxa sind komplexe sprachliche Ausdrücke, denen keine strukturelle Repräsentation zugeordnet werden kann, die den Wohlgeformtheitsbedingungen sämtlicher grammatischer Repräsentationsebenen gleichzeitig genügt.

Konstruktionen dieser Art stellen deshalb nach Hoeksema (1987: 119) eine Abweichung vom grammatischen Idealfall dar, wobei der Idealfall (ebd.) folgendermaßen charakterisiert wird: "In the best of all possible worlds, the structure of a morphological complex word is a perfect mirror of its derivational relationships and semantic interpretation." Da Klammerparadoxa - trotz ihres vermeintlich abweichenden Charakters - nun offenbar nicht grundsätzlich ausgeschlossen sind, ist eine Erklärung dieses Phänomens für jede Theorie der Wortstruktur von zentraler Bedeutung.

Auch wenn bereits im vorausgegangenen Kapitel von Paradoxien die Rede war, werde ich mich wegen der besonderen Relevanz dieses Phänomens für die vorliegende Arbeit im folgenden detaillierter mit weiteren Instanzen von Klammerparadoxa beschäftigen. Hierbei sollen zunächst die relevanten Daten vorgestellt und anschließend drei repräsentative Lösungen diskutiert werden, die in der Literatur vorgeschlagen wurden. Auf der Grundlage dieser Diskussion werde ich dann meinen eigenen Vorschlag entwickeln; dieser basiert auf der Annahme, daß für eine deskriptiv adäquate Analyse von Klammerparadoxa eine modulare Interaktion verschiedener Wohlgeformtheitsbedingungen angenommen werden muß.

Einen Schwerpunkt des vorausgegangenen Kapitels bildete die Interaktion von morphologischer Selektion und Kopfbewegung. Im Zuge der weiteren Konkretisierung der syntaktischen Wortbildungstheorie in diesem Kapitel werde ich eine weitere Form von morphologischer Gebundenheit diskutieren, die ebenfalls obligatorische Inkorporation auf S-Struktur auslöst; hierbei werde ich zeigen, daß der Unterschied zwischen diesen beiden Ausprägungen von Gebundenheit mit der Unterscheidung von Komplementation vs. Adjunktion korreliert.

4.1 Die Daten

Die inzwischen klassischen Beispiele für Klammerparadoxa sind die folgenden englischen Daten:

(1) unhappier, unluckier, ...
(2) ungrammaticality, unanalyzability, ...

Das Komparativsuffix *-er* tritt an einsilbige Wörter sowie an zweisilbige mit leichter zweiter Silbe:

(3) a. poorer, cleaner, nicer, ...
    b. happier, luckier, funnier, ...

Zweisilbige Wörter mit schwerer zweiter Silbe sowie Formen mit drei und mehr Silben sind als Ableitungsbasis ausgeschlossen:

(4) a. *complexer, *famouser, *pleasanter, ...
    b. *importanter, *eloquenter, *intelligenter, ...

Die komplexe Form *unhappy* ist dreisilbig und bildet deshalb keine zulässige Basis für die Suffigierung von *-er*; aus phonologischen Gründen muß folglich die Klammerung in (5) angenommen werden, in der *happy* und *-er* eine Konstituente bilden:

(5) un [happy er]

Diese Struktur sagt nun jedoch die falsche Interpretation voraus. In (5) hat das Negationsaffix *un-* weiten Skopus, d.h. Skopus über *-er*, woraus sich die Lesart (6.a) ergibt. Tatsächlich ist *unhappier* aber nicht die Negation von *happier*, sondern der Komparativ von *unhappy*, was der Lesart (6.b) entspricht:

(6) a. *'not more happy'
    b. 'more not happy'

Aus semantischen Gründen muß also die Klammerung in (7) angenommen werden, in der das Suffix Skopus über das Präfix hat:

(7) [un happy] er

Diese Struktur ist nun wiederum nicht mit den oben erläuterten phonologischen Restriktionen kompatibel, da die dreisilbige Form *unhappy-* keine legitime Basis für *-er* darstellt.

Damit induzieren die Formen (1) also den folgenden 'Mismatch' zwischen phonologischen und semantischen Wohlgeformtheitsbedingungen:

(8) a. Phonologie/*Semantik:
       [Präfix [Wurzel Suffix]]
    b. Semantik/*Phonologie:
       [[Präfix Wurzel] Suffix]

(8.a) erfüllt die phonologischen Bedingungen, sagt aber falsche Skopusverhältnisse voraus;

(8.b) repräsentiert den Skopus korrekt, verstößt jedoch gegen die phonologischen Restriktionen.[1]

Ein ähnliches Problem stellen die Daten in (2) dar, wobei allerdings hier die von der Phonologie geforderte Struktur nicht nur mit der semantischen, sondern auch mit der aus morphologischen Gründen anzunehmenden kollidiert.

Das Präfix *un-* und das Suffix *-ity* gehören zwei verschiedenen Kategorien von Affixen an, den sog. 'class I'- vs. 'class II'-Affixen, wobei *-ity* Element der Klasse I, *un-* Element der Klasse II ist. Evidenz für diese Kategorisierung von Affixen ergibt sich aus der Beobachtung, daß zahlreiche phonologische Regularitäten im Englischen systematisch mit der 'class I'- vs. 'class II'-Unterscheidung korrelieren.[2] Wenn nun - wie im Fall von *ungrammaticality* - ein komplexes Wort Elemente beider Kategorien enthält, ist dieser Unterschied dahingehend zu repräsentieren, daß das Klasse-I-Affix 'innerhalb' des Klasse-II-Affixes erscheinen muß; daraus ergibt sich für *ungrammaticality* die folgende phonologische Repräsentation:

(9)   un [grammatical ity]

Diese Struktur, die *un-* als pränominales Element ausweist, widerspricht jedoch dessen morphologischen Eigenschaften, da *un-* produktiv nur an Adjektive, nicht jedoch an Nomina präfigiert werden kann:

(10)   *untable, *unillusion, *undriver, ...

Darüberhinaus stellt (9) auch keine angemessene semantische Repräsentation dar, da das Suffix offenbar Skopus über das Präfix hat:

(11) a.   having the state of not being grammatical
     b.   *not having the state of being grammatical

Auf der Grundlage der morphologischen und semantischen Erwägungen muß für (2) demnach angenommen werden, daß *un-* eine Konstituente mit *grammatical* bildet:

(12)   [un grammatical] ity

---

[1] Dieses Problem stellt sich in analoger Weise auch für den Superlativ, d.h. für Formen wie etwa *unhappiest*; aus expositorischen Gründen beschränke ich mich hier auf die Diskussion des Komparativs.

[2] Die 'class I'- vs. 'class II'-Distinktion entspricht im wesentlichen der Unterscheidung von schwachen '+' vs. starken '#' Grenzen in Chomsky/Halle (1968). Die systematischen Effekte dieser Distinktion (unterschiedliches Verhalten bei der Akzentzuweisung und Assimilation, Abfolgerestriktionen bei Mehrfachaffigierungen etc.) wurden insbesondere im Rahmen der sog. 'Level Ordering Hypothesis' (Siegel 1974; Allen 1987) sowie in der Lexikalischen Phonologie (vgl. Kiparsky 1982a; 1982b) untersucht.

Wiederum liegt also eine Paradoxie vor, die sich geringfügig von der in (8) unterscheidet:

(13) a. Phonologie/*Morphologie/*Semantik:
   [Präfix [Wurzel Suffix]]
 b. Morphologie/Semantik/*Phonologie:
   [[Präfix Wurzel] Suffix]

Damit soll der Datenüberblick an dieser Stelle zunächst abgeschlossen werden; Gegenstand des folgenden Abschnitts ist eine Darstellung der verschiedenen Ansätze, die sich mit den klassischen Paradoxa des Typs *unhappier* und *ungrammaticality* befassen.

4.2 Die Beschreibungsversuche

Auch wenn 'die beste aller möglichen Welten' im Sinne von Hoeksema (1987) eine Welt ohne Klammerparadoxa ist, läßt die real existierende Welt deren Auftreten offenbar zu. Diese Tatsache ist mysteriös unter der Voraussetzung, daß die reale Welt bzw. Grammatik die beste aller möglichen sein sollte; insbesondere wird durch die bloße Existenz von Klammerparadoxa jede Grammatiktheorie in Frage gestellt, die von der Annahme ausgeht, daß die Struktur komplexer Ausdrücke auf allen grammatischen Repräsentationsebenen isomorph sein muß.

Für eine modulare Grammatiktheorie hingegen stellt die Zulässigkeit von Paradoxien nicht das Explicandum dar; eine solche Theorie sagt deren Auftreten vielmehr voraus, da sie auf der Annahme basiert, daß jede Ebene die grammatischen Objekte ihren spezifischen Prinzipien gemäß strukturiert. Das Desiderat einer modular organisierten Theorie muß natürlich die Formulierung von geeigneten Abbildungsfunktionen sein, auf deren Basis die unterschiedlichen Strukturen bzw. Repräsentationsebenen systematisch aufeinander bezogen werden können. Diese Funktionen müssen einerseits flexibel genug sein, um die zulässigen Abweichungen vom Idealfall der Isomorphie ableiten zu können und andererseits restriktiv genug, um die unzulässigen auszuschließen.

Im folgenden werde ich drei repräsentative Vorschläge für einen solchen Abbildungsmechanismus diskutieren, die aus verschiedenen Gründen für die vorliegende Untersuchung relevant sind.[3]

---

[3] Ein Vorschlag, den ich in dieser Arbeit nicht weiter berücksichtigen werde, ist die im Rahmen der Lexikalischen Phonologie postulierte Analyse. Hier wird etwa für *ungrammaticality* angenommen, daß diese Form beim Übertritt von einer lexikalischen Ebene zur nächsten einen obligatorischen 'rebracketing'-Prozeß durchläuft. Damit verstößt diese Derivation jedoch gegen das fundamentale Prinzip der Lexikalischen Phonologie, i.e. die sog. Bracket Erasure Convention (BEC): "Internal brackets are erased at the end of a level." (Kiparsky 1982a: 140). Restrukturierung auf einer höheren Ebene setzt die Sichtbarkeit der auf einer tieferen Ebene zugewiesenen Struktur voraus, was jedoch wiederum durch die BEC ausgeschlossen wird. Da BEC und 'rebracketing'

Eine Gemeinsamkeit all dieser Vorschläge besteht darin, daß sie auf dem Grammatikmodell in (14) basieren, das auch den theoretischen Rahmen dieser Arbeit bildet:

(14)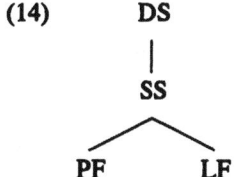

Eine weitere entscheidende Gemeinsamkeit ist die oben skizzierte Modularitätsannahme: Wenn jede Ebene in (14) durch spezifische Prinzipien und Restriktionen definiert ist, muß die grammatische Repräsentation von sprachlichen Ausdrücken folglich nicht notwendigerweise auf allen Ebenen isomorph sein. Schließlich gehen alle Vorschläge von der Voraussetzung aus, daß diese ebenenspezifischen Bedingungen für phrasale und morphologische Strukturen gleichermaßen gelten.

Der Unterschied zwischen diesen Ansätzen besteht darin, daß jeweils verschiedene Wohlgeformtheitsbedingungen für die Ebenen in (14) angenommen werden; aufgrunddessen werden die oben dargestellten konfligierenden Strukturen verschiedenen Ebenen zugeordnet und dementsprechend unterschiedliche Abbildungsfunktionen postuliert:

(15) a. SS ↔ PF: Reanalyse
 b. SS ↔ LF: Quantifier-Raising
 c. DS ↔ SS: Kopfbewegung

Die in (15) illustrierten Ansätze sollen im folgenden dargestellt und im Hinblick auf ihre theoretische Plausibilität und deskriptive Adäquatheit überprüft werden.

4.2.1 Reanalyse

In der von Sproat (1988) vorgelegten Theorie werden die konfligierenden Strukturen in Konstruktionen des Typs *ungrammaticality* auf die unterschiedlichen Bedingungen zurückgeführt, die auf PF vs. S-Struktur gelten. Aus diesen Bedingungen folgt, daß (16.a) die für PF erforderliche und (16.b) die für S-Struktur anzunehmende Repräsentation ist bzw. daß (16.a) auf S-Struktur und (16.b) auf PF ausgeschlossen werden muß:

(16) a. PF/*SS: [Präfix [Wurzel Suffix]] = (13.a)
 b. SS/*PF: [[Präfix Wurzel] Suffix] = (13.b)

---

einander also gegenseitig ausschließen, kann es folglich in der Lexikalischen Phonologie keine theorie-konforme Analyse für Klammerparadoxa geben.

Sproat versucht in seinem Beitrag nachzuweisen, daß (16.a) eine wohlgeformte phonologische Repräsentation der S-Struktur in (16.b) darstellt. Sein Vorschlag basiert auf der Annahme, daß syntaktische und phonologische Strukturen grundsätzlich verschiedenen Prinzipien unterliegen:

In der Syntax sind allein hierarchische Beziehungen, insbesondere Schwester-Relationen relevant, Linearität hingegen spielt hier keine Rolle. Im Unterschied hierzu sind in der Phonologie ausschließlich lineare Beziehungen, insbesondere Adjazenz-Relationen von Bedeutung, wohingegen hier die hierarchischen Beziehungen nicht relevant sind. Die Abbildung zwischen S-Struktur und PF ist jedoch nicht arbiträr, sondern unterliegt dem sog. 'Mapping Principle'; dies ist eine Relation, die syntaktische und phonologische Repräsentationen systematisch aufeinander bezieht.

Der von Sproat betonte duale Aspekt der grammatischen Information bzw. Repräsentation, d.h. die Einteilung in syntaktisch vs. phonologisch relevante Eigenschaften schlägt sich nicht nur in der Unterscheidung der SS- vs. PF-spezifischen Bedingungen nieder, denen die Struktur komplexer Wörter unterliegt; sie ist vielmehr auch in Form von spezifisch syntaktischer vs. phonologischer Information in den Lexikoneinträgen der beteiligten Morpheme kodiert:

(17) a. GRAMMATICAL' = <GRAMMATICAL$_A$, *grammatical*>
 b. UN' = <UN$_{<A,0>}$, *un-*>
 c. ITY' = <ITY$_{<A,N>}$, *-ity*>
 (Sproat 1988: 342)

Morpheme werden hier als geordnete Paare (MORPHEM') aufgefaßt, deren jeweilige syntaktische Repräsentation (MORPHEM) und phonologische Form (*morphem*) einander systematisch zugeordnet sind. Aus der phonologischen Form - der Einfachheit halber orthographisch notiert - ist nicht nur die Lautform der betreffenden Morpheme abzulesen, sondern auch die Information, daß *grammatical* ein freies Morphem ist, *un-* ein Präfix und *-ity* ein Suffix. Die syntaktisch relevanten Eigenschaften sind in Form von Subskripten notiert: GRAMMATICAL' ist als Adjektiv <A> ohne Subkategorisierungseigenschaften charakterisiert. Sowohl UN' als auch ITY' subkategorisieren Adjektive <A>. Während ITY' Nomina ableitet und deshalb von der syntaktischen Kategorie <N> ist, produziert UN' wiederum Adjektive; das Präfix ist also kategorial transparent und erhält deshalb das Subskript <0>.

Die reguläre Beziehung zwischen der phonologischen und der syntaktischen Repräsentation, d.h. die eigentliche Abbildungsfunktion unterliegt nun den folgenden Bedingungen, die eine formale Definition des Mapping-Prinzips darstellen:

(18) Mapping Relation Φ. (Mapping Principle)
   (i) If B is a morpheme then Φ(Σ(B)) = P(B)
   (ii) If *sis*(A B) then Φ([A B]) = (Φ(A)*Φ(B))
   (Sproat 1988: 344)

Hierbei steht 'Φ' für 'Mapping' ('Abbildung'), 'Σ' für syntaktische und 'P' für phonologische Repräsentation; '*sis*' bezeichnet Schwesternschaft; der '*'-Operator repräsentiert phonologische Adjazenz.

In einfachen Worten besagt (18): (i) die phonologische Abbildung der syntaktischen Repräsentation eines Morphems B ist die phonologische Repräsentation von B; (ii) wenn zwei Morpheme A und B Schwestern in der syntaktischen Repräsentation sind, ist die phonologische Repräsentation von A adjazent zu der von B. Die Mapping-Relation fungiert also als Vermittler zwischen S-Struktur und PF, indem sie Schwester-Relationen in der Syntax auf Adjazenz-Beziehungen in der Phonologie abbildet.[4]

Aus den Lexikoneinträgen in (17) geht hervor, daß für [[UN GRAMMATICAL] ITY] die folgenden Schwester-Relationen anzunehmen sind:

(19) a. *sis*(UN, GRAMMATICAL)
    b. *sis*([UN GRAMMATICAL], ITY)

Diese werden via Mapping-Relation in phonologische Adjazenzbeziehungen überführt; als definierendes Merkmal des '*'-Operators, der Adjazenz auf PF repräsentiert, nimmt Sproat die Eigenschaft der Kommutativität an. Das Gesetz der Kommutativität ((a+b)=(b+a)) besagt, daß alle Formen in (20) äquivalent sind bzw. gleichermaßen wohlgeformte phonologische Abbildungen der syntaktischen Relationen in (19) darstellen; dies wiederum reflektiert die Annahme, daß Linearität in syntaktischen Strukturen irrelevant ist:

(20) a. ((un*grammatical)*ity)
    b. ((grammatical*un)*ity)
    c. (ity*(un*grammatical))
    d. (ity*(grammatical*un))

Um nun den linearen Restriktionen auf PF Rechnung zu tragen, d.h. um (20.b) - (20.d) auszuschließen, führt Sproat einen weiteren Operator '^' ein, der Präzedenz denotiert. Außerdem nimmt er an, daß 'Adjazenz' in 'Präzedenz' übersetzt wird, wann immer ein grammatisches Prinzip oder eine spezifische lexikalische Eigenschaft eine lineare Abfolge erzwingt, in der eines von zwei adjazenten Elementen dem anderen vorausgeht. Die für *un-*

---

[4] Sproat zufolge können unter den von ihm vertretenen Adjazenz-Begriff auch die phonologischen Regularitäten der nicht-konkatenativen Morphologie subsumiert werden.

und -*ity* anzunehmende relative Position ergibt sich jeweils aus deren Lexikoneinträgen, die *un-* als Präfix und -*ity* als Suffix ausweisen. Damit erhält (19) zunächst die folgende Repräsentation:

(21)   ((un^grammatical)^ity)

Wegen der phonologischen Eigenschaften von *un* und -*ity* stellt die Struktur [[Präfix Wurzel] Suffix] in (21) nun jedoch kein wohlgeformtes PF-Objekt dar, so daß für die Etablierung der endgültigen PF-Repräsentation ein weiterer Ableitungsschritt angenommen werden muß.

Dieser Schritt wird nunmehr durch die spezifische Eigenschaft des Präzedenz-Operators ermöglicht, der im Gegensatz zum Adjazenz-Operator nicht kommutativ, sondern assoziativ ist. Das Gesetz der Assoziativität besagt, daß eine Folge (a(bc)) äquivalent zu ((ab)c) ist; damit kann durch die Reassoziierung der beteiligten Elemente aus (21) schließlich die folgende Repräsentation abgeleitet werden, in der alle PF-spezifischen Restriktionen erfüllt sind:

(22)   (un^(grammatical^ity))

Da (21) und (22) äquivalent sind, ist hiermit also der formale Beweis dafür erbracht, daß *(un(grammaticality))* eine 'legitime' phonologische Repräsentation der s-strukturellen Repräsentation *[[ungrammatical]ity]* darstellt. Gleichzeitig reflektiert die Analyse auch Sproats zentrale Annahme, derzufolge jede Ebene den grammatischen Objekten die ihren spezifischen Prinzipien entsprechende Struktur zuweist: Für den Fall, daß eine bestimmte Repräsentation den PF-spezifischen Erfordernissen nicht genügt, ist PF aufgrund des assoziativen Charakters des Präzedenz-Operators dazu 'ermächtigt', in der betreffenden Repräsentation eine Reassoziierung der beteiligten Elemente vorzunehmen, d.h. diese Struktur zu reanalysieren.[5]

Ein potentieller Einwand gegen den oben erläuterten Reassoziierungs-Mechanismus ist nun allerdings der Mangel an Restriktivität, der zwangsläufig mit jeder Form von Reanalyse verbunden ist. Da jedoch die durch Reanalyse erzeugten Formen den in Form der Mapping-Relation definierten Bedingungen genügen müssen, wird die mangelnde Restriktivität der Reanalyse-Operation selbst durch das Mapping-Prinzip ausgeglichen. Damit garantiert dieses Prinzip, daß Reanalyse nicht gänzlich unrestringiert ist, also nicht 'ad libitum' stattfinden kann.

Ein weiterer potentieller Einwand gegen die Annahme von Reanalyse könnte sich aus der Frage ergeben, ob diese einen Verstoß gegen das Projektionsprinzip darstellt. Dieser Einwand kann jedoch deshalb zurückgewiesen werden, weil das Projektionsprinzip mögliche Beziehungen zwischen syntaktischen Repräsentationsebenen, i.e. DS, SS und LF definiert,

---

[5]   Unter der Voraussetzung, daß *unhappier* das Analogon zu *ungrammaticality* darstellt, kann diese Form in gleicher Weise analysiert werden; auf diese Frage werde ich in Kap. 4.3 zurückkommen.

aber keine Aussage über das Verhältnis von syntaktischer und phonologischer Repräsentation macht. Da das Mapping-Prinzip mögliche Relationen zwischen S-Struktur und PF definiert, kann dieses somit als notwendige Ergänzung zum Projektionsprinzip aufgefaßt werden.

4.2.2 Quantifier Raising

Entgegen Sproat (1984) nimmt Pesetsky (1985) an, daß zwischen S-Struktur und PF keinerlei strukturverändernde Operationen stattfinden können; für Pesetsky stellen Konstruktionen wie *ungrammaticality* vielmehr einen Mismatch zwischen LF und S-Struktur dar. Dies ergibt sich aus seinen Annahmen über die auf S-Struktur vs. LF geltenden ebenenspezifischen Restriktionen:

S-Struktur bildet den unmittelbaren Input für PF, d.h. phonologische Restriktionen müssen auf S-Struktur erfüllt sein. Die Subkategorisierungsforderungen von Morphemen müssen hingegen nicht notwendigerweise auf S-Struktur erfüllt sein, d.h. kategoriale Selektion ist auf dieser Ebene irrelevant. Ebenfalls irrelevant für S-Struktur ist semantische Kompositionalität. Den unmittelbaren Input für die semantische Interpretation stellt vielmehr LF dar, d.h. semantische Kompositionalität muß auf dieser Ebene gewährleistet sein. Pesetsky zufolge müssen auf LF außerdem die Subkategorisierungsforderungen von Morphemen erfüllt sein, d.h. kategoriale Selektion wird ausschließlich auf LF überprüft.[6] Phonologische Restriktionen hingegen sind irrelevant für LF.

Für *ungrammaticality* ergibt sich aus den oben skizzierten Annahmen die S-Struktur in (23.a) und die LF-Repräsentation in (23.b); außerdem folgt aus diesen Bedingungen, daß (23.b) als s-strukturelle und (23.a) als LF-Repräsentation ausgeschlossen werden müssen.

(23) a. SS/*LF: [Präfix [Wurzel Suffix]] = (13.a)
     b. LF/*SS: [[Präfix Wurzel] Suffix] = (13.b)

Entscheidend für Pesetskys Erklärungsansatz ist nun seine Annahme, daß (23.b) eine wohlgeformte LF-Repräsentation der S-Struktur in (23.a) darstellt.

Unter dieser Voraussetzung ergibt sich nunmehr aus den allgemein akzeptierten Annahmen über das Verhältnis von S-Struktur und LF, daß die LF-Repräsentation in (23.b) aus der S-Struktur in (23.a) durch die Applikation von Quantifier Raising (QR) abgeleitet werden kann:

(24)   QR:
          Adjoin a category C to some node that dominates C.

---

[6] Zur Diskussion dieser Annahme vgl. Pesetsky (1982).

Im Rahmen des Government-Binding-Modells wird diese erstmals von May (1977) vorgeschlagene Operation als spezielle Instanz der generellen Bewegungsregel 'move α' aufgefaßt und folgendermaßen motiviert: Da die Ebene der Logischen Form die interpretative Komponente des Grammatikmodells in (14) darstellt, müssen auf dieser Ebene u.a. die Skopusverhältnisse in komplexen Ausdrücken repräsentiert werden, insbesondere also der Skopus von Quantoren; die Skopus-Domäne eines Quantors ist hierbei identisch mit seiner C-Kommando-Domäne, d.h. ein Quantor Q hat Skopus über alle Elemente, die von Q auf LF c-kommandiert werden. Daraus ergibt sich etwa für einen Satz wie (25) mit der in (26.a) angegebenen Bedeutung die LF-Repräsentation in (26.b):

(25) [$_S$ John likes [$_{NP}$ every girl]]

(26) a. ∀x[girl(x) → likes(John,x)]
 b. [$_S$[$_{NP}$ every girl]$_i$ [$_S$ John likes t$_i$]]

Die von Pesetsky vorgeschlagene morphologische QR-Version besagt nun, daß Quantorenanhebung nicht nur phrasale Elemente, sondern auch Affixe, d.h. X⁰-Kategorien betrifft.
Für *ungrammaticality* nimmt Pesetsky (1985: 216f.) die folgende S-Struktur an:

(27)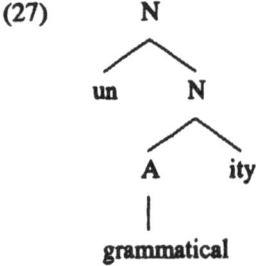

Diese Struktur erfüllt die phonologischen Restriktionen, verstößt aber gegen die Subkategorisierungseigenschaften von *un-*, da *un-* hier als Schwester eines Nomens ausgewiesen ist. Mittels QR wird nun aus (27) zunächst die LF-Repräsentation in (28) abgeleitet, in der *-ity* an den nächsthöheren dominierenden Knoten adjungiert ist:

(28)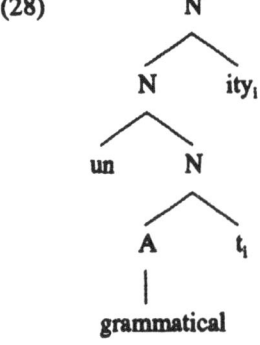

Die abgeleitete Struktur in (28) erfüllt nun zwar die Forderung nach semantischer Kompositionalität, da hier im Unterschied zu (27) die erforderliche Skopusrelation zwischen *un-* und *-ity*, d.h. weiter Skopus von *-ity* vorliegt. Die Selektionsrestriktionen von *un-* sind jedoch offensichtlich auch in (28) nicht erfüllt, da *un-* hier nach wie vor Schwester eines Nomens ist. Da Pesetsky aber davon ausgeht, daß kategoriale Selektion auf LF überprüft wird, kann (28) folglich keine wohlgeformte LF-Repräsentation von *ungrammaticality* sein.

Um diesen Konflikt zu lösen, muß Pesetsky (1985: 218) die folgende affix-spezifische Bedingung stipulieren:

(29) Trace Stipulation
 The trace of an affix belongs to the null category class ∅.

Wenn *-ity* angehoben wird, verliert also der Knoten, der die Spur von *-ity* dominiert, via (29) seine kategoriale Markierung.

Pesetsky nimmt nun weiterhin an, daß dieser Knoten nicht die 'null category' beibehält, sondern im Einklang mit den von Lieber (1980) vorgeschlagenen Perkolationskonventionen eine neue kategoriale Markierung erhält. Die hier einschlägige Konvention besagt, daß die syntaktische Kategorie von *grammatical* an den Knoten perkoliert, der die Konstituente [*grammatical* t] dominiert. Mit Hilfe dieser Zusatzannahmen - 'trace stipulation' sowie Perkolationskonvention - kann schließlich die LF-Repräsentation in (30) via Quantifier Raising aus der S-Struktur in (27) abgeleitet werden:

(30)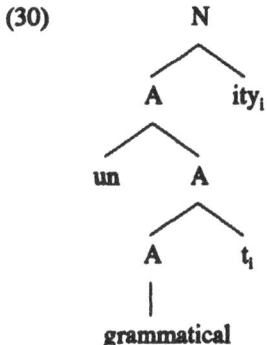

Die Struktur in (30) genügt nunmehr allen LF-spezifischen Restriktionen: *un-* ist Schwester eines Adjektivs, d.h. kategoriale Selektion ist erfüllt; *-ity* c-kommandiert *un-* bzw. *ungrammatical*, d.h. die Skopusverhältnisse sind angemessen repräsentiert und semantische Kompositionalität ist gewährleistet.

Auf die Derivation von *unhappier* kann Pesetskys Lösungsvorschlag - mutatis mutandis - übertragen werden. Im folgenden werde ich aber zeigen, daß dieser Vorschlag sowohl aus empirischen als auch aus theoretischen Gründen zurückgewiesen werden muß.

Ein Faktum, das zunächst gegen Pesetskys Ansatz zu sprechen scheint, sind die kontrastierenden Eigenschaften von phrasalem vs. morphologischem Quantifier Raising. Die ursprüngliche Motivation für die Annahme von QR ergab sich aus der Beobachtung, daß das Vorkommen von mehr als einem Quantor systematisch zu Skopus-Ambiguitäten führt:

(31) Everyone loves someone
   a. $\forall x \exists y [loves(x,y)]$
   b. $\exists y \forall x [loves(x,y)]$

Auf LF werden diese beiden Lesarten - weiter Skopus des Allquantors vs. weiter Skopus des Existenzquantors - durch Anhebung von *everyone* vs. *someone* repräsentiert:

(32) a. [$_s$ everyone$_i$ [$_s$ someone$_j$ [$_s$ t$_i$ loves t$_j$]]]
   b. [$_s$ someone$_j$ [$_s$ everyone$_i$ [$_s$ t$_i$ loves t$_j$]]]

Analog zu (31) wäre also zu erwarten, daß ein komplexes Wort wie *ungrammaticality* ebenfalls ambig ist, denn auch an dieser Konstruktion sind mit *un-* und *-ity* zwei vermeintliche Quantoren beteiligt. De facto ist in diesem Fall aber nur eine Interpretation möglich, nämlich die Lesart, in der *-ity* weiten Skopus hat.

Daß *ungrammaticality* nicht ambig ist, kann nun jedoch auf der Basis von Pesetskys Annahmen vorausgesagt werden:

(33) un$_i$ [t$_i$ [grammatical ity]$_N$]$_N$

Die Anhebung von *un-* würde in einer LF-Repräsentation resultieren, die gegen die kategoriale Selektion von *un-* verstößt, da die Schwester von *un-* hier ein Nomen ist. Unter der Voraussetzung, daß kategoriale Selektion auf LF überprüft wird, ist (33) also keine wohlgeformte LF, und die korrespondierende Lesart (11.b) kann somit ausgeschlossen werden.[7]

Damit ergeben sich aus Pesetskys Vorschlag zwar die empirisch korrekten Voraussagen für den Kontrast zwischen phrasalem vs. affixalem QR; die Frage, warum dieser Kontrast auftritt, wird jedoch nicht beantwortet, d.h. das eigentliche Problem bleibt ungelöst.
Pesetskys Erklärung für diesen Kontrast rekurriert wesentlich auf die Prämisse, derzufolge kategoriale Selektion nicht auf S-Struktur, sondern auf LF erfüllt sein muß. Die conditio sine qua non für die Ableitung der Diskrepanz zwischen LF und S-Struktur ist die kategoriale Neutralität von Affix-Spuren, i.e. die 'trace stipulation'.

Meines Erachtens resultiert aber aus ebendieser Prämisse und der dadurch erzwungenen Zusatzbedingung das eigentliche Problem in Pesetskys Ansatz: Das Projektionsprinzip besagt, daß die Selektionseigenschaften lexikalischer Elemente auf sämtlichen syntaktischen Repräsentationsebenen erfüllt sein müssen. Vor dem Hintergrund der allgemein akzeptierten Annahme, daß S-Struktur eine syntaktische Repräsentationsebene ist, folgt also aus diesem

---

[7] Ein Blick auf die S-Struktur in (27) zeigt, daß LF-Anhebung von *un-* auch nicht durch die 'trace stipulation' lizensiert werden kann, da *ungrammatical* aufgrund der Perkolationskonvention die nominale Kategorie beibehält.

Prinzip, daß S-Struktur eine für kategoriale Selektion relevante Ebene ist. Die Verletzung von kategorialen Selektionsrestriktionen auf S-Struktur, die durch die 'trace stipulation' lizensiert wird, stellt folglich einen Verstoß gegen das Projektionsprinzip dar und muß deshalb zurückgewiesen werden.

Wenn jedoch die Prämisse aus unabhängigen Gründen ohnehin nicht aufrechterhalten werden kann, ist damit aber auch die affix-spezifische Zusatzbedingung, i.e. die 'trace stipulation' überflüssig. Daraus kann wiederum im Umkehrschluß gefolgert werden, daß Affixe wie *un-* und *-ity* eben nicht den Status von Quantoren haben, denn ohne Rekurs auf diese Stipulation kann der Kontrast zwischen phrasalem vs. affixalem QR nicht erklärt werden.[8]

Als Fazit der Diskussion läßt sich damit folgendes festhalten: Gegen seine erklärte Intention, die Identität von Wort- und Satzstruktur nachzuweisen, gelangt Pesetsky zu dem Fazit, daß ein prinzipieller Unterschied zwischen morphologischen vs. syntaktischen Instanzen von QR, letztlich also zwischen Morphologie und Syntax angenommen werden muß. Da jedoch gezeigt werden konnte, daß dieses Fazit auf einer grammatiktheoretisch falschen Prämisse beruht, ist damit auch die Notwendigkeit der Morphologie/Syntax-Distinktion hinfällig.

4.2.3 Kopfbewegung

Eine Inkorporationsanalyse für Klammerparadoxa wird von Ormazabal (1994) am Beispiel von *unhappier* vorgeschlagen.

Seine Argumentation beruht auf den folgenden Annahmen: Das Suffix *-er* ist das gebundene Pendant des frei vorkommenden *more*; beide Morpheme sind Instanzen der syntaktischen Kategorie 'Degree'; Deg^0-Köpfe selegieren ein phrasales Komplement der Kategorie 'Adjektiv'.

Empirische Evidenz für diese Annahmen ergibt sich aus den folgenden Beobachtungen: Wie (34.a) zeigt, selegiert das Suffix *-ness* Adjektive; Affigierung von *-ness* an ein kompariertes Adjektiv wie in (34.b) ist hingegen ausgeschlossen:

(34) a. happyness, kindness, ugliness
    b. *happierness, *kinderness, *uglierness

Vor dem Hintergrund der traditionellen Auffassung, derzufolge *-er* kategorial transparent ist, kann dieser Kontrast nicht erklärt werden. Unter der Voraussetzung, daß die komplexen

---

[8] Wenn Anhebung von Affixen auf LF grundsätzlich ausgeschlossen werden müßte, wäre dies natürlich ein Problem für die in dieser Arbeit postulierte Identität von Morphologie und Syntax. Speas (1984) und Spencer (1991: 406f.) führen jedoch Daten an, die durchaus für die Annahme von sub-phrasalem QR sprechen. In diesen Daten gibt es überdies keinerlei Evidenz für die Notwendigkeit einer affix-spezifischen Spuren-Bedingung.

Formen keine Adjektive, sondern Degree-Elemente sind, kann jedoch die Ungrammatikalität der Daten in (34.b) auf eine Verletzung der Selektionsrestriktionen von *-ness* zurückgeführt und damit vorausgesagt werden.

Die Daten in (35) zeigen, daß der gebundene Deg-Kopf *-er* ebenso wie die freie Variante *more* auch phrasalen Skopus haben kann:[9]

(35) a. more destructive with his toys
     b. happier with us

Im Rahmen der lexikalistischen Theorie, d.h. unter der Annahme, daß die synthetische Form des Komparativs eine morphologische, die analytische hingegen eine syntaktische Konstruktion ist, würde sich diese Skopus-Identität als zufällige Erscheinung darstellen. Nimmt man jedoch an, daß *-er* ebenso wie *more* Kopf einer phrasalen Kategorie ist, so können die identischen Skopusverhältnisse aus der für beide Elemente identischen strukturellen Konfiguration abgeleitet werden.

Ormazabal (1994: 229) schlägt deshalb für die Konstruktionen in (35) die D-Struktur in (36) vor, in der ein abstraktes Morphem -ER den Kopf der Degree-Phrase bildet:

(36)

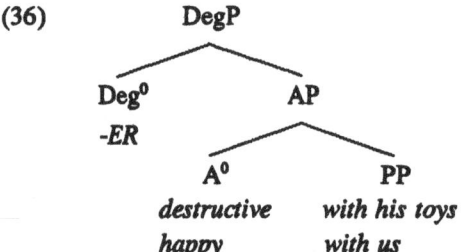

Diese Struktur sagt die Skopus-Identität in (35.a) und (35.b) voraus, da die AP in beiden Fällen vom Kopf der Degree-Phrase c-kommandiert wird.

Ormazabal zufolge ist die phonetische Realisierung des abstrakten Elements -ER als *-er* vs. *more* nun vollständig durch den phonologischen Kontext determiniert; wie die folgenden Daten zeigen, sind *-er* und *more* komplementär verteilt:

(37) a. cleaner, happier, ...
     b. *more clean, *more happy, ...

(38) a. *destructiver, *eloquenter, ...
     b. more destructive, more eloquent, ...

---

[9] Diese Skopus-Phänomene werden meines Wissens erstmals von Fabb (1984) diskutiert.

Die Adjektive in (38) sind dreisilbig und bilden mithin eine zu schwere Basis für -er; die synthetischen Konstruktionen in (38.a) sind deshalb ausgeschlossen, und der Komparativ wird in Form einer periphrastischen Konstruktion wie in (38.b) realisiert. In Analogie zum *do*-Support im Englischen spricht Ormazabal hier von *mo*-Support: Um das gestrandete Affix zu 'retten', wird als 'last resort'-Mechanismus das 'dummy'-Element *mo*- eingesetzt, wobei *mo*- und *-er* zu *more* amalgamiert werden.[10]

Aus der Annahme, daß Affixe syntaktische Köpfe sind, leitet Ormazabal nun auch seinen Lösungsvorschlag für das eigentliche Problem der Klammerparadoxa ab; für *unhappier* nimmt er (S. 232) die folgende d-strukturelle Repräsentation an:

(39)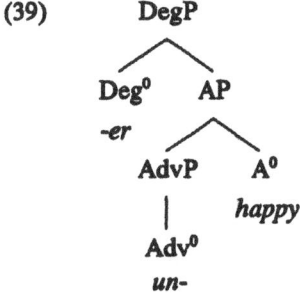

Das Präfix *un*- ist hier als Kopf einer Adverbialphrase ausgewiesen, die vom Kopf der AP regiert wird, welche ihrerseits von Deg⁰ selegiert ist. Da *un*- und *-er* gebundene Morpheme sind, ist (39) keine wohlgeformte S-Struktur, d.h. auf S-Struktur findet obligatorische Kopfbewegung statt. Ormazabal (1994: 233f.) geht nun davon aus, daß sowohl (40) als auch (41) mögliche s-strukturelle Repräsentationen von (39) sind:[11]

(40)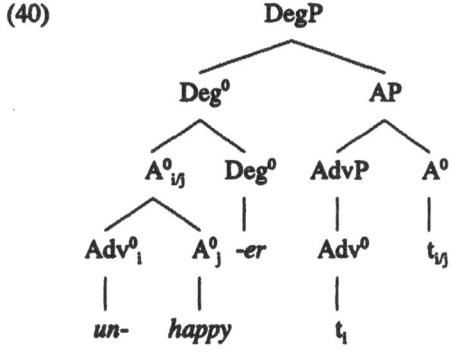

---

[10] Auf diese Annahme werde ich in Kap. 4.3.3 näher eingehen.
[11] In den folgenden s-strukturellen Repräsentationen habe ich die Indizierung der Spuren der in Baker (1988a) eingeführten Konvention angepaßt; dieser Konvention werde ich in der vorliegenden Arbeit auch bei weiteren Instanzen von mehrfacher Kopfbewegung folgen.

In (40) inkorporiert *un-* in *happy* und der komplexe Kopf *unhappy* wird an *-er* adjungiert; die resultierende Struktur ist [[unhappy]er].

In (41) dagegen wird zuerst *happy* an *-er* adjungiert, dann inkorporiert *un-* in *happier*; hier ergibt sich [un[happier]] als resultierende Konstituentenstruktur:

(41)

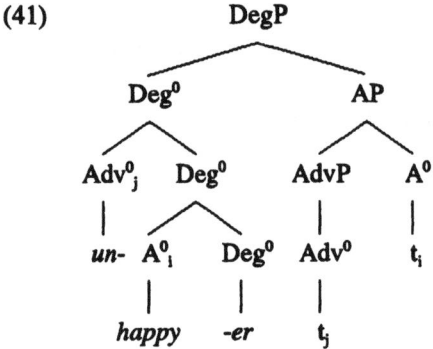

Ormazabal geht nun davon aus, daß sowohl (40) als auch (41) den unmittelbaren Input für die LF-Repräsentation liefern können, da der Degree-Kopf in beiden Konfigurationen das strukturell höchste Element sei; hierbei läßt er allerdings offen, von welcher C-Kommando-Definition er ausgeht. Unabhängig davon, welche Definition hier zugrundegelegt wird, liegt jedoch in der Kopfadjunktionsstruktur in (41) kein asymmetrisches C-Kommando von Deg^0 über Adv^0 vor, d.h. innerhalb des komplexen Degree-Kopfs hat *-er* keinen Skopus über *un-*. Offenbar nimmt Ormazabal hier implizit an, daß nicht die s-strukturelle, sondern die d-strukturelle Position der beteiligten Köpfe die Grundlage für die Berechnung der Skopusrelationen auf LF bildet. Vor dem Hintergrund der unabhängig motivierten Annahme, daß *-er* kein Quantor ist, erscheint es aber durchaus plausibel, daß die für semantische Kompositionalität erforderliche Konfiguration 'bereits' auf D-Struktur etabliert sein muß. Dieser Hypothese zufolge sind es die Spuren der bewegten Elemente, die auf LF interpretiert werden, so daß zwischen (40) und (41) tatsächlich kein LF-relevanter Unterschied besteht.[12]

Ormazabal zufolge kommt als wohlgeformte Repräsentation von *unhappier* aber dennoch allein (41) in Betracht, da nur diese Struktur die für die richtige Interpretation erforderlichen C-Kommando-Relationen liefern und gleichzeitig die phonologischen Bedingungen erfüllen könne: (40) wird auf PF ausgeschlossen, da das dreisilbige *unhappy* eine zu

---

[12] Wenn der Skopus allein auf der Grundlage der derivierten Positionen von Deg^0 und Adv^0 berechnet würde, ergäben sich natürlich unterschiedliche Ergebnisse für (40) vs. (41), wobei diese Ergebnisse wiederum in Abhängigkeit von den für Adjunktionsstrukturen postulierten C-Kommando-Relationen variieren würden.

schwere Basis für *-er* ist, die Struktur [[unhappy]er]] also gegen dessen phonologische Subkategorisierung verstößt. Dies ist in (41) nicht der Fall, denn *happy* ist eine legitime Basis für *-er*, d.h. [un[happier]] ist ein wohlgeformtes PF-Objekt.

Es stellt sich nun natürlich die Frage, warum im Falle von *unhappier* - analog zu *destructive* etc. - nicht ebenfalls *mo*-support stattfindet: Auch *unhappy* ist ja zu schwer für *-er*, weshalb zu erwarten wäre, daß hier die periphrastische Konstruktion *more unhappy* auftritt. Während bei den Simplizia in (37) vs. (38) die synthetischen und die analytischen Komparativ-Formen grundsätzlich komplementär verteilt sind, ist bei den folgenden komplexen Adjektiven tatsächlich Variation zu beobachten:

(42) a. unhappier, unluckier
 b. more unhappy, more unlucky

Damit liefern die Daten in (42) - so Ormazabal - die empirische Bestätigung für seine Annahme eines abstrakten ER-Morphems im Kopf der Degree-Phrase: Die Derivation in (40) muß nicht notwendigerweise auf PF scheitern, sondern kann nach Inkorporation von *un-* in A⁰ durch den last-resort-Mechanismus *mo*-Support 'gerettet' werden.

Die oben dargestellte Analyse kann jedoch aus den folgenden Gründen nicht akzeptiert werden:

Entgegen Ormazabal muß festgestellt werden, daß nicht beide Repräsentationen wohlgeformte syntaktische Derivationen darstellen. Während (40) alle einschlägigen Restriktionen für Kopfbewegung erfüllt, stellt (41) eine Instanz von azyklischer Inkorporation dar und involviert damit einen Verstoß gegen den 'Head Movement Constraint'. Aus der Struktur in (39) geht hervor, daß die AdvP von A⁰ regiert wird; in (41) wird jedoch deren Kopf *un-* nicht an den nächsten regierenden Kopf *happy*, sondern unter 'Umgehung' dieses Regens an das nächsthöhere Element *happier* adjungiert.

Auf die Frage, ob azyklische Bewegung grundsätzlich ausgeschlossen werden muß oder unter bestimmten Bedingungen zulässig ist, werde ich in Kap. 5 zurückkommen; in diesem Fall gibt es jedoch eindeutige empirische Evidenz gegen die Annahme von azyklischer Bewegung. In (41) inkorporiert *un-* in ein komplexes Degree-Element; damit wird vorausgesagt, daß Adjunktion von *un-* auch an ein Simplex derselben Kategorie, i.e. an *more* zulässig sein müßte. Wie (43) zeigt, ist dies jedoch ausgeschlossen:

(43)   *unmore (happy/lucky/ambiguous...)

Entgegen Ormazabal gibt es folglich für *unhappier* keine Repräsentation, die sowohl den s-strukturellen als auch den PF-Bedingungen genügt: (41) ist keine mögliche Ableitung aus (39) und demnach keine wohlgeformte S-Struktur; (40) ist die einzig zulässige s-strukturelle Abbildung von (39), aber keine wohlgeformte PF-Repräsentation.

Wie im folgenden gezeigt wird, führt eine auf Ormazabals Annahmen beruhende Ableitung von *ungrammaticality* zu exakt den gleichen Problemen; gegeben sei die folgende D-Struktur:[13]

(44)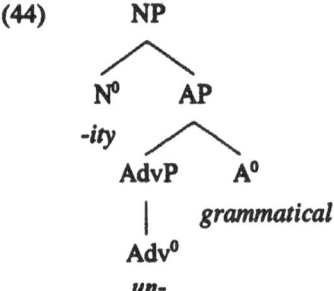

Aus (44) kann durch zyklische Kopfbewegung die Konstituentenstruktur in (45.a) deriviert werden, die zwar eine wohlgeformte SS-Repräsentation darstellt, jedoch aus den bekannten Gründen auf PF ausgeschlossen werden muß. Die für PF erforderliche Klammerung in (45.b) kann wiederum nur durch azyklische Bewegung aus (44) abgeleitet werden:

(45) a. $_{NP}[[[un_i grammatical_j]ity] \; t_i \; t_{i/j}]$
 b. $_{NP}[[un_j[grammatical_i ity]] \; t_j \; t_i]$

Auch in diesem Fall ist die azyklische Bewegung von Adv⁰ jedoch mit einer falschen Voraussage verbunden; die Annahme, daß *un-* in ein Nomen inkorporiert, widerspricht den bereits mehrfach erwähnten Subkategorisierungseigenschaften dieses Elements:

(46) *untable, *unillusion, *undriver, ...

Es ergibt sich also dasselbe Dilemma wie im Fall von *unhappier*: Auf der einen Seite müßte nach Ormazabal angenommen werden, daß (45.b) die einzige wohlgeformte Repräsentation von (44) darstellt. Auf der anderen Seite muß aber wiederum festgestellt werden, daß es keine wohlgeformte Ableitung aus (44) geben kann, da (45.b) kein legitimes S-Struktur- und (45.a) kein legitimes PF-Objekt ist.

Damit führt die vermeintliche Erklärung aber letztlich zu einer theorie-internen Paradoxie:
Einerseits besagt die Analyse, daß es für *unhappier* und *ungrammaticality* genau eine wohlgeformte Repräsentation, nämlich [Präfix [Wurzel Suffix]] gibt; dies impliziert jedoch fälschlicherweise, daß *unhappier* und *ungrammaticality* keine Klammerparadoxa sind.
Andererseits muß aber die eine von zwei möglichen Repräsentationen, i.e. [Präfix [Wurzel Suffix]] auf S-Struktur und die andere, i.e. [[Präfix Wurzel] Suffix]] auf PF ausge-

---

[13] In Anlehnung an Lieber (1992: 59ff.) nehme ich an, daß die Komplemente nominaler Köpfe im Englischen rechts stehen.

schlossen werden; hieraus folgt nun jedoch - ebenfalls fälschlicherweise - daß *unhappier* und *ungrammaticality* ungrammatisch sind, also gar nicht existent sein dürften.

Das offenkundig falsche und von Ormazabal sicher nicht intendierte Fazit seines Erklärungsversuchs lautet demnach: Klammerparadoxa sind (i) nicht paradox und (ii) ungrammatisch.

4.3 Ein modularer Ansatz

Die vorausgegangene Diskussion hat gezeigt, daß sowohl Ormazabals Inkorporationsanalyse als auch Pesetskys QR-Vorschlag mit erheblichen empirischen und theoretischen Problemen verbunden sind, wohingegen sich das von Sproat postulierte Reanalyse-Modell als plausibel erwies. Da der Konflikt zwischen morphologischer und phonologischer Struktur in *unhappier* und *ungrammaticality* - entgegen Pesetsky - keinen SS/LF-Mismatch darstellt, werde ich mich in dieser Arbeit der Auffassung von Sproat anschließen, der diesen Konflikt als SS/PF-Mismatch interpretiert. Daß es sich bei den durch -*er* und -*ity* induzierten Beschränkungen tatsächlich um phonologische Restriktionen handelt, ist offenkundig (vgl. Kap. 4.1); allein aufgrund von deskriptiven Überlegungen erscheint es also sinnvoll, diese Restriktionen mit Sproat auf der Ebene der Phonologischen Form anzusiedeln. Bei der Darstellung von Sproats Vorschlag wurde festgestellt, daß das Mapping-Prinzip eine Beschränkung über mögliche Abbildungen zwischen SS und PF darstellt und insofern als notwendige Ergänzung zum Projektionsprinzip aufgefaßt werden kann, welches in seiner Eigenschaft als syntaktische Wohlgeformtheitsbedingung keine Aussage über das Syntax/Phonologie-Interface macht. Damit erscheint es auch aufgrund von konzeptuellen Erwägungen, d.h. aus Gründen der theoretischen Vollständigkeit plausibel, das Mapping-Prinzip sowie die von Sproat angenommenen PF-spezifischen Bedingungen und Mechanismen in die syntaktische Wortbildungstheorie zu implementieren.

Nun besagt jedoch der in dieser Arbeit vertretene Ansatz, daß Affixe wie -*er* und -*ity* wegen der Inkompatibilität von M- und C-Selektion auch stets einen DS/SS-Mismatch induzieren, wobei dieser Konflikt zwischen D-Struktur und S-Struktur durch Kopfbewegung gelöst wird. Die klassischen Klammerparadoxa *ungrammaticality* und *unhappier* stellen sich somit vor dem Hintergrund dieser Auffassung als zweifach paradoxe Formen dar. Dies wiederum bedeutet, daß für eine deskriptiv adäquate Analyse dieser Daten sowohl Kopfbewegung zwischen DS und SS als auch Reassoziierung zwischen SS und PF angenommen werden muß.[14]

---

[14] Auf die Frage, ob die Annahme von Reassoziierung auf PF mit dem von Ormazabal postulierten *mo*-Support kompatibel ist, werde ich weiter unten eingehen.

Da ich also an einer Inkorporationsanalyse für diese Daten grundsätzlich festhalten werde, sollen im folgenden die Bedingungen spezifiziert werden, denen die Abbildung von D-Struktur auf S-Struktur unterliegt. Zur Klärung dieser Bedingungen muß zunächst ein Problem diskutiert werden, das bisher unerwähnt geblieben ist, nämlich die Frage, wie das Verhältnis zwischen dem Präfix *un-* und dem Adjektiv *happy* bzw. *grammatic* zu charakterisieren ist.

4.3.1 Komplementation vs. Adjunktion

Die von Ormazabal (1994) angenommenen D-Strukturen für *unhappier* bzw. *ungrammaticality* in (39) bzw. (44) besagen, daß die AdvP von A^0 selegiert ist. Ausgehend von der Annahme, daß Köpfe von selegierten Phrasen in den selegierenden Kopf inkorporieren, müssen diese Strukturen jedoch zurückgewiesen werden: *un-* ist auf S-Struktur an ein Element der Kategorie Adjektiv gebunden; *happy* bzw. *grammatical* sind hingegen freie Morpheme, also nicht für Gebundenheit auf S-Struktur spezifiziert. In einer Konfiguration, die diese Tatsache reflektiert, dürfte die AdvP demnach nicht Komplement von A^0 sein, vielmehr müßte Adv^0 die AP selegieren. Diese Struktur jedoch, die der von Pesetsky (1985) und Sproat (1988) postulierten Relation zwischen den beiden Köpfen entspricht, würde wiederum fälschlicherweise voraussagen, daß das Adjektiv in das Adverb inkorporiert, *unhappy* bzw. *ungrammatical* also keine Adjektive, sondern komplexe Adverbien sind.

Einerseits wird also weder die AP vom Adverb, noch die AdvP vom Adjektiv selegiert; angesichts der Tatsache, daß *un-* nicht an Verben oder Nomina präfigiert werden kann, muß aber andererseits angenommen werden, daß das Adverb an ein Element der Kategorie Adjektiv 'gebunden' ist.

Meines Erachtens hängen diese scheinbar widersprüchlichen Eigenschaften mit den kategorialen Eigenschaften von *un-* zusammen; daß es sich bei diesen Eigenschaften tatsächlich um ein adverb-typisches Phänomen handelt, ist daran zu erkennen, daß frei vorkommende Instanzen dieser Kategorie dieselben Charakteristika aufweisen:

(47) a. weil Jürgen $_{VP}$[nach Tahiti segelt]
     b. weil Jürgen $_{VP}$[gern/oft nach Tahiti segelt]
     c. weil Jürgen $_{VP}$[*sehr/*ziemlich nach Tahiti segelt]

Wie (47.a) zeigt, ist ein Adverb kein obligatorischer Bestandteil einer VP, d.h. die AdvP ist nicht von V^0 selegiert. Die adverbial erweiterte VP in (47.b) ist keine AdvP, d.h. die VP ist nicht von Adv^0 selegiert. Aus der Ungrammatikalität von (47.c) geht schließlich hervor, daß zwischen Adverbien und deren 'Gastgebern' bestimmte Kookkurrenz-

Restriktionen bestehen, spezifische Adverbien also nur mit spezifischen semantischen bzw. syntaktischen Kategorien kompatibel sind.[15]

Unter x-bar-theoretischen Erwägungen haben Adverbien demnach weder Kopf- noch Komplement-Status; für eine strukturell angemessene Repräsentation dieser Beobachtung ergeben sich nun theoretisch zwei Möglichkeiten: Adverbialphrasen können entweder als Spezifikatoren oder als Adjunkte aufgefaßt werden. In der Literatur wurde verschiedentlich angenommen, daß Adverbiale Spezifikatoren von funktionalen Köpfen sind. So geht Zagona (1988) davon aus, daß temporale Adverbien wie *yesterday* die Spezifikator-Position einer funktionalen Kategorie 'Aspect' einnehmen. Für die sog. fokussierenden Partikeln wie *nur* und *sogar* nimmt Bayer (1996) an, daß diese den Kopf einer Partikelphrase (PrtP) bilden, die das fokussierte Element als phrasales Komplement selegieren. In Cinque (1997) wird für jede Adverbklasse jeweils eine eigene funktionale Kategorie postuliert. Wie jedoch Frey & Pittner (1998: 526ff.) zeigen, ist die Annahme von funktionalen Adverbprojektionen mit verschiedenen Problemen verbunden; so können zum einen die zwischen Adverbialen zu beobachtenden Abfolgerestriktionen und zum anderen die relative Stellungsfreiheit von Adverbialen innerhalb des Satzes vor dem Hintergrund dieser Annahme nicht erklärt werden. Ich schließe mich deshalb der Auffassung von Frey & Pittner (1998) an, derzufolge Adverbiale stets an die Phrase adjungiert sind, die sie modifizieren. Für *unhappy* und *ungrammatical* ergibt sich damit die folgenden Struktur, in der die von *un*- projizierte Adverbialphrase an die AP adjungiert ist:

(48)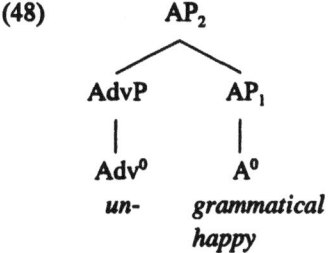

In ihrer Untersuchung zur Wortbildung in den romanischen Sprachen kommen Bok-Bennema & Kampers-Manhe (1996) aus unabhängigen Gründen zu ähnlichen Ergebnissen. Sie bezeichnen die französischen bzw. italienischen Entsprechungen von Präfixen wie *un*- als 'adjunct-clitics' und nehmen für diese eine zu (48) analoge Struktur an.

Bok-Bennema & Kampers-Manhe weisen hier zum einen nach, daß diese Elemente keine Spezifikatoren sein können: Wenn die 'adjunct-clitics' eine Spezifikatorposition einnehmen würden, müßten sie unter Spec/Head-Agreement mit ihrem jeweiligen 'host' kongruieren; da Kongruenz jedoch niemals auftritt, muß es sich bei den 'clitics' folglich um Adjunkte handeln.

---

[15] Ich beschränke mich hier auf Elemente der lexikalischen Kategorie Adverb, also die sog. 'reinen Adverbien'; die Kookkurrenzrestriktionen betreffen natürlich Adverbialphrasen jeglicher Kategorie.

Um nun zum anderen dem strukturellen Unterschied zwischen Komplementation vs. Adjunktion bzw. Selektion vs. Modifikation Rechnung zu tragen, nehmen sie als definierende Eigenschaft der 'adjunct-clitics' an, daß dieser Typ von Affix nicht für morphologische Selektion, sondern für morphologische Dependenz ('M-Dependency') spezifiziert ist. Hierbei gehen sie weiterhin davon aus, daß M-Dependenz ebenso wie M-Selektion dem 'stray affix filter' unterliegt, d.h. ein m-dependentes X^0-Element muß auf S-Struktur einen komplexen Kopf mit seinem Y^0-'host' bilden.

Ich werde in dieser Arbeit dem Vorschlag von Bok-Bennema & Kampers-Manhe (1996) folgen und nehme deshalb an, daß auch die M-Dependenz der in Kap. 3.1.1 für M-Selektion postulierten Version des 'stray affix filters' unterliegt:

(49) M-Dependenz muß auf S-Struktur erfüllt sein.

Dies bedeutet also, daß M-Dependenz obligatorische Kopfbewegung auf S-Struktur auslöst. Außerdem gehe ich davon aus, daß auch die m-dependentiellen Eigenschaften eines lexikalischen Kopfs in einer Konfiguration überprüft werden, in der zwischen diesem Element und seinem Gastgeber auf S-Struktur wechselseitiges C-Kommando vorliegt.[16]

Das Präfix *un-* kann nunmehr als ein für M-Dependenz spezifiziertes Element der Kategorie 'Adverb' aufgefaßt werden; da *un-* aufgrund seines idiosynkratischen Merkmals [+M-Dependenz] nicht in situ verbleiben kann, ergibt sich für (48) die folgende s-strukturelle Repräsentation:[17]

(50)
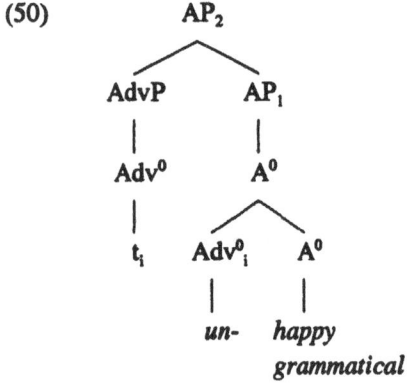

---

[16] Hier weiche ich allerdings von Bok-Bennema & Kampers-Manhes Auffassung ab, denn diese legen ihrer Analyse die segmentale Adjunktionstheorie von Kayne (1995) zugrunde.

[17] Diese Struktur stellt offenkundig eine Instanz von Extraktion aus einem Adjunkt dar; auf das hieraus resultierende Problem der Antezedensrektion komme ich in Kap. 4.3.2 zu sprechen.

In Anlehnung an die von Bok-Bennema & Kampers-Manhe vorgeschlagene Terminologie kann somit die Komplement/Adjunkt-Distinktion und letztlich auch der Unterschied zwischen Suffigierung und Präfigierung nunmehr als struktureller Reflex der Unterscheidung von Selektion vs. Dependenz aufgefaßt werden.

Die Gemeinsamkeit von morphologischer Selektion und morphologischer Dependenz besteht darin, daß die Forderung nach Gebundenheit auf S-Struktur in beiden Fällen eine unprädiktable Eigenschaft der jeweiligen lexikalischen Köpfe ist.

Ein wesentlicher Unterschied zwischen Selektion und Dependenz ergibt sich jedoch daraus, wie diese Forderung nach Gebundenheit erfüllt wird: Bei M-Selektion, d.h. in einer Komplementationsstruktur wird die obligatorische Bewegung vom Inkorporans ausgelöst, bei M-Dependenz, d.h. in einer Adjunktionsstruktur hingegen vom Inkorporandum. Nach der Metaphorik des Minimalistischen Programms handelt es sich beim letzteren Fall um 'self-serving', i.e. egoistische Bewegung; der erstere stellt demgegenüber eine Instanz von altruistischer Bewegung dar. M-selegierende Morpheme sind demnach Elemente, in die ein anderer Kopf aus altruistischen Gründen inkorporiert; m-dependente Morpheme sind Elemente, die ihrerseits aus egoistischen Gründen in einen anderen Kopf inkorporieren. Wenn weiterhin gilt, daß Kopfbewegung im Deutschen und im Englischen immer Linksadjunktion ist, so folgt hieraus, daß m-selegierende Elemente stets s-strukturelle Köpfe sind, während m-dependente Elemente nie Kopfstatus auf S-Struktur haben können. Dies wiederum bedeutet, daß m-selegierende Köpfe in diesen Sprachen Suffixe sind, m-dependente dagegen Präfixe.

Auf der Grundlage der in Kap. 3 erläuterten Korrelationen zwischen M-, C- und S-Selektion könnte nun angenommen werden, daß sich die m-dependentiellen Eigenschaften eines lexikalischen Kopfes in analoger Weise aus dessen kategorialen bzw. via CSR aus seinen semantischen Dependenz-Restriktionen ergeben. Dies würde bedeuten, daß M-Dependenz C-Dependenz impliziert und diese wiederum S-Dependenz impliziert.

Das gebundene Adverb *un-* muß auf S-Struktur einen komplexen Kopf mit einem Element der Kategorie A bilden und drückt hierbei Negation aus, i.e. das Nicht-Vorhandensein der durch das Adjektiv bezeichneten Eigenschaft.[18] Unter der Voraussetzung, daß die syntaktische Kategorie AP die kanonische strukturelle Realisierung des semantischen Typs 'Eigenschaft' ist, könnten damit die morphologischen Dependenzrestriktionen der Negationspartikel *un-* via CSR aus deren semantischen Eigenschaften abgeleitet werden.[19]

---

[18] Unabhängige Evidenz für die Annahme, daß die von der Negationspartikel *un-* projizierte AdvP Adjunkt-Status hat, ergibt sich aus den in Büring (1996: 111ff.) diskutierten Regularitäten der phrasalen Negation; während im Rahmen der sog. 'Split-Infl-Hypothese' (vgl. bes. Pollock 1989) angenommen wird, daß die VP vom Kopf einer NegP selegiert ist, zeigt Büring, daß NegP an VP adjungiert ist.

[19] Hier müßte natürlich genauer untersucht werden, welcher Typ von Eigenschaftsprädikaten eine legitime Basis für die Präfigierung von *un-* darstellt; ausgeschlossen sind etwa Adjektive, die absolute Eigenschaften denotieren, vgl. **undead*; **unpregnant*. Dies spricht jedoch nicht prinzipiell gegen die Annahme, daß zwischen S-, C- und M-Dependenz reguläre Korrespondenzen bestehen.

Wenn also die syntaktische Distribution von Adverbien ein unmittelbarer Reflex von deren jeweiligen semantischen bzw. kategorialen Dependenz-Restriktionen ist, so kann hiermit auch der Kontrast zwischen *oft/gern segeln* in (47.b) und **sehr/*ziemlich segeln* in (47.c) erklärt werden: *oft* und *gern* sind semantisch abhängig ('dependent') von der semantischen Kategorie 'Prozeß' und deshalb wohlgeformte VP-Adjunkte; Gradpartikeln wie *sehr* und *ziemlich* dagegen sind mit diesem semantischen Typ nicht kompatibel und können deshalb nicht an die syntaktische Kategorie VP adjungiert werden.

In Kap. 3 wurde gezeigt, daß die AP in Konstruktionen wie *gut/leicht/... lösbar* das VP-Komplemenent von *-bar* modifiziert, also an die VP adjungiert ist; dort wurde die Frage angesprochen, wodurch die Adjunktion dieser AP an die maximale Projektion von *-bar* ausgeschlossen werden kann. Offenbar können aber auch Adjektive wie *gut* und *leicht* in adverbialer Verwendung nur Prozesse bzw. 'occurrences', jedoch keine Eigenschaften modifizieren, vgl. **gut/*leicht nett, intelligent*. Diese Adverbiale können also nicht an die höhere AP adjungiert sein, da dies gegen ihre semantischen bzw. kategorialen Dependenzbeschränkungen verstoßen würde.[20]

Daß Verstöße gegen Dependenz-Restriktionen zu Ungrammatikalität führen, ist angesichts der oben diskutierten Daten offenkundig. Das Problem ist allerdings, daß die Regularitäten der adverbialen Modifikation von den bekannten syntaktischen Bedingungen nicht erfaßt werden. Eine mögliche Lösung für dieses Problem besteht aber in der Annahme, daß nicht nur die Selektion, sondern auch die Modifikation dem Projektionsprinzip unterliegt, so daß dieses wie folgt zu formulieren wäre:[21]

(51)   Die kategorialen Selektions- und Dependenzeigenschaften syntaktischer Köpfe müssen auf sämtlichen syntaktischen Repräsentationsebenen erfüllt sein.

Wenn sich eine Beschränkung in Form von (51) als zutreffend erweist, kann die zur Überprüfung von Modifikationsrelationen erforderliche strukturelle Konfiguration unter Rekurs auf die C-Kommando-Bedingung definiert werden: Nach der hier angenommenen Duplikationstheorie der Adjunktion (Epstein 1998) liegt zwischen einem Adjunkt, d.h. der phrasalen Projektion eines lexikalischen Elements mit spezifischen dependentiellen Eigenschaften und der 'gastgebenden' Phrase wechselseitiges C-Kommando vor, vgl. (48). Wenn die vom Adjunkt c-kommandierte Phrase über die geforderten semantischen Eigenschaften bzw. kategorialen Merkmale verfügt, liegt eine wohlgeformte Adjunktions-

---

[20] Über die Frage, warum Adjunktion von *sehr* und *ziemlich* an die *-bar*-AP ausgeschlossen ist, d.h. wie die Ungrammatikalität der in Kap. 3 betrachteten Daten wie **sehr/*ziemlich extrahierbar* zu erklären ist, kann ich allerdings hier nur spekulieren. Es gibt Indizien dafür, daß die deverbalen *-bar*-Adjektive Individuen-Prädikate sind; ich vermute deshalb eine Korrelation zu der in Diesing (1992) sowie Kratzer (1995) diskutierten Unterscheidung von 'stage-level' vs. 'individual-level predicates', wonach Gradpartikeln ausschließlich mit Stadien-Prädikaten kompatibel sind.

[21] Vgl. zu einer ähnlichen Überlegung auch Chomsky (1986a: 84).

struktur vor; eine Konfiguration, in der die Eigenschaften von 'Gastgeber' und Adjunkt nicht kompatibel sind, wird durch das Projektionsprinzip ausgeschlossen.[22]

Die Frage, inwieweit die oben für Wortstrukturen der Form $_A$[un-A] vorgeschlagene Analyse auf andere Präfigierungsmuster übertragbar ist, will ich in dieser Arbeit nicht diskutieren.[23] Nach den allgemeineren und teilweise spekulativen Überlegungen zur Adjunktion bzw. Präfigierung in diesem Abschnitt soll im folgenden gezeigt werden, welche spezifischen Implikationen sich hieraus für die Analyse von *unhappier* und *ungrammaticality* ergeben.

4.3.2 Kopfbewegung aus Adjunkten

Auf der Grundlage der in dieser Arbeit vertretenen Annahmen über M-Selektion und M-Dependenz ergibt sich als einzig zulässige s-strukturelle Repräsentation von *unhappier* die Konfiguration in (52):

(52)
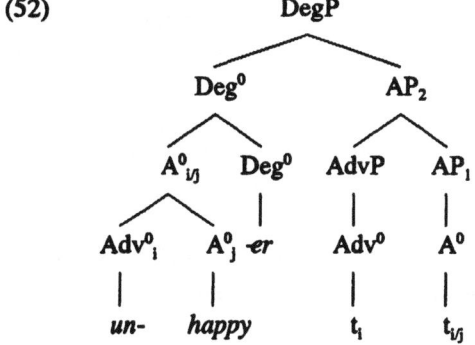

Das Präfix muß an das Adjektiv adjungieren, da es von einem Element der Kategorie A^0 m-dependent ist; das komplexe Adjektiv muß in den Degree-Kopf inkorporieren, da es von diesem m-selegiert ist.

---

[22] Zu einer genaueren Analyse der Abhängigkeiten zwischen verschiedenen Klassen von Adverbialen einerseits sowie zwischen Adverbialklassen und deren syntaktischer Positionierung andererseits vgl. Frey & Pittner (1998). Allerdings kommen Frey & Pittner hier zu dem Ergebnis, daß diese Abhängigkeitsbeziehungen zwar in der Syntax reflektiert werden, jedoch nicht syntaktisch determiniert sind, sondern im wesentlichen durch die Semantik reguliert werden.

[23] Für die deutschen Präfix- und Partikelverben könnten zur Klärung dieser Frage die Arbeiten von Wunderlich (1987) und Stiebels (1996) herangezogen werden: Wunderlich und Stiebels gehen davon aus, daß es sich bei komplexen Verben dieses Typs um Inkorporationsstrukturen handelt; Inkorporation wird hierbei allerdings nicht als syntaktische, sondern als semantische Operation aufgefaßt, die im Lexikon (Wunderlich 1987) bzw. auf der Ebene der Semantischen Form (Stiebels 1996) angesiedelt ist. Zu überprüfen wäre, ob und inwieweit die Ergebnisse dieser Arbeiten in eine syntaktische Inkorporationsanalyse 'übersetzt' werden können.

Adjunktion des Adjektivs in den Degree-Kopf und anschließende Inkorporation von Adv⁰ in das komplexe Deg⁰-Element würde gegen die m-dependentiellen Eigenschaften von *un-* verstoßen; die folgende Konfiguration kann deshalb ausgeschlossen werden:

(53)   *   DegP

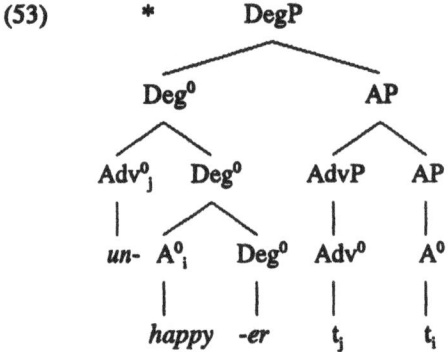

Diese Repräsentation entspricht im wesentlichen der von Ormazabal (1994) postulierten Struktur in (41), von der weiter oben gezeigt wurde, daß sie die azyklische Bewegung des Adverbs involviert und deshalb gegen den HMC verstößt. Im Unterschied zu dieser Struktur wird die AdvP in (53) nun allerdings nicht von A⁰ regiert; Inkorporation des Adverbs in den Degree-Kopf stellt also in dieser Konfiguration keine azyklische Bewegung i.e.S. dar. Aufgrund der m-dependentiellen Restriktion von *un-*, die A⁰ als einzig möglichen Landeplatz für Adv⁰ definiert, werde ich (53), d.h. Adjunktion von Adv⁰ an Deg⁰ unter 'Umgehung' von A⁰ aber dennoch im folgenden als Instanz von azyklischer Bewegung bezeichnen.

Da auch der nominale Kopf *-ity* eine AP der Form in (50) selegiert, ist als s-strukturelle Repräsentation von *ungrammaticality* das Äquivalent von (52) anzunehmen:

(54) $_{NP}[[[un_i grammatical_j]ity] t_i t_{i/j}]$

Da *un-* aufgrund seiner m-dependentiellen Eigenschaften nicht an N⁰ adjungieren kann, stellt das Analogon zu (53) auch für *ungrammaticality* keine mögliche S-Struktur dar:

(55) $*_{NP}[[un_j[grammatical_i ity]] t_j t_i]$

Damit kann an dieser Stelle das folgende Zwischenresümee zur Analyse von Klammerparadoxa in der syntaktischen Wortbildungstheorie gezogen werden:

Die in Kap. 4.1 referierte traditionelle Auffassung besagt, daß zwischen Formen wie *ungrammaticality* und *unhappier* ein prinzipieller Unterschied besteht, da die ersteren einen Konflikt zwischen phonologischer Struktur einerseits vs. semantischer und morphologischer Struktur andererseits involvieren, während die letzteren 'nur' einen Phonologie/Semantik-Mismatch darstellen. Unter der von Ormazabal (1994) motivierten Annahme, daß *-er* nicht kategorial transparent ist, sondern ein Element der Kategorie 'Degree', konnte jedoch festgestellt werden, daß *unhappier* vom selben Typ ist wie *ungrammaticality*: Da *-un* weder an N⁰ noch an Deg⁰ präfigiert werden kann, ist die Klammerung [Präfix [Wurzel Suffix]] also für beide Formen aus morphologischen Gründen ausgeschlossen. Diese morphologische Restriktion wird im Rahmen der hier postulierten Analyse unter Rekurs auf den Begriff der M-Dependenz als s-strukturelle Beschränkung interpretiert. Auf der Grundlage dieser Beschränkung kann auch die Ungrammatikalität von Bildungen wie *unmore und *untable vorausgesagt werden. Die Identität der aus morphologischen und aus semantischen Gründen anzunehmenden Klammerung [[Präfix Wurzel] Suffix] kann im Rahmen der syntaktischen Wortbildungstheorie vorausgesagt werden: Die für die Berechnung der semantischen Relationen anzunehmende LF-Repräsentation kann unmittelbar aus der jeweiligen hierarchischen Konfiguration auf D-Struktur abgelesen werden; da es für diese D-Struktur jeweils nur eine zulässige s-strukturelle Repräsentation gibt, ist ein Mismatch zwischen Morphologie und Semantik ausgeschlossen. Damit bilden die beiden Konstruktionen des Typs *unhappier* und *ungrammaticality* also unter allen grammatisch relevanten Aspekten eine natürliche Klasse.

Entgegen der traditionellen Auffassung besagt zwar die Inkorporationstheorie, daß diese Konstruktionen mehrfach paradox sind, da sie wie alle komplexen Wörter einen syntaxinternen Mismatch involvieren. Angesichts der regulären Abbildungsfunktionen, denen das Mapping zwischen D-Struktur und S-Struktur unterliegt, stellt sich jedoch diese Form von Paradoxie nicht als Ausnahme, sondern als der grammatische Regelfall dar.

Im Hinblick auf die syntax-internen Verhältnisse entspricht dieser Regelfall überdies dem zu Beginn dieses Kapitels genannten Idealfall, d.h. der besten aller möglichen Welten, in denen "[...] the structure of a morphologically complex word is a perfect mirror of its derivational relationships and semantic interpretation." (Hoeksema 1987: 119)

Wie bereits in Kap. 4.3.1 im Zusammenhang mit der Adjunktionsstruktur in (50) angedeutet wurde, führt die oben postulierte Analyse jedoch zu dem folgenden Problem: Die Annahme, daß das Adverb in den Kopf der AP inkorporiert, widerspricht der gängigen Auffassung, derzufolge Adjunkte Extraktionsinseln sind. Zum einen sind adjungierte Phrasen nicht selegiert und stellen deshalb nach Baker (1988a) Barrieren per definitionem dar; die AdvP in (52) bildet demzufolge eine Barriere für die Antezedensrektion der Adverbspur, so daß die Bewegung von Adv⁰ allein aus diesem Grund eine ECP-Verletzung involviert und deshalb ausgeschlossen werden müßte. Zum anderen geht die M-Kommando-Domäne von *un-* in (52) nicht über AP₁ hinaus, so daß das bewegte Adverb seine Spur zusätzlich aus rein strukturellen Gründen nicht regieren kann.[24]

Theoretisch gibt es zwei mögliche Auswege aus diesem Dilemma: (i) Adverbialphrasen sind keine Adjunkte; (ii) Adjunkte sind keine Extraktionsbarrieren. Wie aus der Diskussion in Kap. 4.3.1 hervorgeht, kann die Hypothese in (i) nicht bestätigt werden. Ich werde deshalb an der Hypothese in (ii) festhalten, obwohl ich das Problem der fehlenden Anteze-

---

[24] Dieser Aspekt der Antezedensrektion wird bei Baker (1988a) nicht diskutiert, da er keinen strukturellen Unterschied zwischen Komplementen und Adjunkten macht.

densrektion in der Struktur (52) hier nicht lösen kann.[25] Im folgenden soll gezeigt werden, daß Kopfbewegung aus Adjunkten auch aus unabhängigen Gründen angenommen werden muß.

In einer Arbeit zur Klitisierung im Französischen argumentieren Rizzi & Roberts (1989) dafür, daß Klitika Köpfe phrasaler Projektionen sind, Klitisierung also eine Instanz von Kopfbewegung darstellt.[26] Sie beschränken sich hier auf Klitika mit Argument-Status und untersuchen deren Verhalten bei Inversion. Für eine Inversionsstruktur wie (56.b) nehmen sie an, daß (i) das finite Verb *ont* bei Inversion nach C^0 bewegt wird und (ii) das Subjektpronomen *ils* an das Verb klitisiert, d.h. in dieses inkorporiert:

(56) a. ils ont   mangé
         sie haben gegessen
         'sie haben gegessen'
     b. $_{C^0}$[ont-ils]   mangé?
         haben-sie gegessen
         'haben sie gegessen?'

Diese Annahme wird bestätigt durch die Beobachtung, daß Inversion ausgeschlossen ist, wenn C^0 mit einer Konjunktion lexikalisch gefüllt ist:

(57) a. ...$_{C^0}$[si] ils ont   mangé
                    ob sie haben gegessen
         '... ob sie gegessen haben'
     b. *...si ont-ils mangé

Die folgenden Daten zeigen nun, daß Klitika mit Adjunkt-Status sich parallel zu Argument-Klitika wie *ils* verhalten. Das fakultativ transitive Verb *manger* selegiert zweifellos keine Lokalangabe als Komplement, weshalb anzunehmen ist, daß die PP in (58) an die VP adjungiert ist:

(58) ils ont $_{VP}$[[mangé $_{VP}$[$_{PP}$[dans ce   restaurant]]]]
      sie haben   gegessen   in diesem Restaurant
      'sie haben in diesem Restaurant gegessen'

Wenn die PP in (58) durch die Proform *y*- ersetzt wird, so muß bei Inversion auch dieses Klitikon in das finite Verb in C^0 inkorporieren:

---

[25] Für diese Struktur kann allerdings noch angeführt werden, daß es sich hier nicht um 'lowering', also nicht um den 'worst case' handelt. Vielmehr ist die Bewegung insofern lokal, als sie innerhalb der erweiterten Projektion des Landeplatzes stattfindet.
[26] Vgl. zu dieser Annahme auch Kayne (1989; 1991), Rizzi (1990) und Roberts (1993).

(59) a. ~c~[y-ont-ils]   mangé?
         dort-haben-sie gegessen
         'haben sie dort gegessen?'
     b. *ont-ils mangé y

Auch hier ist Inversion ausgeschlossen bei lexikalisch gefülltem C⁰:

(60) a. ...~c~[si] ils y   ont   mangé
         ob sie dort haben gegessen
         '...ob sie dort gegessen haben'
     b. *...si y-ont-ils mangé

Für (60.a) muß angenommen werden, daß -y in das finite Verb inkorporiert ist, das in dieser Struktur in I⁰ steht. Wie der Kontrast zwischen (60.a) und (61) weiterhin zeigt, kann das Klitikon -y im Gegensatz zu dem Pronomen *ils* keinesfalls auf S-Struktur in situ bleiben, d.h. Inkorporation von -y in V⁰ ist obligatorisch:[27]

(61)   *...si ils ont mangé la soupe y

Unter der Voraussetzung, daß Klitika Köpfe phrasaler Projektionen sind und das klitische Element y- der Kopf einer adjungierten PP ist, ergibt sich aus diesen Daten also unabhängige empirische Evidenz für die Annahme, daß Kopfbewegung aus Adjunkten zulässig ist.[28]

In bezug auf den inhärenten Barrierenstatus der adjungierten Phrase unterscheidet sich die y-Klitisierung trivialerweise nicht von der *un*-Inkorporation; im Hinblick auf die M-Kommando-Domäne des bewegten Kopfs besteht jedoch ein signifikanter Unterschied zwischen diesen beiden Instanzen von Bewegung: Da y- in (59.a) und (60.a) im Gegensatz zu *un*- in der oben für *unhappier* postulierten Repräsentation (52) in den strukturell höchsten Kopf inkorporiert, ist Antezedensrektion der Kopfspur im Fall der -y-Klitisierung also unter rein strukturellem Aspekt gewährleistet. Es könnte zwar angenommen werden, daß y zunächst an V⁰ klitisiert und der komplexe Kopf ~v~[y-V] in C⁰ bzw. I⁰ inkorporiert, (59.a) und (60.a) also äquivalent mit (52) sind; hierfür gibt es jedoch meines Wissens keine empirische Evidenz.[29] Das strukturelle Äquivalent zu (59.a) und (60.a) stellt vielmehr die oben ausgeschlossene Konfiguration in (53) dar, in der *un*- azyklisch in den höchsten Kopf

---

[27] Zu der Frage, warum das nicht-gebundene Pronomen *ils* bei Inversion klitisieren muß, vgl. Rizzi & Roberts (1989).
[28] Daß Daten wie diese ein Problem für die in seiner Theorie postulierte Adjunkt/Komplement-Asymmetrie darstellen, konzediert auch Baker (1988a: 467, Anm. 14). Er weist außerdem (ebd.) darauf hin, daß Klitisierung, i.e. Inkorporation nicht nur für Lokaladjunkte wie -y, sondern auch für nicht-selegierte Benefaktiv- und Instrumentalangaben angenommen werden muß.
[29] Vgl. gegen diese Annahme auch Kayne (1994: 42ff.).

Deg⁰ inkorporiert und seine Spur folglich ebenfalls m-kommandiert. Angesichts dieser Tatsache ergibt sich für die Analyse von *unhappier* nunmehr das folgende Dilemma:

Einerseits kann mit der Annahme von azyklischer Bewegung das Problem der Antezedensrektion - zumindest teilweise - gelöst werden.[30] Wie oben gezeigt wurde, führt jedoch das Postulat von azyklischer Bewegung andererseits zu falschen Voraussagen. Hinzu kommt, daß azyklische Kopfbewegung stets die Existenz eines strukturell höheren Kopfs präsupponiert, der als Landeplatz für den bewegten Kopf fungieren kann. Ein solcher Kopf ist zwar in (52) bzw. (53), nicht aber im Fall von *unhappy* bzw. *ungrammatical* in (50) vorhanden; folglich kann das Problem der Antezedensrektion bei Kopfbewegung aus Adjunkten nicht grundsätzlich durch azyklische Bewegung gelöst werden. Aus diesem Grund und wegen der hiermit verbundenen korrekten Voraussagen werde ich an der Annahme von zyklischer Bewegung, d.h. an der Struktur in (52) festhalten.

Zum Abschluß dieses Kapitels möchte ich mich im folgenden Abschnitt dem Syntax/-Phonologie-Konflikt in *unhappier* und *ungrammaticality* zuwenden.

4.3.3 *Mo*-support vs. Reanalyse

Weiter oben habe ich dafür argumentiert, daß die Abbildung von SS auf PF dem von Sproat (1988) vorgeschlagenen Mapping-Prinzip unterliegt und daß unter bestimmten Bedingungen Reanalyse zwischen diesen beiden Ebenen stattfinden muß.

Qua Mapping-Prinzip werden Schwesterrelationen zwischen Morphemen auf S-Struktur in Adjazenz auf PF 'übersetzt'; die Schwesterrelationen auf SS ergeben sich wiederum aus der M-Dependenz bzw. M-Selektion der jeweiligen Morpheme. Im Falle eines SS/PF-Konflikts wird die S-Struktur mittels Reassoziierung in die für PF erforderliche Repräsentation konvertiert:

(62) a. SS: [[unhappy]er] → PF: (un(happier))
     b. SS: [[ungrammatical]ity] → PF: (un(grammaticality))

Da die S-Struktur auch aus der durch Reanalyse abgeleiteten PF-Repräsentation eindeutig rekonstruiert werden kann, sind die für die syntaktischen Repräsentationebenen anzunehmenden hierarchischen Relationen vollständig 'recoverable'. Letztlich ist mit der hier vorgeschlagenen Analyse also gewährleistet, daß auch in Klammerparadoxa das PF/LF-Mapping, d.h. die Beziehung zwischen 'Signifiant' und 'Signifié' vollkommen transparent ist.

Die Annahme, daß auf PF Reanalyse stattfindet, ist unproblematisch für die komplexen Nomina der Form [*un*-Adjektiv-*ity*]; angesichts der in Kap. 4.2.2 diskutierten Daten, hier

---

[30] Azyklische Bewegung zur Gewährleistung von Antezedensrektion nehmen auch Bok-Bennema & Kampers-Manhe (1996) an, die ebenfalls davon ausgehen, daß Kopfbewegung aus Adjunkten nicht grundsätzlich ausgeschlossen ist.

wiederholt in (63), ergibt sich für Konstruktionen des Typs [*un*-Adjektiv-*er*] nun allerdings ein Problem:

(63) a. unhappier, unluckier
　　　b. more unhappy, more unlucky

Dem Vorschlag von Oramazabal (1994) zufolge werden beide Varianten in (63) aus derselben D-Struktur abgeleitet; während die analytischen Formen in (63.a) nach Ormazabal das Produkt von *mo*-Support sind, stellen die synthetischen in (63.b) nach der hier vertretenen Hypothese das Resultat von Reanalyse zwischen SS und PF dar.

Die Annahme, daß tatsächlich beide Mechanismen auf derselben Struktur applizieren, muß jedoch aus dem folgenden Grund zurückgewiesen werden: Wenn sowohl *mo*-Support als auch Reanalyse zulässige Optionen darstellen würden, so wäre keinerlei Voraussage darüber möglich, welche der beiden Konstruktionen in (63) an der Oberfläche, d.h. auf PF erscheint. Vor allem erscheint es aber auch aus konzeptuellen Gründen ausgesprochen fragwürdig, daß in der Grammatik des Englischen zwei verschiedene derivationelle Strategien verfügbar sein sollten, deren alleinige Funktion darin besteht, eine spezifische Derivation auf PF zu 'retten'.

Da diese Hypothese also nicht aufrechterhalten werden kann, schlage ich die folgende alternative Lösung vor:

Die beiden Konstruktionen werden nicht aus derselben D-Struktur abgeleitet; vielmehr ist der Degree-Kopf entweder mit *more* oder mit -*er* lexikalisch gefüllt.[31] Die lexikalischen Elemente -*er* und *more* sind zwar synonym und durch identische s- und c-selektionale Eigenschaften gekennzeichnet; der Unterschied zwischen beiden besteht aber darin, daß -*er* im Gegensatz zu *more* für M-Selektion spezifiziert ist. Während der Kopf der von *more* selegierten AP auf S-Struktur in situ bleibt, löst -*er* obligatorische Inkorporation von A^0 aus. Wenn Deg^0 mit *more* gefüllt ist, ist auch keine Restrukturierungsoperation zwischen S-Struktur und PF erforderlich; ist Deg^0 dagegen mit -*er* gefüllt, muß unter den bekannten Bedingungen Reanalyse stattfinden.

Dies bedeutet mit anderen Worten, daß es in der Grammatik des Englischen keinen lastresort-Mechanismus in Form von *mo*-Support gibt, sondern daß diese für die Adjektiv-Komparation grundsätzlich zwei Optionen beinhaltet, nämlich eine analytische und eine synthetische Konstruktion.

Für diese Lösung können die folgenden Argumente angeführt werden: Zum einen ist die Annahme von Reanalyse unabhängig motiviert, da dieser Mechanismus auch für die Ableitung der PF-Repräsentation der komplexen Nomina [*un* Adjektiv *ity*] postuliert werden muß. Gegen die Annahme von *mo*-Support sprechen zum anderen auch die diachronischen Fakten (vgl. Algeo & Pyles 1982). Das Suffix -*er* und die freie Form *more* haben sprach-

---

[31] Da die strukturellen Konfigurationen - unabhängig von der konkreten lexikalischen Besetzung des Degree-Kopfes - identisch sind, kann die Skopus-Identität von -*er* und *more* auch vor dem Hintergrund dieser Auffassung vorausgesagt werden.

historisch nicht denselben Ursprung: *-er* geht zurück auf die ae. Komparativ-Suffixe *-ra* bzw. *-ira*; *more* ist entstanden aus ae. *mara*, dem Komparativ von *micel* 'groß'. Im Altenglischen (450 - 1100) gibt es also synchron keinerlei Evidenz dafür, daß *more* und *-er* Varianten eines abstrakten zugrundeliegenden Degree-Morphems 'ER' sind; ebenfalls gibt es keine Hinweise darauf, daß die Amalgamierung von *mo-* und *-er* zu *more* einen historischen Prozeß in der Geschichte des Englischen darstellt. Angesichts dieser Tatsachen erscheint es deshalb fragwürdig, *mo*-Support als synchron operativen Mechanismus zu postulieren.

Der Blick auf die Diachronie hat nun meines Erachtens auch interessante Implikationen für die Frage, warum die synchrone Grammatik des Englischen zwei grammatische Optionen für die Adjektivkomparation zuläßt:

Im Altenglischen war - neben Suppletiv-Formen wie etwa *mara* 'größer' < *micel* 'groß' - ausschließlich die synthetische Konstruktion mit den beiden oben genannten Suffixen belegt; die analytische Form existiert in diesem Stadium noch nicht. In der 'Modern English'-Periode (1500 - 1800) treten beide Konstruktionstypen auf, allerdings in einer signifikant anderen Verteilung als im Neuenglischen:

(64) a. ME: eminenter, impudenter, beautifuller
 b. NE: more eminent/*eminenter, more impudent/*impudenter, more beautiful/ *beautifuller

Wie (64.a) zeigt, ist Affigierung von *-er* an dreisilbige Basen im 'Modern English' noch zulässig, während synchron der klare Grammatikalitätskontrast in (64.b) besteht.

Wie aus dieser kurzen Skizze der diachronischen Entwicklung hervorgeht, stellt die analytische Konstruktion die sprachgeschichtlich jüngere dar. Daraus kann wiederum geschlossen werden, daß die oben in (63) illustrierte synchrone Variation ein Ausdruck von Sprachwandel ist; hierbei stellen die synthetischen Formen in (63.a) die konservativen und die analytischen in (63.b) die innovativen Varianten dar.

Die innovative Konstruktion zeichnet sich gegenüber der konservativen dadurch aus, daß sie keinen SS/PF-Konflikt involviert; angesichts der eingangs zitierten Annahme, derzufolge es in der besten aller möglichen Grammatiken keine Klammerparadoxa gibt, könnte hier nun die folgende Hypothese naheliegen: Dieser spezifische diachronische Prozeß stellt eine Instanz von teleologischem Sprachwandel dar, insofern als durch die allmähliche Verdrängung der synthetischen durch die analytischen Formen Instanzen von Klammerparadoxa minimiert werden und so die beste aller möglichen Komparativkonstruktionen hergestellt wird.

Gegen die Annahme eines im obigen Sinne teleologischen Sprachwandels ergeben sich jedoch zwei gravierende Einwände:

Zum einen führt diese in letzter Konsequenz zu einem unauflösbaren Widerspruch. Wenn das Motiv für Sprachwandel immer die Herstellung der idealen Grammatik wäre, könnte es kein synchrones Stadium geben, in dem es ein Motiv für Sprachwandel gibt, denn dieses Stadium könnte seinerseits nur das Produkt eines Sprachwandelprozesses sein, der eine Abweichung von der idealen Grammatik herbeigeführt hat. Diese Vorstellung von Sprachwandel führt mit anderen Worten notwendig zu der Annahme, daß es keinen Sprachwandel geben kann.

Gegen diese Annahme sprechen zum anderen aber auch die synchronen Fakten, d.h. nicht zuletzt die Grammatikalität von Klammerparadoxa.

Die Frage, ob und inwieweit menschliche Sprache ein 'perfektes' System konstituiert, ist von zentraler Bedeutung im 'Minimalist Program' (Chomsky 1995). Allerdings zeigt Lenerz (1996: 13f.), daß die Konzeption des Minimalistischen Programms bezüglich dieser Frage im Prinzip verfehlt ist: Einerseits wird UG hier als 'perfekte' Sprache aufgefaßt; andererseits betrachtet Chomsky zahlreiche grammatische Erscheinungen, insbesondere Bewegungsphänomene als Abweichungen von der 'perfekten' Sprache. Gerade in diesen Phänomenen - so Lenerz (S. 14) - manifestiert sich jedoch eine der konstitutiven Eigenschaften menschlicher Sprache. Für diese Auffassung hat die Analyse der Klammerparadoxa, die wesentlich auf die Annahme von Kopfbewegung rekurrierte, weitere empirische Evidenz ergeben.

Als Fazit der vorausgegangenen Diskussion kann damit abschließend folgendes festgehalten werden:

Es ist eine der konstitutiven Eigenschaften menschlicher Sprache, die spezifischen und ggf. konfligierenden Eigenschaften komplexer Ausdrücke in Form von regulären Abbildungsfunktionen systematisch aufeinander zu beziehen.[32] Aus diesem Grund sowie nicht zuletzt unter dem Lernbarkeitsaspekt muß die Grammatik einer Sprache zu jedem beliebigen synchronen Stadium ein perfektes System sein. Als wesentliches Merkmal der in dieser Arbeit diskutierten Instanzen von Paradoxien erwies sich, daß den jeweiligen Konstruktionen stets nur eine mögliche s-strukturelle Repräsentation zugeordnet werden kann. Da LF und PF, die beiden interpretativen Komponenten der Grammatik, via S-Struktur regulär zueinander in Beziehung gesetzt werden, ist das Verhältnis zwischen 'signifiant' und 'signifié' auch in diesen Konstruktionen nicht arbiträr, sondern vollkommen regulär und transparent. Demnach genügen auch Klammerparadoxa dem Kompositionalitätsprinzip und stellen unter diesem Aspekt folglich keine Abweichungen von der idealen Grammatik, sondern vielmehr optimale sprachliche Ausdrücke dar.

---

[32] Über die Frage, ob diese Restriktionen aufgrund ihres ebenenspezifischen Charakters notwendigerweise in konfligierenden Strukturen resultieren, will ich hier nicht spekulieren, auch wenn diese zweifellos von zentraler grammatiktheoretischer Bedeutung ist; vgl. hierzu wiederum die konzeptuellen Überlegungen in Chomsky (1995).

4.4 Zusammenfassung

In diesem Kapitel habe ich dafür argumentiert, daß für eine deskriptiv adäquate Analyse von Klammerparadoxa eine modulare Interaktion verschiedener grammatischer Wohlgeformtheitsbedingungen angenommen werden muß. Das Ergebnis der Diskussion lautete, daß auch in diesen Konstruktionen ein reguläres und transparentes Mapping zwischen den verschiedenen grammatischen Repräsentationsebenen gewährleistet ist, Klammerparadoxa also keine Abweichungen von der idealen Grammatik konstituieren.

Als eigentliches Problem der in diesem Kapitel betrachteten klassischen Beispiele für Klammerparadoxa erwiesen sich daher nicht die für das Phänomen der Paradoxie konstitutiven Fragen, sondern vielmehr die Tatsache, daß an diesen spezifischen Konstruktionen auch Präfixe beteiligt sind. Ein weiterer Diskussionsschwerpunkt des Kapitels war deshalb die Frage, wie der Wortbildungstyp 'Präfigierung' in die syntaktische Wortbildungstheorie integriert werden kann. Im Rahmen dieser Überlegungen habe ich dafür argumentiert, daß die Suffix/Präfix-Distinktion mit der Unterscheidung von Selektion vs. Dependenz bzw. Komplementation vs. Adjunktion auf der phrasalen Ebene korreliert. Außerdem habe ich angenommen, daß Präfixe lexikalische Köpfe einer adjungierten Phrase sind, die für ein idiosynkratisches Merkmal [+M-Dependenz] spezifiziert sind und deshalb obligatorisch bewegt werden. Aus dieser Annahme von obligatorischer Bewegung aus einem Adjunkt ergab sich zwar hier das Problem der fehlenden Antezedensrektion; es wurde jedoch gezeigt, daß es (i) für die Annahme von Kopfbewegung aus Adjunkten unabhängige empirische Evidenz gibt, daß (ii) das Problem der Antezedensrektion hierbei nur unter dem gleichzeitigen Postulat von azyklischer Bewegung gelöst werden kann und (iii) die azyklische Bewegung im Fall der hier betrachteten Daten zu falschen Voraussagen führt.

5 Komposition: NN-Komposita

Nachdem in den beiden vorausgegangenen Kapiteln die Suffigierung und einige Aspekte der Präfigierung erörtert wurden, werde ich mich in diesem Kapitel mit dem dritten Haupttypus der Wortbildung, i.e. mit der Komposition befassen. Hierbei beschränke ich mich wiederum auf einen exemplarischen Fall, nämlich die Nominalkomposition. In Kap. 5.1 wird zunächst gezeigt, daß NN-Komposita Inkorporationsstrukturen sind; hier wird unter Rekurs auf eine universale syntaktische Beschränkung eine s-strukturelle Wohlgeformtheitsbedingung formuliert, auf deren Grundlage der Auslöser für obligatorische Nomeninkorporation im Deutschen ermittelt werden kann. Von zentraler Bedeutung für die Argumentation in Kap. 5.1 sind die referentiellen Eigenschaften von nominalen Ausdrücken bzw. das Verhältnis zwischen 'anaphoric islandhood' und 'lexical integrity'. In Kap. 5.2 wird das Phänomen der Argumentvererbung in der Komposition diskutiert, wobei zunächst die NN-Komposita und anschließend die deverbalen Rektionskomposita auf -er betrachtet werden. Im Rahmen dieser Diskussion wird zum einen gezeigt, daß die in Kap. 5.1 für die NN-Komposita postulierte Analyse auf die deverbalen Rektionskomposita übertragen werden kann; zum anderen werde ich hier der Frage nachgehen, wie die Beschränkungen der Argumentvererbung sowie die diesbezüglich festzustellenden Korrelationen zwischen den NN-Komposita und den deverbalen Rektionskomposita zu erklären sind.

5.1 Nomeninkorporation

Aus dem in dieser Arbeit postulierten Verzicht auf morphologiespezifische X-bar-Prinzipien folgt, daß auch die terminalen Elemente in Nominalkomposita Köpfe phrasaler Projektionen sind; hieraus wiederum folgt, daß auch Komposita das Resultat von syntaktischer Kopfbewegung sind. Damit sagt die syntaktische Wortbildungstheorie also voraus, daß für ein Kompositum wie (1) eine s-strukturelle Repräsentation wie (2) anzunehmen ist:

(1) Romanautor

(2)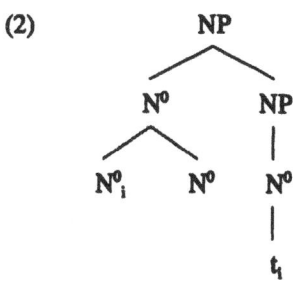

Weiter oben konnte gezeigt werden, daß obligatorische Kopfbewegung in der Derivation entweder durch M-Selektion oder durch M-Dependenz, d.h. durch Affix-Status des Inkorporans oder des Inkorporandums ausgelöst wird. Die definierende Eigenschaft der Komposition im Unterschied zur Präfigierung und Suffigierung besteht nun jedoch darin, daß die unmittelbaren Konstituenten von Komposita freie Morpheme bzw. Morphemkomplexe sind. Da ich in dieser Arbeit davon ausgehe, daß optionale Bewegung ausgeschlossen ist, stellt sich also die Frage, worin der Auslöser für Kopfbewegung in einer Struktur wie (2) besteht.

Im folgenden werde ich dafür argumentieren, daß auch NN-Komposita das Produkt von obligatorischer Bewegung sind und daß die Nomeninkorporation im Deutschen durch die referentiellen Eigenschaften der maximalen Projektion des Nomens ausgelöst wird. Bei der anschließenden Diskussion beschränke ich mich auf Bildungen wie (1), in denen das Erstglied jeweils das Komplement des Zweitglieds ist, d.h. auf NN-Komposita mit Rektionslesart.[1]

Es ist ein bekanntes Phänomen, daß Bestandteile von komplexen Wörtern 'anaphorische Inseln' sind (vgl. Postal 1969). Spencer (1991: 42) illustriert dies an dem folgenden Beispiel:

(3) He took the tea$_i$pot and poured it$_{*i}$ into the cup
    (Indizierung von mir, S.S.)

Auch das oben angeführte Kompositum *Romanautor* läßt keinen pronominalen Bezug auf das nominale Erstglied zu:

(4) Der [Roman]$_i$autor hofft, daß er$_{*i}$ ein Bestseller wird.

Vielmehr kann als Antezedens für ein koreferentes Pronomen ausschließlich die phrasale Instanz des Nomens fungieren:

(5) Der Autor [des Romans]$_i$ hofft, daß er$_i$ ein Bestseller wird.

Zu den grundsätzlichen theoretischen Implikationen dieses Kontrasts stellt Spencer (1991: 42) fest, daß es sich hierbei lediglich um einen spezifischen Reflex der definierenden Eigenschaft von komplexen Wörtern im Unterschied zu Phrasen handelt: "Anaphoric islandhood is a special case of a more general property of words: **lexical integrity**. The

---

[1] Eine Typologie der möglichen semantischen Relationen in NN-Komposita mit Rektions- sowie Determinationslesart wird von Brekle (1986) vorgeschlagen, der auch die pragmatischen Bedingungen ihrer Interpretation bzw. Produktion diskutiert; zur stereotyp-semantischen Basis einer solchen Typologie s. Brekle (1988). Vgl. zu einer Stereotyp-Semantik von Nominalkomposita auch Fanselow (1981).

general pattern is for *no* syntactic process to be allowed to refer to specific parts of words."
(Hervorhebungen vom Autor).[2]

Gegen die spezifische Annahme, derzufolge das Kompositum *Romanautor* das Resultat von Nomeninkorporation ist, ergibt sich aus diesem Phänomen wiederum das folgende Argument: Da das eingebettete X^0-Element in (4) im Gegensatz zu seinem XP-Äquivalent in (5) keine referentiellen Eigenschaften hat, können das komplexe Nomen und die NP nicht dieselbe D-Struktur haben, d.h. die Komposition kann keine Instanz von syntaktischer X^0-Bewegung sein.[3]

Ich schließe mich in dieser Arbeit der Auffassung an, daß (i) sublexikalische Instanzen von Nomina anaphorische Inseln sind und daß (ii) 'anaphoric islandhood' mit 'lexical integrity' korreliert.[4] Der oben zitierten Annahme von Spencer (1991), derzufolge 'anaphoric islandhood' aus 'lexical integrity' abzuleiten sei, werde ich jedoch nicht folgen. Vielmehr werde ich stattdessen die umgekehrte Ableitungsrichtung annehmen, d.h. ich werde dafür argumentieren, daß 'lexical integrity' aus 'anaphoric islandhood' abgeleitet werden kann.

Unabhängige Evidenz für die hier vertretene Annahme ergibt sich aus der Tatsache, daß anaphorische Inseln nicht notwendig Teile von Wörtern sind:

(6) a. Diese Frau ist Ärztin (*die ihre Patienten ernst nimmt)
    b. Der Vereinsvorsitzende ist Bäcker (*der in Ehrenfeld wohnt)

Einige Nomina, in der Regel Berufsbezeichnungen, sind in einer prädikativen Konstruktion auch im Singular ohne Artikel lizensiert; wie (6) zeigt, können auch diese Prädikatsnomina nicht pronominal aufgegriffen werden. Da *Ärztin* und *Bäcker* in (6) aber zweifellos nicht Teile von Wörtern, sondern phrasale Kategorien sind, ist 'anaphoric islandhood' offenbar entgegen der traditionellen Annahme kein Spezifikum von Konstituenten der sublexikalischen Ebene im Gegensatz zu phrasalen Einheiten.[5]

---

[2] 'Lexical integrity' ist eine notationelle Variante von 'Atomizität'. Ironischerweise stellt allerdings der Terminus *anaphoric islandhood* selbst einen Verstoß gegen lexikalische Integrität bzw. Atomizität dar: [[anaphoric island]-hood]; vgl. die Ausführungen zu Daten wie *gut lösbar* in Kap. 3.3 dieser Arbeit.

[3] Dieses Argument führt auch Baker (1988a. 78ff.) gegen eine syntaktische Analyse der Komposition im Englischen an.

[4] Auf die in Baker (1988a) diskutierten Daten, die dieser Generalisierung zu widersprechen scheinen, werde ich weiter unten eingehen.

[5] Im Englischen können zwar auch prädikative NPs im Unterschied zu den in (6) angeführten (i) nicht ohne Artikel erscheinen und (ii) pronominal aufgegriffen werden; auch die englischen Prädikativkonstruktionen zeichnen sich aber durch ihr besonderes Verhalten bei der Pronominalisierung aus: *He is a gentleman which/*who his brother is not.* Zu den Eigenschaften von nicht-referentiellen NPs im Englischen vgl. Kuno (1970), dem ich auch das hier verwendete Beispiel (S. 348) entnommen habe.

Im folgenden soll für die NN-Komposita gezeigt werden, wie die Korrelation zwischen 'anaphoric islandhood' und 'lexical integrity' im Rahmen der syntaktischen Wortbildungstheorie abgeleitet werden kann.

Die Etablierung einer Koreferenzbeziehung zwischen einem Pronomen und einem nominalen Ausdruck, d.h. die Koindizierung dieser beiden Elemente setzt voraus, daß der nominale Ausdruck über einen referentiellen Index verfügt. Da sublexikalische Elemente der Kategorie N nicht mit einem Pronomen koindiziert werden können, verfügen diese also offenbar nicht über den notwendigen referentiellen Index.

Nun ist das Referenzpotential von nominalen Ausdrücken bekanntermaßen nicht durch etwaige inhärente Merkmale der jeweiligen Nomina determiniert; diese referentiellen Eigenschaften werden vielmehr aus den Merkmalen der funktionalen Kategorie D deriviert, welche die maximale Projektion des Nomens als Komplement f-selegiert.[6]

Felix (1990) folgend nehme ich an, daß zwischen dem funktionalen Kopf D^0 und dessen Komplement die in (7) dargestellte eineindeutige Selektionsbeziehung besteht:[7]

(7) Biuniqueness Condition
    (i) Jedes D^0 selegiert NP; (ii) jede NP ist von D^0 selegiert.
    (vgl. Felix 1990: 54 et pass.)

Klausel (i) dieser Bedingung wurde bereits in Kap. 3.1.2 im Zusammenhang mit der Unterscheidung von semantischer und funktionaler Selektion erläutert; für den hier zur Debatte stehenden Fall ist nun Klausel (ii) der 'Biuniqueness Condition' relevant: Diese besagt, daß eine NP nur dann lizensiert ist, wenn sie in eine DP eingebettet ist.

Die oben in (2) angegebene d-strukturelle Repräsentation für NN-Komposita und komplexe NPs weist eine NP als Komplement eines Nomens aus und widerspricht damit der 'Biuniqueness Condition'. Auf der Grundlage von (7) muß diese Struktur deshalb folgendermaßen modifiziert werden:

---

[6] Zur Motivierung der syntaktischen Kategorie DP vgl. bes. Abney (1987) sowie Felix (1990); zur DP im Deutschen s. Bhatt (1990), Olsen (1991a) und Vater (1991).

[7] Die 'Biuniqueness Condition' betrifft nicht nur die Abbildung zwischen D^0 und NP, sondern stellt auch eine Beschränkung über mögliche Selektionsbeziehungen zwischen I^0 und VP dar; auf die Implikationen dieser Bedingung für die in Kap. 3 postulierten Korrelationen zwischen S-, C- und M-Selektion werde ich in Kap. 6 eingehen.

(8)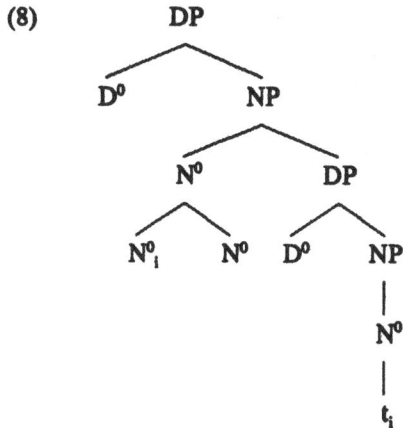

Die funktionale Kategorie D ist ein Bündel abstrakter syntaktischer Merkmale; während die Merkmale selbst universal sind, ist die lexikalische Instantiierung dieses Merkmalbündels sprachspezifisch verschieden.[8]

Felix (1990: 51) geht davon aus, daß minimal die folgenden grammatischen Merkmale als inhärente D-features angenommen werden müssen: [case, number, gender] sowie ein Merkmal [definiteness], das die referentiellen Eigenschaften der eingebetteten NP determiniert. Wie Vater (1996) und von Heusinger (1997) zeigen, muß neben [+/-definit] ein zusätzliches referentielles Merkmal [+/-spezifisch] angesetzt werden, da Definitheit und Spezifizität nicht notwendig korrelieren. In *sie will einen Schauspieler heiraten*, ist *einen* zwar indefinit, kann aber sowohl ein spezifisches Exemplar der Klasse 'Schauspieler' identifizieren als auch einen 'generischen Schauspieler' bezeichnen; [-definit] kann also entweder als [+spezifisch] oder [-spezifisch] interpretiert werden. Im Gegensatz zu von Heusinger (1997) nimmt allerdings Vater (1996) an, daß Spezifizität kein D^0-feature ist, sondern das inhärente Merkmal einer funktionalen Kategorie QP, i.e. 'quantifier phrase', die zwischen NP und DP angesiedelt ist.[9]

Die Frage, wie die referentiellen Merkmale von NPs genau zu definieren sind bzw. ob neben D^0 weitere funktionale Köpfe über NPs anzunehmen sind, will ich in dieser Arbeit nicht weiter diskutieren; ich werde deshalb im folgenden davon ausgehen, daß (i) Definitheit und Spezifizität die für Referenz einschlägigen Merkmale darstellen, und (ii) daß es sich bei diesen um Merkmale von D^0-handelt. Der referentielle Index, den eine NP erhält, ist demnach abhängig davon, für welchen Wert der Merkmale [+/-definit] und [+/-spezifisch] das D^0-Element spezifiziert ist, welches die betreffende NP selegiert.

---

[8] Daß die lexikalische Instantiierung von D^0 sowohl ein freies als auch ein gebundenes Morphem sein kann, wurde in Kap. 3.1.2 gezeigt.

[9] Auch die funktionale Kategorie Q ist Vater (1996) zufolge ein komplexes Bündel von Merkmalen, welches neben Spezifizität die Merkmale Totalität, Zählbarkeit, Distributivität und Skalarität enthält. Vgl. zur Annahme einer QP auch Löbel (1989).

Aus der 'biuniqueness condition' folgt, daß die syntaktische Präsenz einer DP nicht davon abhängt, in welcher Form das D^0-Element erscheint bzw. ob ein solches Element überhaupt overt realisiert ist. Die Klausel (ii) in (7) sagt also voraus, daß eine NP auch dann in eine DP eingebettet ist, wenn D^0 phonetisch leer ist. Diese Voraussage wird u.a. durch das Verhalten von indefiniten Plural-'NPs' im Deutschen bestätigt, vgl. *er kauft Bücher*. Da das Deutsche keinen pluralischen indefiniten Artikel hat, ist die D^0-Position in dieser Phrase nicht phonetisch gefüllt; wie jedoch Bhatt (1990) und Vater (1998) zeigen, handelt es sich auch bei diesen artikellosen Phrasen zweifelsfrei um DPs.[10]

Die funktionale Kategorie D^0 selbst stellt nun zwar die Instantiierung der abstrakten D-Merkmale dar; aus der Annahme, daß die Biuniqueness-Condition eine universale Beschränkung über die Architektur von Phrasen darstellt, kann jedoch schließlich auch die folgende Voraussage abgeleitet werden:

Eine NP ist auch dann in eine funktionale Projektion DP eingebettet, wenn die inhärenten Merkmale von D^0 keinen bestimmten Wert haben, also völlig unspezifiziert sind.

Auf der Grundlage dieser Annahme sollen im folgenden das Phänomen der 'anaphoric islandhood' sowie die Bedingung für obligatorische Nomeninkorporation im Deutschen abgeleitet werden: Ich gehe davon aus, daß jede phonetisch gefüllte NP auf S-Struktur einen referentiellen Index haben muß. Die referentielle Indizierung einer NP erfolgt durch den funktionalen D-Kopf, der die betreffende NP selegiert, d.h. der Index wird unter Rektion zugewiesen. Nomina, deren maximale Projektion referentiell indiziert ist, stellen wohlgeformte s-strukturelle Objekte dar; Köpfe von NPs, die nicht über einen referentiellen Index verfügen, sind keine legitimen S-Struktur-Objekte. Diese s-strukturelle Lizensierungsbedingung für Nomina kann wie in (9) formuliert werden:

(9) Nomina müssen sich auf S-Struktur in der Rektionsdomäne eines für seine referentiellen Merkmale spezifizierten D^0-Elements befinden.

Die oben skizzierte Argumentation soll im folgenden anhand der Beispiele in (10) illustriert werden:

(10) a. der Autor des Romans
     b. der Romanautor

Hierbei ergibt sich für die komplexe DP in (10.a) die in (11) dargestellte d-strukturelle Repräsentation:[11]

---

[10] Zu weiteren Instanzen von DPs mit phonetisch leerem D^0 vgl. ebenfalls Bhatt (1990) und Vater (1998).

[11] Aus Gründen der leichteren Identifizierbarkeit habe ich die verschiedenen D- und N-Knoten mit unterschiedlichen Superskripten versehen; diese Superskripte sind selbstverständlich nicht als referentielle Indizes zu verstehen, sondern haben lediglich mnemotechnische Funktion.

(11)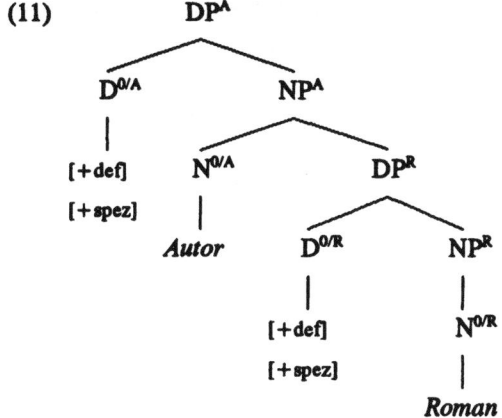

In dieser Konfiguration sind beide D^0-Elemente für ihre referentiellen Merkmale spezifiziert; damit genügen sowohl $N^{0/R}$ als auch $N^{0/A}$ der s-strukturellen Wohlgeformtheitsbedingung in (9), und (11) kann unmittelbar auf S-Struktur abgebildet werden.[12] Da die eingebette NP^R einen referentiellen Index von $D^{0/R}$ erhält, der sie in diesem Fall als [+definit] und [+spezifisch] ausweist, kann NP^R als Antezedens für ein koreferentes Pronomen fungieren bzw. mit diesem koindiziert werden, vgl. (5).

Für das Kompositum in (10.a) ist nun die folgende Repräsentation anzunehmen:

(12)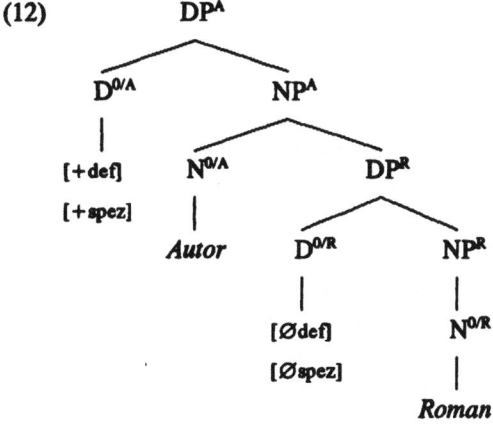

---

[12] Dasselbe würde natürlich für indefinite und/oder nicht-spezifisch referierende NPs gelten, d.h. für die Fälle, in denen [definit] und/oder [spezifisch] für den negativen Merkmalwert spezifiziert sind.

In dieser Konfiguration sind die referentiellen Merkmale von $D^{0/R}$ für keinen bestimmten Wert spezifiziert, was hier mit dem Merkmalwert 'Ø' gekennzeichnet ist; die von diesem Kopf selegierte NP^R erhält deshalb keinen referentiellen Index. Nach der Wohlgeformtheitsbedingung (9) stellt der Kopf dieser NP deshalb kein legitimes s-strukturelles Objekt dar, d.h. (12) ist keine wohlgeformte S-Struktur.

Diese Struktur kann jedoch 'gerettet' werden, wenn $N^{0/R}$ an den höheren nominalen Kopf $N^{0/A}$ adjungiert, wie in (13) dargestellt:

(13)

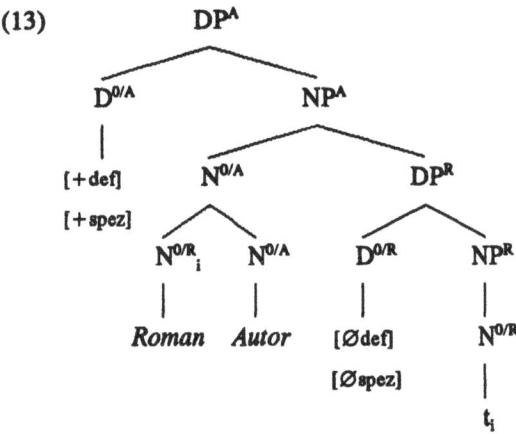

Da die strukturell höhere NP^A den benötigten referentiellen Index von $D^{0/A}$ erhält, erfüllt deren Kopf $N^{0/A}$ die s-strukturelle Lizensierungsbedingung in (9); indem der Kopf der eingebetteten NP^R in diesen Kopf inkorporiert, befindet sich nunmehr auch dieser in der für S-Struktur erforderlichen Domäne. In der derivierten Position stellt also auch $N^{0/R}$ ein legitimes s-strukturelles Objekt dar, d.h. (13) ist eine wohlgeformte S-Struktur.

Aus der Tatsache, daß die eingebette NP^R in (12) bzw. (13) keinen referentiellen Index auf D-Struktur erhält, können also die weiter oben illustrierten deskriptiven Generalisierungen über 'lexical integrity' und 'anaphoric islandhood' nunmehr wie folgt abgeleitet werden:

Der Inselstatus von $N^{0/R}_i$ stellt sich lediglich als oberflächlicher Reflex der fehlenden Indizierung, d.h. der 'anaphoric islandhood' von NP^R dar: Da NP^R nicht über einen referentiellen Index verfügt, könnte diese ohnehin nicht mit einem Pronomen koindiziert werden; trivialerweise kann also auch mit dem aus dieser NP extrahierten Kopf keine Koindizierungsrelation etabliert werden, vgl. (4). Die hier postulierte Analyse besagt also mit anderen Worten, daß *Roman* in *Romanautor* gewissermaßen eine 'geborene' anaphorische Insel ist.

Ein weiterer Effekt der 'anaphoric islandhood' von NP^R besteht aber nunmehr darin, daß sich aus der fehlenden Indizierung auch der Auslöser für die obligatorische Bewegung des Kopfs von NP^R ergibt; diese resultiert wiederum darin, daß $N^{0/R}$ und $N^{0/A}$ auf S-Struktur das komplexe Wort *Romanautor*, also eine lexikalische Einheit bilden. Für Elemente der

Kategorie N kann 'lexical integrity' im Rahmen der Inkorporationsanalyse somit aus 'anaphoric islandhood' abgeleitet werden.

Auf der Grundlage der oben erläuterten Annahmen kann der Unterschied zwischen der analytischen Konstruktion in (10.a) und der synthetischen in (10.b) nunmehr wie folgt spezifiziert werden:

Die für das Kompositum und die DP anzunehmenden d-strukturellen Repräsentationen in (11) und (12) sind identisch im Hinblick auf den semantischen Gehalt der beteiligten lexikalischen Elemente sowie auf die zwischen diesen bestehenden Relationen. Dies erklärt, warum die synthetische und die analytische Konstruktion thematische Paraphrasen sind. Im Hinblick auf die grammatischen Merkmale der beteiligten funktionalen Elemente bestehen zwischen diesen beiden Repräsentationen jedoch die oben erläuterten Unterschiede. Dies erklärt, warum die synthetische und die analytische Konstruktion nicht vollständig synonym sind.

Im Rahmen der hier postulierten Analyse kann auch die Ungrammatikalität der folgenden Daten abgeleitet werden:

(14)   *der Braut$_i$vater $_{DP}$[einer/der/dieser/jener $_{NP}$[t$_i$]]

Unter der Voraussetzung, daß auch Demonstrativa D^0-Elemente sind, kann für (14) eine zu (11) analoge D-Struktur angenommen werden. In dieser Struktur gibt es aber nun zum einen keinen Auslöser für die Bewegung des strukturell tieferen Nomens; zum anderen würde die Derivation der Formen in (14) die azyklische Bewegung des Nomens über den gefüllten Kopf der eingebetteten DP involvieren, was einen HMC-Verstoß konstituieren würde. Damit sagt die syntaktische Wortbildungstheorie also voraus, daß Determiner Stranding im Deutschen grundsätzlich ausgeschlossen ist.

Es stellt sich nun natürlich die Frage, wie der Inselstatus der oben in (6) angeführten Prädikatsnomina zu erklären ist; auch diese können nicht mit einem Pronomen koindiziert werden, was darauf hindeutet, daß sie ebenfalls auf D-Struktur keinen referentiellen Index erhalten. Nach der Bedingung in (9) dürften also auch diese Nomina keine legitimen S-Struktur-Objekte konstituieren.

Ich gehe davon aus, daß es sich auch bei diesen artikellosen NPs um 'geborene' anaphorische Inseln handelt, und daß diese durch einen spezifischen Mechanismus der Merkmalübertragung auf S-Struktur lizensiert werden. Prädikative NPs bezeichnen eine Eigenschaft der durch die jeweilige Bezugs-NP denotierten Referenten; referentiell spezifiziert ist hierbei nur die Bezugs-NP. Aus diesem Grund nehme ich an, daß hier eine Form von 'feature-sharing' bzw. 'feature-transmission' stattfindet, indem die referentiellen Eigenschaften der Prädikats-NP aus denen der Bezugs-NP deriviert werden. Demnach werden die unspezifizierten D^0-Merkmalwerte dieser NP durch die der Bezugs-NP aufgefüllt; der D^0-Knoten, der die prädikative NP selegiert, ist auf S-Struktur also nicht leer; somit erfüllt auch der Kopf der Prädikats-NP die Lizensierungbedingung in (9). Die

Tatsache, daß die prädikative NP dennoch nicht mit einem Pronomen koindiziert werden kann, ergibt sich daraus, daß diese keinen von dem der anderen NP unabhängigen Index hat, der sie eindeutig identifizieren könnte, sondern nur 'parasitär' von dem Index der Bezugs-NP profitiert.

Für die Annahme von 'feature sharing' spricht auch die folgende Überlegung: Eine weitere definierende Eigenschaft von prädikativen Konstruktionen mit zwei NPs besteht darin, daß beide dieser NPs Nominativ haben, d.h. es liegt Kasuskongruenz vor, vgl. *er ist (ein guter/*einen guten) Arzt*. Ein Mechanismus der Merkmalübertragung zwischen diesen beiden Phrasen muß also auch zur Erklärung dieses exzeptionellen Phänomens der Kasuskongruenz angenommen werden: Da in einer finiten Konstruktion nur ein Nominativ zugewiesen wird, können folglich nicht beide Nominative das Resultat einer regulären Instanz von Kasuszuweisung sein.

Wenn für diese Konstruktion 'feature sharing' angenommen wird, führt dies natürlich im Umkehrschluß wiederum zu der Frage, warum die eingebettete NP^R in (12) nicht ebenfalls durch die Merkmale des höheren $D^{0/A}$-Elements lizensiert werden kann. Hier gehe ich jedoch von der folgenden Annahme aus: Die eingebettete DP^R in (12) stellt eine Barriere für die Rektion von NP^R durch $D^{0/A}$ dar und ist deshalb auch undurchlässig für die Übertragung der $D^{0/A}$-Merkmale an $D^{0/R}$. Für die prädikative Konstruktion kann dagegen angenommen werden, daß die von einer DP errichtete Rektionsbarriere durch die Intervention der Kopula *sein* durchlässig für den Transfer der referentiellen D^0-Merkmale wird. Die Annahme einer solchen Form von Durchlässigkeit scheint deshalb plausibel zu sein, weil nicht nur die Referenzidentität, sondern auch die Kasuskongruenz (i) ein Spezifikum der Prädikativkonstruktion ist und (ii) ebenfalls die Transparenz der Kopula für 'feature sharing' bzw. Merkmaltransfer voraussetzt.

Ein potentieller Einwand gegen die Struktur in (13) könnte sich nun daraus ergeben, daß $N^{0/R}$ hier scheinbar azyklisch, d.h. unter Umgehung seines näheren Regens $D^{0/R}$ in den strukturell höheren Kopf $N^{0/A}$ inkorporiert. Wie jedoch Ouhalla (1990) und Bennis (1992) gezeigt haben, ist azyklische Bewegung nicht grundsätzlich ausgeschlossen, sondern unter bestimmten Bedingungen zulässig; so kann ein Kopf u.a. dann azyklisch über den nächsthöheren regierenden Kopf hinweg bewegt werden, wenn dieser leer ist. Dieser Auffassung zufolge ist das ECP also auch in diesen Fällen von azyklischer Bewegung erfüllt, da die Antezedensrektion der Kopfspur nicht durch einen leeren intervenierenden Kopf blockiert werden kann. Das $D^{0/R}$-Element in (12), welches das nächste Regens für für die Spur von $N^{0/R}$ darstellt, ist nicht nur phonetisch leer; aufgrund seiner fehlenden Merkmalspezifikation ist $D^{0/R}$ darüberhinaus auch im Hinblick auf abstrakte syntaktische Merkmale 'leer'. Auch Chomsky (1986a) zufolge kann nur eine Kategorie mit Merkmalen eine Minimalitätsbarriere errichten; der einschlägigen Literatur zufolge kann die azyklische Bewegung des Nomens in (13) somit als zulässig betrachtet werden.

Unter der vielfach vertretenen Auffassung, daß D^0 auch der Sitz der nominalen Genusmerkmale ist (vgl. etwa Felix 1990; Olsen 1991a; Vater 1998), könnte allerdings alternativ angenommen werden, daß die Nomeninkorporation im Deutschen eine Instanz von zyklischer Bewegung darstellt. Wenn auch Erstglieder von Komposita für Genus spezifiziert sind, so würde dies bedeuten, daß $N^{O/R}$ sukzessiv zyklisch zunächst an $D^{O/R}$ und in einem zweiten Schritt an $N^{O/A}$ adjungiert. Zur Klärung der Frage, ob inkorporierte Nomina ein Genus-feature sowie weitere Merkmalspezifikationen infolge von Zwischenadjunktion an D^0 erhalten, sind allerdings weitere Untersuchungen nötig; im Rahmen einer Inkorporationsanalyse der Komposition muß die Beantwortung dieser Frage von einer Klärung der Eigenschaften von Fugenmorphemen in NN-Komposita abhängig gemacht werden: Unter der hier skizzierten Annahme könnten Fugenmorpheme als die phonetische Ausbuchstabierung der grammatischen Merkmale interpretiert werden, die das Nomen bei seiner Bewegung durch D^0 aufgreift. Da das Problem der Fugenmorpheme jedoch meines Wissens beim gegenwärtigen Forschungsstand nicht gelöst ist, kann ich die Überprüfung dieser Hypothese hier nur als Desiderat einer weiter zu konkretisierenden syntaktischen Wortbildungstheorie formulieren; sollte sich diese Annahme allerdings als zutreffend erweisen, könnte die genauere Kenntnis der Eigenschaften von Fugenmorphemen wiederum Aufschluß darüber geben, welche grammatischen Merkmale die inhärenten D^0-features konstituieren bzw. ob und ggf. welche weiteren funktionalen Köpfe über NPs anzusiedeln sind.[13]

Ein grundsätzlicher Einwand gegen die hier postulierte Analyse von NN-Komposita könnte sich aus der von Baker (1988a: 78; 80) vertretenen Auffassung ergeben; wie bereits eingangs erwähnt wurde, geht Baker davon aus, daß das Phänomen der 'anaphoric islandhood' prinzipiell gegen die Annahme von Nomeninkorporation in Sprachen wie dem Englischen oder Deutschen spricht. Um seine Analyse der Nomeninkorporation in den polysynthetischen Sprachen zu rechtfertigen, versucht er nun nachzuweisen, daß inkorporierte Nomina in diesen Sprachen über dasselbe Referenzpotential verfügen wie NPs. Als Evidenz für diese Behauptung führt Baker (1988a: 79) die folgenden Daten aus Nahuatl an:

(15) a. Person A:
Kanke eltol kočillo? Na' ni'neki amanci.
where 3sS-be knife I sS-3sO-want now
'Where is the knife? I want it now.'
b. Person B:
Ya' ki-kočillo-tete'ki panci.
he 3sS/3sO-knife-cut bread
'He cut the bread with it (the knife).

Baker (1988a: 79) gibt ein weiteres Beispiel aus Mohawk an, welches das Analogon zu den Nahuatl-Daten bildet; aus (15) schließt er (ebd.): "[...] the incorporated 'knife' in B's

---

[13] In einer neueren Untersuchung zu Fugenmorphemen nimmt Gallmann (1997) an, daß es sich bei diesen nicht um Kasus-Suffixe handelt. Dies würde bedeuten, daß bei Nomeninkorporation im Deutschen nicht nur die referentiellen Merkmale von D^0, sondern auch dessen 'case-features' nicht spezifiziert sind. Auch die Frage, ob und ggf. welche Interaktion zwischen diesen beiden Merkmaltypen besteht, ist aber m.E. gegenwärtig ungeklärt.

response refers to the same piece of steel as that mentioned by A."[14] Meines Erachtens ist es allerdings fragwürdig, ob mit Bakers Auffassung von 'Referenz' überhaupt eine Aussage über die syntaktisch relevanten referentiellen Eigenschaften von Nomina verbunden ist; die Beobachtung, daß das inkorporierte Nomen in (15.b) und sein phrasales Gegenstück in (15.a) dasselbe außersprachliche Objekt denotieren, kann zur Klärung dieser syntaktischen Eigenschaften nichts beitragen. Evidenz für Bakers Annahme wären vielmehr Konstruktionen, die das grammatische Analogon zu den oben in (3) bzw. (4) angeführten Daten bilden, d.h. inkorporierte Nomina, die als Antezedens für ein koreferentes Pronomen fungieren können. Beispiele für solche Konstruktionen werden jedoch in den von Baker diskutierten Daten nicht gegeben.

Im Gegensatz zu Baker (1988a) geht Mithun (1984: 866 et pass.) davon aus, daß inkorporierte Nomina in polysynthetischen Sprachen nicht referieren, sondern 'qualifizieren'. Die Frage, welche von den beiden Auffassungen zutreffend ist, will ich in dieser Arbeit nicht diskutieren.[15] Aus dem folgenden Grund ist es jedoch letztlich unerheblich, ob sich die in Baker diskutierten Nomina in bezug auf ihr Referenzpotential von den hier betrachteten Fällen unterscheiden:

Im Hinblick auf die Frage nach der Lokalisierung von sprachspezifischen vs. universalen syntaktischen Restriktionen gelangt Bondre-Beil (1994: 165) zu dem Fazit, daß die intergrammatische Variation auf die Ebene der S-Struktur beschränkt ist. Da die Bedingung in (9) als Beschränkung über mögliche s-strukturelle Repräsentationen definiert ist, ist also auf der Grundlage von Bondre-Beils Ergebnis zu erwarten, daß es sich bei dieser Wohlgeformtheitsbedingung um eine sprachspezifische Beschränkung handelt. Sollten die inkorporierten Nomina in den von Baker diskutierten Sprachen also tatsächlich referierende Ausdrücke sein, würde dies folglich nicht gegen die hier postulierte Analyse sprechen; vielmehr wäre hieraus lediglich zu schließen, daß die Nomeninkorporation im Mohawk, Nahuatl etc. einer anderen, ebenfalls sprachspezifischen Bedingung unterliegen muß.[16]

Auch wenn die Bedingung (9) eine Oberflächenbeschränkung darstellt, kann diese aber möglicherweise dennoch auf eine universale Beschränkung, nämlich das 'Principle of Full Interpretation' zurückgeführt werden: "Every element of PF and LF must receive an appropriate interpretation" (Chomsky 1986a: 98). Es könnte angenommen werden, daß die

---

[14] Auch Ackema (1995) nimmt einen prinzipiellen Unterschied zwischen den polysynthetischen und den germanischen Sprachen wie bspw. Englisch oder Niederländisch an; im ersteren Sprachtyp seien auch N^0-Kategorien referenzfähige Ausdrücke, im letzteren dagegen nur NPs bzw. DPs. Um diesem Unterschied Rechnung zu tragen, schlägt er (S. 115) einen sog. 'R-role Parameter' mit den folgenden Optionen vor: (i) Nomina erhalten eine referentielle Rolle entweder durch den funktionalen Kopf D^0, oder (ii) die referentielle Rolle wird einem N^0-Element direkt zugewiesen. In den germanischen Sprachen - so Ackema - gilt Option (i), in den polysynthetischen Option (ii).

[15] Vgl. hierzu die Debatte zwischen Mithun (1984; 1986) und Sadock (1986).

[16] Baker selbst läßt offen, worin das Movens für Nomeninkorporation in diesen Sprachen besteht; die Frage nach dem obligatorischen vs. optionalen Charakter von Kopfbewegung wird von Baker nicht thematisiert, da er - letztlich auf der Grundlage von UTAH - Inkorporation fast durchgängig als fakultative Bewegung auffaßt. Meines Wissen betrachtet Baker als einzige Instanz von obligatorischer Inkorporation eine durch den 'stray affix filter' ausgelöste Kopfbewegung.

Interpretierbarkeit von NPs auf LF deren referentielle Indizierung voraussetzt; sollte diese Annahme zutreffen, muß es sich bei der entsprechenden LF-Bedingung um eine universale Beschränkung handeln, da die Annahme von sprachspezifischen LF-Restriktionen aus konzeptuellen Gründen abzulehnen ist.[17] Wenn sich außerdem die Bedingung in (9) als deskriptiv adäquat erweist, würde dies bedeuten, daß Sprachen sich dahingehend unterscheiden, ob sie die referentielle Identifizierung von nominalen Ausdrücken 'schon' auf S-Struktur oder 'erst' auf LF fordern.[18]

Die Lizensierungsbedingung in (9) besagt, daß die Nomeninkorporation im Deutschen durch die spezifischen Eigenschaften der syntaktischen Umgebung des Inkorporandums erzwungen wird. Neben den bisher in dieser Arbeit diskutierten Instanzen von X^0-Bewegung, die durch M-Selektion (vgl. Kap. 3) und M-Dependenz (vgl. Kap. 4) erzwungen werden, konnte also in diesem Kapitel ein weiterer Auslöser für obligatorische Kopfbewegung identifiziert werden. Damit kann nunmehr das folgende Zwischenresümee über die Auslöser und die Funktion von Kopfbewegung gezogen werden: Obligatorische Kopfbewegung wird ausgelöst durch (i) eine Eigenschaft des Inkorporans (M-Selektion); (ii) eine Eigenschaft des Inkorporandums (M-Dependenz); (iii) eine Eigenschaft des funktionalen Kopfes, der die Projektion des Inkorporandums selegiert (Lizensierungsbedingung für Nomina). Während es sich bei (i) um altruistische Bewegung handelt, stellen (ii) und (iii) jeweils eine Instanz von 'self-serving' bzw. egoistischer Bewegung dar. Der gemeinsame Nenner dieser unterschiedlichen Typen von Kopfbewegung besteht in ihrer Funktion: Der obligatorische Charakter der Bewegung resultiert in allen Fällen daraus, daß diese jeweils der Erfüllung von s-strukturellen Wohlgeformtheitsbedingungen dient.

Die grundsätzlichen Überlegungen zur Nomeninkorporation im Deutschen sollen an dieser Stelle abgeschlossen werden. Im folgenden Abschnitt werde ich einige konkrete Fallbeispiele von NN-Komposita diskutieren und hierbei insbesondere auf das Phänomen der Argumentvererbung eingehen. Im Rahmen dieser Diskussion soll außerdem gezeigt werden, daß die oben entwickelte Inkorporationsanalyse auf die deverbalen Rektionskomposita auf -er übertragen werden kann, diese also keine Ableitungen aus komplexen Verben, sondern NN-Komposita sind.

---

[17] Daß LF-Bedingungen universaler Natur sein müssen, ergibt sich nach Aoun & Li (1989: 169f.) aus Lernbarkeitsüberlegungen: "[...] the LF interpretive component is not the locus of language variation since the language learner does not have direct access to this component." Vgl. hierzu auch Higginbotham (1985).
[18] Eine bekannte Entsprechung zu der hier für die referentielle Indizierung angenommenen Unterscheidung von sprachspezifischen SS-Beschränkungen vs. universalen LF-Bedingungen stellen die unterschiedlichen Formen von *wh*-Bewegung dar (vgl. bes. Huang 1982): In allen Sprachen werden *wh*-Phrasen auf LF obligatorisch bewegt, d.h. *wh*-Bewegung ist ein universales LF-Phänomen; Sprachen mit overter *wh*-Bewegung haben obligatorische *wh*-Bewegung 'auch' auf S-Struktur, während diese in den sog. '*wh*-in-situ'-Sprachen 'nur' auf LF stattfindet.

5.2 Argumentvererbung

Zu Beginn dieses Abschnitts sollen einige Beschränkungen der NN-Komposita diskutiert werden; der Schwerpunkt der Diskussion liegt hierbei auf dem Phänomen der Argumentvererbung, das durch das folgende Beispiel illustriert werden kann:

(16)   der Härtegrad des Wassers

Die einzig mögliche Interpretation von (16) ist die in (17) angegebene Lesart:

(17)   der Grad der Härte des Wassers

Hier hat also das Erstglied des Kompositums, d.h. der morphologische Nicht-Kopf sein Argument an das Gesamtwort vererbt:

(18) a.   die Härte des Wassers
     b.   *der Grad des Wassers

Auch diese Daten sind demnach Instanzen von Klammerparadoxa, deren morphologische Struktur nicht mit der aus syntaktischen bzw. semantischen Gründen anzunehmenden kompatibel ist: Komposita wie *Härtegrad* etc. sind Wörter und bilden deshalb eine Konstituente im Sinne der Morphologie; sie sind insofern rechtsköpfig, als das Genus des Gesamtworts vom Zweitglied, d.h. vom s-strukturellen Kopf determiniert wird. Das phrasale Komplement des komplexen Worts ist jedoch nicht das Argument des s-strukturellen Kopfs, sondern kann nur als Ergänzung des Erstglieds, d.h. des s-strukturellen Nicht-Kopfes interpretiert werden.

Das Analogon zu (16) stellen die folgenden Bildungen dar:

(19) a.   Zugriffsmöglichkeiten auf das Erstglied; Lösungsmöglichkeiten des Problems
     b.   Rezeptionsprozeß des Gedichts; Wahrnehmungsprozeß der Äußerung
     c.   Verzögerungszeit der Lieferung; Vorbereitungszeit auf den Flug; Gewöhnungszeit an neue Bedingungen (Toman 1987[2]: 61)
     d.   Beschreibungsversuche von Klammerparadoxa; Attentatsversuch auf den Papst; Einigungsversuch auf einen Vergleich; Stillegungsversuch des Reaktors
     e.   Beschleunigungsgrad der Partikeln (Toman 1987[2]: 62); Säuregrad des Weins; Helligkeitsgrad des Films; Reinheitsgrad des Biers

Daten wie diese sind in mehrfacher Hinsicht problematisch für die Wortbildungstheorie: Zum einen widerspricht die Existenz von Klammerparadoxa im allgemeinen den Voraussagen der lexikalistischen und wortsyntaktischen Ansätze; dies wurde in den vorausgegangenen Kapiteln bereits mehrfach gezeigt. Die Argumentvererbung in Komposita im besonderen spricht aber auch gegen die von Di Sciullo & Williams (1987: 33ff.) postulierte Korrelation zwischen Affixstatus und Argumentvererbung, derzufolge (i) nur Affixe transparent für Argumentvererbung von seiten des Erstglieds sind und (ii) nur Argumente vererbt werden. Daß die Annahme in (ii) nicht zutrifft, wurde bereits in Kap. 3 am Beispiel der 'Modifikator-Vererbung' in Konstruktionen wie *gut lösbar* gezeigt. Daß auch die Generalisierung in (i) nicht aufrechterhalten werden kann, geht aus den Daten in (16) bzw. (19) hervor.

Auf der Grundlage der in Kap. 5.1 diskutierten Annahmen ist für die in (16) angeführte Form *der Härtegrad des Wassers* die folgende d-strukturelle Repräsentation anzunehmen:

(20)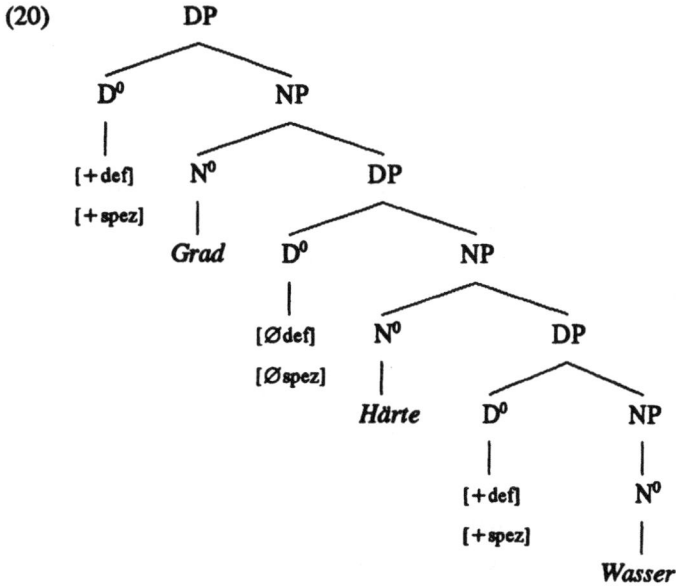

Aus expositorischen Gründen werde ich die komplexe DP-Struktur in (20) im folgenden nur noch in der in (21) angegebenen schematischen Form darstellen; die intervenierenden funktionalen Projektionen werden hierbei außer acht gelassen, und die verschiedenen nominalen Kategorien sind in Form von Variablen repräsentiert:

(21)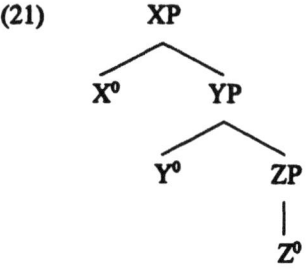

Grundsätzlich unterliegen die im folgenden zu diskutierenden s-strukturellen Ableitungen der in Kap. 5.1 postulierten Bedingung für obligatorische Nomeninkorporation. Kopfbewegung eines Nomens ist also genau dann zulässig, wenn die Projektion dieses Nomens in eine referentiell nicht spezifizierte DP eingebettet ist; auf diese prinzipielle Restriktion werde ich im folgenden nicht mehr eigens hinweisen.

Für (16) ergibt sich damit die in (22) angegebene S-Struktur:

(22)
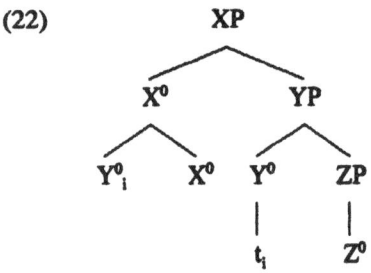

Der Kopf der komplexen YP ist extrahiert worden und strandet hierbei sein Komplement ZP; das in Kap. 3.2 besprochene 'Government Transparency Corollary', hier wiederholt in (23), besagt, daß der durch Inkorporation derivierte komplexe Kopf X^0 auch das gestrandete Komplement des bewegten Elements regiert:

(23) Government Transparency Corollary
A lexical category which has an item incorporated into it governs everything which the incorporated item governed in its original structural position.
(Baker 1988a: 64)

Da die YP in (22) von X^0 selegiert ist, stellt diese nach Bakers Barrierendefinition (vgl. Kap. 3.1.1) weder für die Antezedensrektion von t_i noch für die Kasusrektion von ZP eine Barriere dar. Das GTC macht nun allerdings keine Aussage darüber, welchen spezifischen Kasus eine komplexe X^0-Kategorie zuweist. Baker (1988a: 121ff.) nimmt an, daß die Kasuszuweisungseigenschaften einer solchen Kategorie nicht notwendig identisch mit denen des inkorporierten Elements sind; vielmehr können diese auch durch die Kasuseigenschaften des Inkorporans determiniert sein.[19] In (20) sind sowohl das Inkorporans als auch das Inkorporandum Nomina; Nomina weisen als strukturellen Kasus Genitiv zu. Hier kann also a priori nicht entschieden werden, ob der strukturelle Genitiv von der Spur des bewegten Nomens oder vom s-strukturellen nominalen Kopf zugewiesen wird. Nun hat jedoch Müller (1991) gezeigt, daß diese unterschiedlichen Formen von Kasuszuweisung in Inkorporationsstrukturen von den Eigenschaften des Inkorporans abhängen:

---

[19] Vgl. hierzu das in Kap. 3 diskutierte 'Case Frame Preservation Principle' (Baker 1988a: 122 et pass.).

(24) Kasuszuweisung durch X^0-Ketten
    a.   In einer X^0-Kette kann nur das letzte Glied unter Rektion Kasus zuweisen.
    b.   Die Fähigkeit der Kasuszuweisung muß eine Spur vom Kopf der Kette erben.
    c.   Funktionale X^0-Kategorien sind für diese Übertragung durchlässig, lexikalische Kategorien sind dafür opak.
(Müller 1991: 180)

So handelt es sich etwa bei V-zu-I-Bewegung um Inkorporation des Verbs in einen funktionalen Kopf; auch das Komplement einer komplexen $_{I'}[V^0\ I^0]$-Kategorie erhält also strukturellen Kasus, da die Verbspur die Fähigkeit der Kasuszuweisung von V^0 erbt. In (20) dagegen ist Y^0 in einen lexikalischen Kopf ($X^0 = N^0$) inkorporiert; hier kann t_i, der Fuß der Kette, also keine Kasuszuweisungseigenschaften von deren Kopf Y^0_i erben. Der strukturelle Genitiv wird demzufolge in dieser Struktur nicht von der Spur des bewegten Nomens, sondern vom s-strukturellen Kopf zugewiesen.
    Damit können also (i) das Phänomen der Argumentvererbung im allgemeinen sowie (ii) die Kasuseigenschaften des vererbten Arguments im besonderen im Rahmen der Inkorporationstheorie aus der Interaktion der Bedingungen in (23) und (24) sowie der eingangs diskutierten Bedingung für obligatorische Nomeninkorporation in (9) abgeleitet werden. Eine Repräsentation, die der in (20) weitgehend entspricht, kann auch für die anderen Formen in (19) angenommen werden.

Das Problem ist nun allerdings, daß die Argumentvererbung in der Komposition nur marginal zulässig ist. Auch wenn die oben angeführte Generalisierung, derzufolge nur Affixe transparent für Argumentvererbung sind, nicht ohne Ausnahme zutrifft, beschreibt diese also zumindest den Regelfall korrekt. Der Regelfall in der Komposition kann wiederum mit den folgenden Daten illustriert werden:

(25)   *der Autorfan des Romans

Im Gegensatz zu (16) kann (25) keine Instanz von Argumentvererbung seitens des Erstglieds darstellen:

(26)   der Fan des Autors des Romans

Eine zu (22) analoge s-strukturelle Repräsentation ist für (26) also ausgeschlossen, d.h. zwischen (16) und (25) besteht der folgende Kontrast:

(27) a. $_{XP}[_{X'}[Härte_i grad]\ _{YP}[t_i\ _{ZP}[des\ Wassers]]] = (22)$
    b.   *$_{XP}[_{X'}[Autor_i fan]\ _{YP}[t_i\ _{ZP}[des\ Romans]]]$

Die Entsprechung zu (25) bilden die Daten in (28); die einzig mögliche Interpretation der Formen in (19), d.h. die Lesart, in der die wortbildungsextern realisierte Phrase als Ergänzung des Erstglieds interpretiert wird, ist auch in diesen Fällen ausgeschlossen:

(28) a. *Brautvater des Bäckers
b. *Verhandlungsleiter mit der Delegation
c. *Fahrerfreund des Ministers
d. *Unfallzeuge mit dem Fahrrad
e. *Direktorfoto der Schule
f. *Adjunktspur des Kopfs
g. *Fanbruder der Diva
h. ...

Es stellt sich also die grundsätzliche Frage, wie der Kontrast zwischen (27.a) vs. (27.b) bzw. (19) vs. (28) zu erklären ist; im Rahmen der Inkorporationstheorie stellt sich die spezifische Frage, warum das 'Government Transparency Corollary' für (19) bzw. (27.a), nicht aber für (28) bzw. (27.b) gilt.

Eine Gemeinsamkeit dieser Daten besteht darin, daß jede DP vom Kopf der nächsthöheren NP semantisch bzw. kategorial selegiert ist, also regiert wird; die Ungrammatikalität der Struktur in (27.b) kann also nicht auf einen eventuellen Verstoß gegen den 'Head Movement Constraint' zurückgeführt werden. Angesichts dieser offenkundigen Parallelen zwischen den beiden Mustern muß vielmehr angenommen werden, daß der Grammatikalitätskontrast nicht aus strukturellen Gründen abzuleiten ist:

Aus einem Vergleich der Daten in (19) vs. (28) geht hervor, daß die Zulässigkeit der Argumentvererbung von seiten des Erstglieds, d.h. die Rektionstransparenz ('Government Transparency') durch das jeweilige Zweitglied determiniert wird. Toman (1987[2]: 62) bezeichnet die für Argumentvererbung durchlässigen Zweitglieder in Komposita als 'transparent'; sein Verständnis von 'Transparenz' stellt also in gewisser Weise die Vorwegnahme des von Baker (1988a) in Form von (23) angenommenen Konzepts der 'Government Transparency' dar.[20]

Wenn die Durchlässigkeit für Argumentvererbung in Abhängigkeit von den Eigenschaften des Inkorporans variiert, so bedeutet dies aber, daß Rektionstransparenz keine grundsätzliche Eigenschaft von Inkorporationsstrukturen ist. Wie weiter oben festgestellt wurde, muß eine solche Abhängigkeit auch bezüglich der Kasuszuweisungseigenschaften von komplexen X^0-Kategorien angenommen werden. Es liegt deshalb nahe, das GTC in Analogie zu der

---

[20] Toman (ebd.) sieht in dieser Form von Transparenz in der Wortstruktur eine Entsprechung zu der syntaktischen Durchlässigkeit von Brückenverben; die Brückenverben - in der Regel Verba Dicendi und Verba Sentiendi - lassen im Unterschied zu anderen satzeinbettenden Verben wh-Extraktion aus finiten Komplementen zu: who$_i$ do you think/*regret $_{CP}$[that John kissed t$_i$]. Auch der Unterschied zwischen den beiden Verbklassen hat also syntaktische Effekte, wobei diese jedoch ebenfalls nicht aus strukturellen Gründen abgeleitet werden können.

von Müller postulierten Bedingung über Kasuszuweisung durch X^0-Ketten in (24) zu modifizieren. Entgegen Baker würde dies also zum einen bedeuten, daß nicht der s-strukturelle Kopf einer Inkorporationsstruktur ('a lexical category which has an item incorporated into it'), sondern vielmehr die Spur des inkorporierten Elements dessen Komplement regiert. Zum anderen müßte die Bedingung über Rektionstransparenz in Entsprechung zu der Bedingung über Kasuszuweisung dergestalt relativiert werden, daß die Rektionsfähigkeit der Spur des Inkorporandums wiederum aus den Eigenschaften des Inkorporans deriviert wird.

Damit stellt sich also die Frage, welches die für Rektionstransparenz einschlägigen Merkmale des Inkorporans sind, d.h. welche X^0-Kategorien transparent für die Übertragung der Rektionsfähigkeit vom Kopf der Kette an die Spur sind, und welche für diese Übertragung opak sind. Offenkundig ist, daß die Distinktion zwischen transparenten vs. opaken Kategorien nicht mit der Unterscheidung von lexikalischen vs. funktionalen Elementen korreliert, da beispielsweise nicht nur flektierte, sondern auch derivierte Verben ihre Komplemente stranden. Da gebundene Morpheme wahrscheinlich den Default-Fall von transparenten Kategorien repräsentieren, liegt es nahe, eine Korrelation mit der Wurzel/Affix-Distinktion zu vermuten bzw. als einschlägige Bedingung für Transparenz eine Spezifikation des Inkorporans für M-Selektion anzunehmen; dies könnte wiederum dahingehend interpretiert werden, daß die Distinktion zwischen opaken und transparenten Kategorien mit der Unterscheidung von egoistischer vs. altruistischer Kopfbewegung korreliert.[21] In Anbetracht der in Baker (1988a) sowie oben in (19) angeführten Daten kann jedoch auch diese Generalisierung nicht aufrechterhalten werden, da nicht nur m-selegierende Morpheme mit 'Government Transparency'-Effekten verbunden sind. Selbst wenn [+M-Selektion], d.h. Suffix-Status grundsätzlich Transparenz induziert, stellt sich also die Frage, durch welche spezifischen Eigenschaften sich die transparenten Wurzeln auszeichnen. Angesichts der weitreichenden Implikationen, mit denen die Formulierung der hier anzustrebenden Generalisierung verbunden wäre, sowie in Ermangelung der hierfür nötigen empirischen Evidenz muß die grundsätzliche und konstruktionsübergreifend gültige Beantwortung dieser Frage der weiteren Forschung überlassen bleiben.

In dieser Arbeit soll aber im folgenden zumindest geklärt werden, wie das für die oben diskutierten Kontraste in NN-Komposita relevante Merkmal zu spezifizieren ist. Die Argumentvererbung in Komposita stellt zweifellos den markierten Fall dar, d.h. bei Adjunktion von X^0 an ein nicht für M-Selektion spezifiziertes Y^0 ist die Opazität des Inkorporans als

---

[21] Diese Hypothese wurde in der Literatur zur Kopfbewegung meines Wissens bisher nicht in Betracht gezogen, so daß eine entsprechende Systematisierung von Inkorporationsstrukturen deshalb nicht vorliegt. Eine Auswertung des in Baker (1988a) vorgelegten Datenkorpus im Hinblick auf diese Frage ist nicht möglich, da Baker alle Inkorporationsprozesse, die nicht durch M-Selektion erzwungen werden, als Instanzen von optionaler Bewegung auffaßt.

Default-Fall zu betrachten.[22] Das für Transparenz einschlägige Merkmal der s-strukturellen Köpfe in diesem Wortbildungsmuster sollte also deshalb eine geschlossene Klasse von Nomina identifizieren.

Toman (1987[2]: 62) stellt fest, daß sich die transparenten Zweitglieder sämtlich durch einen 'hohen Grad an Verallgemeinerung' auszeichnen bzw. semantisch wenig prominent sind. Meines Erachtens besteht das Spezifikum der Zweitglieder in (19) aber darin, daß es sich bei diesen durchgängig um Abstrakta handelt, vgl. *Grad, Zeit, Möglichkeit, Versuch*; die nicht-transparenten in (28) sind dagegen ausnahmslos Konkreta, vgl. *Fan, Freund, Zeuge, Bruder* etc. Da die Abstrakta eine semantisch kohärente Gruppe darstellen, ist es zumindest nicht unplausibel, daß die abstrakten Nomina (i) eine geschlossene Klasse bilden, wobei diese Klasse (ii) mit spezifischen syntaktischen Effekten verbunden ist.[23] Als deskriptive Generalisierung nehme ich deshalb hier tentativ an, daß die Klasse der abstrakten Nomina transparent für Argumentvererbung ist, wohingegen die der konkreten hierfür opak ist.

Für den oben diskutierten Kontrast, hier wiederholt in (29), bedeutet dies folgendes:

(29) a.   der $_{XP}[_{X^\circ}[Härte_i grad]\ _{YP}[t_i\ _{ZP}[des\ Wassers]]]]$
     b.   *der $_{XP}[_{X^\circ}[Autor_i fan]\ [_{YP}\ t_i\ [_{ZP}\ des\ Romans]]]$

Das Inkorporans X^0 in (29.a) ist ein Abstraktum; X^0 ist deshalb transparent für die Übertragung der Rektionsfähigkeit von Y^0_i an t_i; in (29.b) ist X^0 dagegen ein Konkretum und deshalb für diese Übertragung opak. Argumentvererbung, d.h. das Stranden von ZP bei Adjunktion von Y^0 an X^0 ist demnach in (29.a), nicht aber in (29.b) zulässig. Entsprechendes gilt für die anderen Beispiele des hier illustrierten Musters in (19) und (28).

Ob die abstrakt/konkret-Distinktion tatsächlich das einschlägige Kriterium für die Transparenz von nominalen Wurzeln darstellt, bedarf sicherlich der weiteren empirischen Überprüfung. Wie bereits oben festgestellt wurde, muß außerdem anhand weiterer Untersuchungen geklärt werden, wie dieses Spezifikum der transparenten Nomina unter eine allgemeinere Bedingung für Rektionstransparenz subsumiert bzw. mit dieser vereinheitlicht werden könnte. Wie ich jedoch weiter unten zeigen werde, korreliert die Zulässigkeit der Argumentvererbung in NN-Komposita mit einem weiteren exzeptionellen Phänomen in diesem Wortbildungsmuster. Da auch dieses nicht aus strukturellen Gründen abzuleiten ist, sondern ebenfalls auf die spezifischen Eigenschaften der abstrakten Nomina zurückgeführt werden muß, scheinen diese also tatsächlich eine grammatisch relevante Klasse im Deutschen zu bilden.

---

[22] Auf den unmarkierten Fall der Argumentvererbung in der Derivation, d.h. auf den Default-Fall von transparenten Köpfen werde ich weiter unten in einer Diskussion der Rektionskomposita eingehen.

[23] Wie weiter oben festgestellt wurde, muß die syntaktische Transparenz der Brückenverben letztlich ebenfalls als struktureller Reflex der semantischen Eigenschaften dieser gleichermaßen geschlossenen Klasse interpretiert werden.

Im folgenden sollen zunächst einige weitere Regularitäten der oben illustrierten unterschiedlichen Typen von NN-Komposita diskutiert werden, wobei als exemplarische Vertreter der jeweiligen Muster weiterhin *Grad der Härte des Wassers* in (17) und *Fan des Autors des Romans* (26) herangezogen werden.

Neben dem oben diskutierten Kontrast gibt es auch Gemeinsamkeiten zwischen den beiden Konstruktionen:

(30) a. Grad der Wasserhärte
   b. Fan des Romanautors

Diese Formen sind jeweils das Resultat von Nomeninkorporation innerhalb des Komplements von X^0:

(31)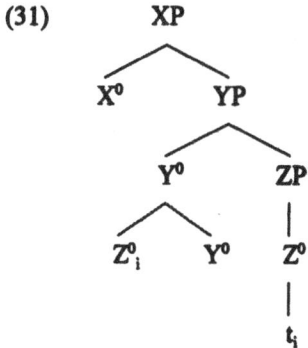

Die Konfiguration in (31) stellt eine wohlgeformte s-strukturelle Abbildung von (21) dar; die Grammatikalität der Daten in (30) kann damit vorausgesagt werden.

Die folgenden Bildungen sind keine möglichen Ableitungen aus (21):

(32) a. i. *Gradhärte des Wassers; ii. *Grad des Härtewassers; iii. *[Gradhärte]wasser; iv. *Grad[härtewasser]
   b. i. *Fanautor des Romans; ii. *Fan des Autorromans; iii. *[Fanautor]roman; iv. *Fan[autorroman]

In Kap. 3.1.1 wurde festgestellt, daß Kopfbewegung stets 'raising' sein muß; wie in der folgenden Struktur am Beispiel von (32.iv) gezeigt wird, wären die ungrammatischen Daten jedoch jeweils das Resultat von 'lowering':

(33)   *   XP

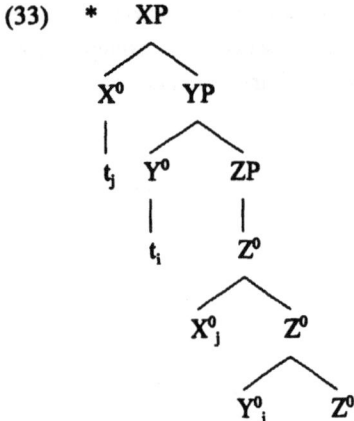

Auch die anderen Daten in (32) würden 'lowering' von X^0 und/oder Y^0 bzw. eines durch 'lowern' derivierten Kopfes $_{Y'}[X^0\ Y^0]$ involvieren, d.h. die Kopfspuren wären in all diesen Fällen nicht antezedensregiert. Da fehlende Rektion jeweils eine ECP-Verletzung darstellt, kann die Ungrammatikalität der Daten in (32) also vorausgesagt werden.

Das relationale Nomen *Grad* c-selegiert nicht nur DPs, sondern kann auch mit einem präpositionalen Komplement erscheinen:

(34)   Grad $_{PP}$[an Härte des Wassers]

In diesem Fall ist der folgende Kontrast zu beobachten:

(35) a.   Grad an Wasserhärte
     b.   *Härtegrad an Wasser

Für die wohlgeformte Bildung in (35.a) ist die oben in (31) angegebenen Struktur anzunehmen, wobei allerdings hier zwischen XP und YP kein referentiell spezifiziertes D^0-Element, sondern ein präpositionaler Kopf interveniert.

Die ungrammatische Form in (35.b) würde die Extraktion des Nomens aus der PP involvieren:

(36)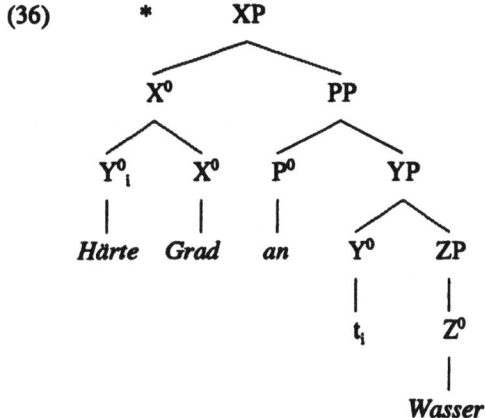

In (36) ist Y^0 azyklisch über den Kopf der PP bewegt worden; da P^0 lexikalisch gefüllt ist, bildet die PP eine Barriere für die Rektion der Spur t_i. Diese Struktur stellt deshalb eine ECP-Verletzung bzw. einen Verstoß gegen den HMC dar und kann deshalb ausgeschlossen werden. Damit sagt die Inkorporationsanalyse also voraus, daß in einer Konfiguration wie (36) keine Argumentvererbung stattfinden kann.

Wohlgeformt sind wiederum die folgenden Komposita:

(37) a. Wasserhärtegrad
    b. Romanautorfan

Diese sind jeweils das Resultat sukzessiv zyklischer Nomeninkorporation:

(38)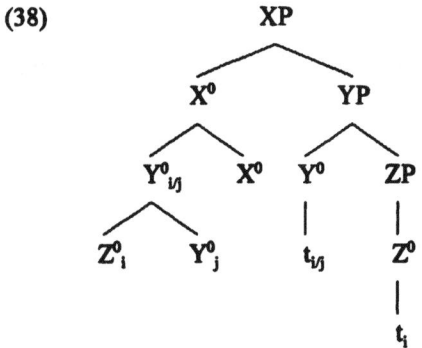

Wie (37.b) zeigt, läßt auch ein nicht-transparenter Kopf Extraktion aus seinem Komplement prinzipiell zu; auch Nomina wie *Fan* etc. sind also insofern transparent, als sie die Antezedensrektion der Spur $t_{i/j}$ durch den komplexen Kopf Y^0 in (38) nicht blockieren.

Die s-strukturelle Repräsentation in (38) entspricht der folgenden morphologischen Klammerung:

(39) a. [[Wasserhärte]grad]
 b. [[Romanautor]fan]

Evidenz für diese Konstituentenstruktur ergibt sich aus dem in (40) angegebenen Betonungsmuster (Hauptakzent ist hier durch Fettdruck angezeigt); nach der in Giegerich (1985: Kap. 3) sowie Wiese (1996: 296ff.) motivierten Betonungsregel für Komposita fällt in Bildungen mit verzweigendem Erstglied wie in (39) der Hauptakzent stets auf dessen linken Bestandteil:

(40) a. **Wasser**härtegrad
 b. **Roman**autorfan

Nun läßt sich jedoch beobachten, daß *Wasserhärtegrad* nicht nur wie in (40.a), sondern daß auch wie in (41) betont werden kann:

(41) Wasser**härte**grad

Diese Akzentuierung kann auf der Grundlage der von Giegerich (1985: 139) vorgeschlagenen weiteren Spezifikation der 'Compound Stress Rule' erklärt werden:

(42) In a pair of sister nodes $[AB]_N$, B is strong iff it branches.

Aus dem in (41) angegebenen Akzentmuster folgt also nach Giegerich, daß für dieses Kompositum nicht die in (39.a), sondern die in (43) angegebene Konstituentenstruktur angenommen werden muß:

(43) [Wasser[härtegrad]]

Dieser morphologischen Klammerung entspricht nunmehr die folgende s-strukturelle Repräsentation:

(44)

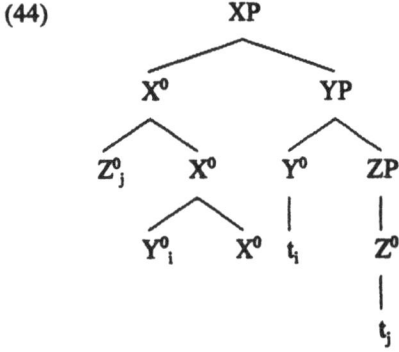

In (44) wurde Z^0 azyklisch in den komplexen X^0-Kopf inkorporiert. Der Kopf von YP ist zwar phonetisch leer, enthält jedoch die Spur t_i; Y^0 enthält also Merkmale, d.h. dieser Knoten ist nicht 'leer' in dem in Kap. 5.1 erläuterten Sinn. Dies wiederum bedeutet, daß t_i ein potentielles Regens für die Spur von Z^0_j darstellt; nach Baker (1988a) stellt YP deshalb eine Minimalitätsbarriere für die Antezedensrektion von t_j dar, d.h. (44) müßte als eine ECP-Verletzung ausgeschlossen werden.

Hier ergibt sich also das folgende Dilemma: Einerseits wird vorausgesagt, daß (44) ungrammatisch ist; andererseits ist jedoch (41) Evidenz für die Grammatikalität der Konstituentenstruktur [Wasser[härtegrad]] in (43), welche der s-strukturellen Repräsentation (44) entspricht.

Die entscheidende Beobachtung ist nun, daß *Romanautorfan* das in (41) für *Wasserhärtegrad* angegebene Betonungsmuster nicht zuläßt:

(45) *Romanautorfan

Da dieses Akzentmuster ein komplexes Zweitglied präsupponiert, folgt aus der Ungrammatikalität von (45), daß die morphologische Klammerung in (46) ausgeschlossen ist:

(46) *[Roman[autorfan]]

Dies wiederum bedeutet, daß azyklische Bewegung von Z^0 hier nicht zulässig ist, so daß der folgende Kontrast angenommen werden muß:

(47) a. $_{XP}[_{X^0}[Wasser_j[härte_i grad]]_{YP}[t_i _{ZP}[t_j]]] = (44)$
     b. $*_{XP}[_{X^0}[Roman_j[autor_i fan]]_{YP}[t_i _{ZP}[t_j]]]$

Auch dieser Kontrast kann offensichtlich nicht aus strukturellen Gründen abgeleitet werden, sondern muß vielmehr auf die unterschiedlichen Eigenschaften von X^0 in (47.a) vs. (47.b) zurückgeführt werden: Während YP in (47.b) - wie von der Inkorporationstheorie vorausgesagt - eine Barriere für die Rektion von t_j durch Z^0 darstellt, scheint YP in (47.a) durchlässig für die Antezedensrektion von t_j zu sein.

Die Datenverteilung in (47) stellt somit das Spiegelbild zu dem in (29) illustrierten Kontrast zwischen *Härtegrad des Wassers* vs. **Autorfan des Romans* dar: Während die Rektion des phrasalen Komplements ZP in (29.a) gewährleistet ist, führt das Stranden von ZP in (29.b) zu Ungrammatikalität.

Bei den grammatischen Konstruktionen ist das Inkorporans X^0 jeweils ein abstraktes Nomen, bei den ungrammatischen dagegen ein konkretes. Transparenz für Rektion von ZP sowie für Antezedensrektion von t_j scheint demnach ein Spezifikum der abstrakten Nomina zu sein.

Die oben illustrierten Regularitäten können damit wie folgt spezifiziert werden:

Die Konfiguration in (44) stellt insofern das Äquivalent zu der in (22) dar, als das Komplement von Y^0 - im ersteren Fall die ZP, im letzteren Z^0 - auf S-Struktur jeweils als Komplement des komplexen Kopfs $_X$.$[Y^0X^0]$ ausgewiesen ist. Sowohl die azyklische Bewegung von Z^0 als auch das Stranden von ZP stellen also Instanzen von Argumentvererbung dar, d.h. das s-strukturelle Resultat ist in beiden Fällen ein Klammerparadox. S-Strukturen dieser Form sind nur dann zulässig, wenn das Inkorporans X^0 ein Element aus der Klasse der abstrakten Nomina enthält; sie sind ausgeschlossen, wenn X^0 diese Bedingung nicht erfüllt.

Es stellt sich nun die Frage, wie diese Datenverteilung erfaßt werden kann. Nach Baker (1988a) muß zwischen Rektion i.w.S. und Antezedensrektion differenziert werden: In einer Konfiguration wie (22) *Härtegrad des Wassers* stellt die YP prinzipiell keine Barriere für die Rektion von ZP dar; in einer Struktur wie (44) *Wasser[härtegrad]* dagegen konstituiert die YP grundsätzlich eine Barriere für die Antezedensrektion von t_j.

Angesicht der hier diskutierten Daten können diese Generalisierungen aber nicht aufrechterhalten werden:

Wie bereits oben gezeigt wurde, ist YP nicht grundsätzlich durchlässig für Rektion, vgl. *Härtegrad des Wassers* vs. **Autorfan des Romans*; wie aus dem Kontrast zwischen *Wasser[härtegrad]* vs. **Roman[autorfan]* hervorgeht, ist YP außerdem nicht grundsätzlich eine Barriere für Antezdensrektion.

Außerdem wurde festgestellt, daß offenbar eine Korrelation besteht zwischen dem Barrierenstatus von YP im Hinblick auf (i) Rektion und (ii) Antezedensrektion. Dies zeigen die Parallelen zwischen *Härtegrad des Wassers* und *Wasser[härtegrad]* einerseits vs. **Autorfan des Romans* und **Roman[autorfan]* andererseits.

Schließlich muß eine Korrelation zwischen (i) dem Barrierenstatus von YP im Hinblick auf sowohl Rektion als auch Antezedensrektion und (ii) dem s-strukturellen Landeplatz des Kopfs von YP angenommen werden. Dies geht aus dem durchgängigen Kontrast zwischen Abstrakta wie *Grad* vs. Konkreta wie *Fan* hervor.

Um diesen Korrelationen Rechnung zu tragen, müßte also die weiter oben in Anlehnung an Müller angenommene Bedingung für die Rektion von phrasalen Komplementen nicht nur auf die der Antezedensrektion übertragen werden, sondern auch im Hinblick auf die jeweils einschlägigen Merkmale mit dieser vereinheitlicht werden. Für die hier zur Debatte stehenden rekursiven DP- bzw. NP-Strukturen läuft dies auf die folgende Generalisierung hinaus:

Ob YP eine Barriere ist für (i) Rektion von ZP und (ii) Antezedensrektion von t_j, hängt von den Eigenschaften der in YP enthaltenen Spur t_i ab, welche der Fuß der Kette $[Y^0_i...t_i]$ ist; der Fuß der Kette t_i muß seine Rektionsfähigkeit vom Kopf der Kette Y^0 erben, welcher in X^0 inkorporiert ist. Wenn X^0 ein Abstraktum ist, ist X^0 für die Übertragung dieser

Fähigkeit transparent; in diesem Fall ist YP durchlässig für Rektion von ZP und Antezedensrektion von t_j. Wenn X^0 ein Konkretum ist, ist X^0 für die Übertragung opak; in diesem Fall ist YP eine Barriere für beide Formen von Rektion.[24]

Die von Rivet (1997) postulierte Struktur der deverbalen Rektionskomposita auf *-er* deutet nun darauf hin, daß die oben diskutierten Korrelationen möglicherweise noch komplexer sind, als bisher angenommen wurde. Für ein Kompositum wie *Romanleser* nimmt sie die folgende D-Struktur an, die unter Abstrahierung von Reihenfolge und kategorialen Merkmalen der beteiligten Elemente das Analogon zu (21) darstellt:

(48)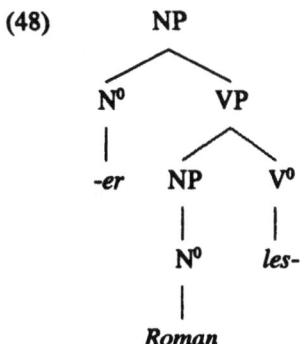

Das Suffix *-er* ist ein gebundenes Nomen, das ein Element der Kategorie V^0 m-selegiert; der Kopf der VP wird deshalb obligatorisch in *-er* inkorporiert. Die Frage ist nun, ob die Bewegung der weiteren Köpfe in (48) zyklisch oder azyklisch erfolgt. Rivet geht davon aus, daß azyklische Bewegung grundsätzlich ausgeschlossen ist; als s-strukturelle Repräsentation für Rektionskomposita nimmt sie deshalb nicht (49.a), sondern (49.b) an:[25]

(49) a. $*_{NP}[_{N'}[Roman_j[les_i er]]\ _{VP}[\ t_i\ _{NP}[\ t_j]]] = (44)$
     b. $_{NP}[_{N'}[[Roman_j les_i]er]\ _{VP}[\ t_{i/j}\ _{NP}[\ t_i]]] = (38)$

Nach Rivet sind die Rektionskomposita also keine NN-Komposita, was der Struktur in (49.a) entsprechen würde; die Struktur in (49.b) weist diese vielmehr als Nominalisierungen komplexer Verben aus.

Wie (50) zeigt, kann das Komplement des inkorporierten Verbs auch wortbildungsextern realisiert werden:

---

[24] Vgl. zu den Beschränkungen über Zyklizität auch Ouhalla (1990); hier wird ebenfalls angenommen, daß die Zulässigkeit von azyklischer Kopfbewegung von den Eigenschaften des Inkorporans, d.h. des s-strukturellen Landeplatzes des Inkorporandums abhängig ist.

[25] Die (49.a) entsprechende morphologische Konstituentenstruktur $[N^0[V^0\text{-}er]]$ wird von DiSciullo & Williams (1987), Leser (1990) und Lieber (1992) für deverbale Rektionskomposita bzw. 'synthetic compounds' postuliert, während Lieber (1983), Fabb (1984) und Sproat (1985) die Struktur $[[N^0V^0]\text{-}er]$ in (49.b) annehmen.

(50) $_{NP}[_{N^o}[Les_ier]\ [_{VP}\ t_i\ _{NP}[des/eines\ Romans]]]$ = (22)

Auf der Grundlage von Rivets Vorschlag ergeben sich für das Wortbildungsmuster der Rektionskomposita die folgenden Generalisierungen:

Instanzen von Argumentvererbung, d.h. Klammerparadoxa als s-strukturelles Resultat von Kopfbewegung sind in Form von (49.a) ausgeschlossen, jedoch in Form von (50) zulässig. Demnach ist die VP eine Barriere für Antezedensrektion von t_i in (49.a), sie ist jedoch durchlässig für die Rektion der gestrandeten NP in (50). Im ersteren Fall ist der s-strukturelle Kopf -er also opak, im letzteren dagegen transparent.

Diese Generalisierungen widersprechen nun allerdings den in dieser Arbeit angenommenen Korrelationen; angesichts der oben festgestellten Regularitäten in NN-Komposita wäre vielmehr zu erwarten, daß die Transparenz bzw. Opazität eines spezifischen Kopfes nicht konstruktionsspezifisch variiert.

Die folgenden Überlegungen sprechen nun jedoch dafür, daß Rektionskomposita keine deverbalen Suffixderivata, sondern Komposita sind, daß also nicht (49.b), sondern (49.a) als deren s-strukturelle Repräsentation anzunehmen ist. Dies würde wiederum bedeuten, daß -er grundsätzlich transparent ist, die VP also weder für die Rektion der NP in (50) noch für die Antezedensrektion von t_i in (49.a) eine Barriere darstellt.

Die von Rivet postulierte Struktur in (49.b) besagt, daß das Nomen innerhalb der VP in das Verb inkorporiert; damit wird aber fälschlicherweise vorausgesagt, daß $[N^0V^0]$-Strukturen im Deutschen grundsätzlich wohlgeformt sein sollten:

(51) *(weil) Klaus $_{V^o}[_{N^o}[suppe]_{V^o}[koch]]$-t, $_{V^o}[_{N^o}[text]_{V^o}[lern]]$-t, $_{V^o}[_{N^o}[roman]_{V^o}[lies]]$-t, ...

Dieses Problem hängt damit zusammen, daß es in Rivets Analyse für die Nomeninkorporation keinen Auslöser gibt; worin der Unterschied zwischen der synthetischen Konstruktion in (49.b) und der teilweise analytischen in (50) besteht, bleibt also hier unklar.

Wie ich im folgenden zeigen werde, kann mit der in Kap. 5.1 angenommenen Bedingung für obligatorische Nomeninkorporation zum einen dieses Problem gelöst werden; zum anderen kann unter Rekurs auf diese Bedingung auch die Struktur in (49.b) ausgeschlossen sowie die Ungrammatikalität der Daten in (51) vorausgesagt werden.

Aufgrund der 'Biuniqueness Condition' ist die oben angegebene D-Struktur in (48) zunächst dahingehend zu modifizieren, daß beide NPs jeweils in eine DP eingebettet sind:

(52) $_{DP}[_{NP}[_{VP}[_{DP}[_{NP}\ ...]]]]$

Auf dieser Struktur applizieren nun die Bedingungen für obligatorische Inkorporation:

Wegen der m-selektionalen Forderung des Suffixes wird das Verb zunächst an -er adjungiert. Der Auslöser für obligatorische Bewegung einer N^0-Kategorie ist die fehlende referentielle Identifizierung der maximalen Projektion von N⁰. Nach der Lizensierungsbedingung in (9) müssen Nomina sich auf S-Struktur in der Rektionsdomäne eines für seine referentiellen Merkmale spezifizierten D⁰-Elements befinden, d.h. in einer referentiell identifizierbaren NP. Hieraus folgt, daß (53) keine mögliche s-strukturelle Repräsentation von Rektionskomposita ist:[26]

(53)   *$_{DP}$[der/ein[$_{NP}$[$_{N'}$[[roman$_i$les$_j$]er]$_{VP}$[t$_{i/j}$ $_{DP}$[∅[$_{NP}$[t$_i$]]]]]]] = (49.b)

Wenn die VP-interne NP keinen referentiellen Index von D⁰ erhält, muß der Kopf der NP bewegt werden. In (53) wird das Nomen aus der eingebetteten DP an den Kopf der VP angehoben. Die syntaktische Kategorie VP verfügt jedoch nicht über die von der Bedingung (9) geforderten Merkmale; das Nomen kann also auch durch Inkorporation in das Verb nicht lizensiert werden, d.h. die durch Kopfadjunktion derivierte Teilstruktur $_{VP}$[$_{V'}$[N⁰V⁰]] in (53) ist ungrammatisch. Die Derivation in (53) scheitert mit anderen Worten daran, daß ein verbaler Kopf kein geeigneter Landeplatz für ein Nomen sein kann, das aus dem oben genannten Grund bewegt werden muß.

Im Rahmen einer Inkorpationsanalyse sind auch die ungrammatischen Formen in (51) als Instanzen von N-zu-V-Bewegung zu betrachten. Wenn sich die in dieser Arbeit angenommene Wohlgeformtheitsbedingung für Nomina tatsächlich als einziges Movens für obligatorische Nomeninkorporation im Deutschen erweist, kann die an (53) illustrierte Argumentation in gleicher Weise auf diese Daten angewandt werden: Ein verbaler Kopf ist kein möglicher Landeplatz für ein Nomen, das wegen fehlender referentieller Indizierung seiner maximalen Projektion nicht in situ lizensiert ist; wenn N-zu-V-Bewegung im Deutschen also aus diesem Grund prinzipiell ausgeschlossen ist, kann auch die Ungrammatikalität von komplexen Verben wie *er romanliest im Rahmen der syntaktischen Wortbildungstheorie vorausgesagt werden.

Da Rektionskomposita also keine Ableitungen aus komplexen Verben sein können, muß alternativ die Struktur in (54) angenommen werden, welche diesen Wortbildungstyp als Instanz von NN-Komposition ausweist:

(54) $_{DP}$[der/ein[$_{NP}$[$_{N'}$[roman$_j$[les$_i$er]] $_{VP}$[t$_i$ $_{DP}$[∅[$_{NP}$ t$_j$]]]]]] = (49.a)

Ein potentieller Empfänger von referentiellen Merkmalen ist allein die Projektion von -er; wenn das Nomen in der eingebetteten DP in seiner Basisposition nicht lizensiert ist, kommt deshalb als einzig möglicher Landeplatz der komplexe Kopf $_{N}$[V⁰N⁰] in der strukturell höheren NP in Betracht. Wenn diese NP referentiell indiziert ist, erfüllt das Nomen in seiner derivierten Position die Wohlgeformtheitsbedingung in (9), und die resultierende S-Struktur ist die synthetische Konstruktion der/ein Romanleser in (54).

---

[26] Nicht-spezifizierte D⁰-Merkmale sind hier als leere DP dargestellt; overte Artikelformen in der DP kennzeichnen spezifizierte D⁰-Merkmale.

Wenn die VP-interne NP einen referentiellen Index von D^0 erhält, ist Bewegung von N^0 ausgeschlossen. Die resultierende S-Struktur ist in diesem Fall die teilweise analytische Konstruktion *der/ein Leser des/eines Romans*:

(55) $_{DP}$[der/ein[$_{NP}$[$_{N'}$[les$_i$er] $_{VP}$[t$_i$ $_{DP}$[des/eines[$_{NP}$ Romans]]]]]] = (50)

Diese Analyse besagt nunmehr, daß *-er* prinzipiell transparent ist: Bei Inkorporation von V^0 in *-er* ist die VP sowohl für die Rektion des phrasalen Komplements in (55) als auch für die Antezedensrektion der Kopfspur t$_i$ in (54) durchlässig. Damit muß für dieses Element zum einen keine konstruktionsspezifische Variation im Hinblick auf Transparenz bzw. Opazität angenommen werden; zum anderen trägt dies der deskriptiven Generalisierung Rechnung, daß alle m-selegierenden Köpfe durchlässig für Argumentvererbung sind.

Im Hinblick auf die Antezedensrektion bei azyklischer Bewegung bilden die deverbalen Rektionskomposita damit eine natürliche Klasse mit den oben diskutierten NN-Komposita mit transparentem Kopf, vgl. *Roman[leser]* und *Wasser[härtegrad]*.

Zwischen diesen beiden Typen von Komposita besteht jedoch der folgende Unterschied: Zyklische Kopfbewegung ist im ersteren Fall ausgeschlossen, im letzteren dagegen wohlgeformt bzw. stellt hier den unmarkierten Fall dar, vgl. **[Romanles]er* vs. *[Wasserhärte]grad*. Wie oben gezeigt wurde, wird die azyklische Bewegung bei den deverbalen Rektionskomposita durch die spezifischen Eigenschaften des Inkorporandums bzw. durch die Lizensierungsbedingung für Nomina erzwungen, die einen komplexen Kopf der Form $_{V'}$[$N^0 V^0$] ausschließen. Da bei den NN-Komposita nur nominale Köpfe beteiligt sind, gibt es hier trivialerweise keine vergleichbare Restriktion.

Damit möchte ich die Überlegungen zur Komposition sowie zur Argumentvererbung abschließen. Im Hinblick auf die Eigenschaften von Kopfbewegung ist als Fazit der Diskussion in Kap. 5.2 folgendes festzuhalten:

Die Beschränkungen der Kopfbewegung (Zyklizität) sowie deren Effekte (Lizensierung von Kopfspuren und von gestrandeten XP-Elementen) interagieren in komplexer Weise mit dem Bewegungsauslöser einerseits und den Eigenschaften des Landeplatzes andererseits. Außerdem kann nach dem Ergebnis dieses Abschnitts - zusätzlich zu der bereits in Kap. 5.1 festgestellten einheitlichen Funktion von Kopfbewegung (Erfüllung von s-strukturellen Wohlgeformtheitsbedingungen) - eine weitere Gemeinsamkeit der in dieser Arbeit betrachteten Formen von Kopfbewegung festgestellt werden. Diese besteht darin, daß durch den jeweiligen Bewegungsauslöser auch stets der mögliche Landeplatz des bewegten Elements determiniert wird: (i) Ein für M-Selektion spezifizierter Kopf zieht denjenigen Kopf an, der die morphologischen Selektionseigenschaften des Inkorporans erfüllt; (ii) ein für M-Dependenz spezifizierter Kopf kann nur an denjenigen Kopf adjungieren, der den morphologischen Dependenzrestriktionen des Inkorporandums genügt; (iii) ein nicht-gebundener nominaler Kopf, der aufgrund der fehlenden Merkmalspezifikation seiner maximalen Projektion nicht in seiner Basisposition lizensiert ist, muß an denjenigen Kopf bewegt werden, dessen Projektion ihrerseits die geforderten Merkmale aufweist.

5.3 Zusammenfassung

Gegenstand dieses Kapitels waren die NN-Komposita und die deverbalen Rektionskomposita auf -er. In Kap. 5.1 habe ich eine s-strukturelle Wohlgeformtheitsbedingung für das Deutsche angenommen und aus dieser den Auslöser für obligatorische Nomeninkorporation abgeleitet. In diesem Abschnitt wurde auch gezeigt, wie das Phänomen der 'anaphoric islandhood' im Rahmen der Inkorporationsanalyse erklärt werden kann bzw. wie im Wortbildungsmuster der NN-Komposita 'lexical integrity' aus 'anaphoric islandhood' abgeleitet werden kann. Im zweiten Abschnitt wurden die Beschränkungen der Argumentvererbung in Komposita diskutiert. Im Rahmen dieser Diskussion wurde zum einen gezeigt, daß deverbale Rektionskomposita keine Ableitungen aus komplexen Verben, sondern NN-Komposita sind; auf der Grundlage der dort postulierten Analyse konnte die Ungrammatikalität von NV-Strukturen im Deutschen vorausgesagt werden. Außerdem wurden in Kap. 5.2 die Gemeinsamkeiten zwischen wortinterner und wortexterner Vererbung von Argumenten einerseits aufgezeigt sowie die Parallelen zwischen NN-Komposita und deverbalen Rektionskomposita im Hinblick auf beide Formen von Vererbung andererseits diskutiert. Um diesen Gemeinsamkeiten Rechnung zu tragen, habe ich angenommen, daß nur eine geschlossene Klasse von nominalen Wurzeln transparent für Argumentvererbung ist und im Hinblick auf diese Eigenschaft eine natürliche Klasse mit Affixen bildet.

6 Rückblick

In diesem Kapitel werde ich der Frage nachgehen, welche Konsequenzen sich aus der Implementierung der 'Biuniqueness Condition' (Felix 1990) in die syntaktische Wortbildungstheorie ergeben; insbesondere werde ich hierbei die Implikationen dieser Bedingung für die in Kap. 3 vorgeschlagene Interaktion von Selektionseigenschaften und grammatischen Wohlgeformtheitsbedingungen diskutieren.

Bei der Diskussion der -bar-Ableitungen habe ich die folgenden regulären Abbildungsfunktionen zwischen semantischen, kategorialen und morphologischen Selektionseigenschaften angenommen: (i) Das 'Selektionskorollar', dem die Ableitung der M-Selektion aus der C-Selektion unterliegt; (ii) die Bedingung der 'Canonical Structural Realization', die mögliche Abbildungsbeziehungen zwischen S- und C-Selektion definiert. Aus der Interaktion dieser Bedingungen mit allgemeinen syntaktischen Wohlgeformtheitsbedingungen konnten die wotbildungsinternen Regularitäten dieses Wortbildungsmusters abgeleitet werden.

Wie bereits in Kap. 3.1.1 angedeutet wurde, müssen sowohl das Selektionskorollar als auch die Bedingung der 'Canonical Structural Realization' modifiziert werden; eine Modifikation ist deshalb erforderlich, weil beide Beschränkungen mit der 'Biuniqueness Condition' interagieren. Diese Restriktion stellt keine kategorienspezifische Bedingung über die Lizensierung von NPs dar; einer entsprechenden Wohlgeformtheitsbedingung unterliegt vielmehr auch die syntaktische Kategorie VP:

(1)   Biuniqueness Condition
      (i) Jedes I^0 selegiert VP; (ii) jede VP ist von I^0 selegiert.
      (vgl. Felix 1990: 48)

Aus Klausel (ii) der 'Biuniqueness Condition' folgt, daß VPs keine Komplemente von Adjektiven sein können. Dies bedeutet also, daß für die -bar-Adjektive anstelle der bisher angenommenen Konfiguration die folgende D-Struktur anzusetzen ist:

(2)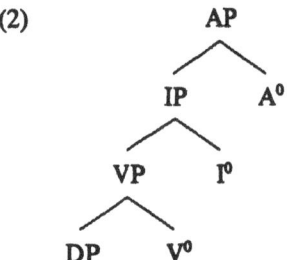

Unter der Voraussetzung, daß die syntaktische Kategorie VP die kanonische Realisierung der semantischen Kategorie 'occurrence' darstellt, widerspricht diese Struktur nun aber der in Kap. 3.1.1 angenommenen Bedingung der 'Canonical Structural Realization', hier wiederholt in (3):

(3) If a verb (or other head) s-selects a semantic category C, then it c-selects a syntactic category that is "the canonical structural realization" of C (CSR(C)).

Die 'Biuniqueness Condition' und die von Chomsky (1986a) vorgeschlagene Version der CSR-Bedingung führen also zu konfligierenden Voraussagen: Während aus CSR folgt, daß -*bar* eine VP c-selegiert, besagt die 'Biuniqueness Condition', daß das Komplement des Suffixes eine IP sein muß. Dieser Konflikt kann jedoch gelöst werden, wenn die bisherige Formulierung von 'CSR' wie in (4) modifiziert wird; die qua 'Biuniqueness Condition' über jeder lexikalischen Kategorie angesiedelte funktionale Kategorie wird hierbei als die 'funktionale Projektion' der jeweiligen lexikalischen Kategorie bezeichnet:

(4) Wenn ein lexikalischer Kopf eine semantische Kategorie C s-selegiert, dann c-selegiert dieser Kopf die funktionale Projektion derjenigen syntaktischen Kategorie, welche die kanonische strukturelle Realisierung von C darstellt.

Welche spezifische funktionale Projektion der jeweilige lexikalische Kopf c-selegiert, ergibt sich hierbei aus der 'Biuniqueness Condition': Die funktionale Projektion von NP ist DP; die funktionale Projektion von VP ist IP. Aus dieser Version von CSR, die im Einklang mit der 'Biuniqueness Condition' steht, kann die Struktur in (2) nunmehr abgeleitet werden.

Wie in Kap. 3.1.1 gezeigt wurde, stellt die CSR-Bedingung die Grundlage für das 'Selektionskorollar' dar, dem die Ableitung der morphologischen aus den kategorialen Selektionsrestriktionen unterliegt; die dort angenommene Version dieser Bedingung ist hier in (5) wiederholt:

(5) Ein für M-Selektion spezifiziertes lexikalisches Element X^0, das eine YP der Kategorie $[\alpha N, \beta V]$ c-selegiert, m-selegiert ein Y^0 der Kategorie $[\alpha N, \beta V]$.

Da die revidierte Form von CSR in (4) aber nun voraussagt, daß -*bar* eine IP c-selegiert, würde hieraus qua Selektionskorollar in (5) fälschlicherweise folgen, daß -*bar* nicht V^0, sondern ein Element der Kategorie I^0 m-selegiert. Auch die Formulierung dieser Bedingung muß also - analog zu (4) - modifiziert werden:

(6) Ein für M-Selektion spezifiziertes lexikalisches Element X^0, das die funktionale Projektion einer YP der Kategorie $[\alpha N, \beta V]$ c-selegiert, m-selegiert ein Y^0 der Kategorie $[\alpha N, \beta V]$.

Diese Version des Selektionskorollars ist nun nicht nur mit der 'Biuniqueness Condition' kompatibel, sondern sagt auch korrekt voraus, daß *-bar* morphologisch an ein Element der Kategorie V⁰ gebunden ist.

Wie oben gezeigt wurde, können die Korrelationen zwischen den verschiedenen Selektionseigenschaften lexikalischer Elemente also auch unter Rekurs auf die modifizierten Bedingungen in regulärer Weise abgeleitet werden. Insbesondere die in Kap. 3.1 begründete These, derzufolge M-Selektion stets C-Selektion voraussetzt und diese wiederum S-Selektion impliziert, wird von der Modifikation der anderen Bedingungen nicht affiziert und kann deshalb in unveränderter Form beibehalten werden.[1] Somit kann auch unter der nunmehr veränderten Perspektive eine zentrale Annahme dieser Arbeit aufrechterhalten werden, wonach die Restriktionen der Wortbildung aus der Interaktion von lexikalischen Selektionseigenschaften und grammatischen Wohlgeformtheitsbedingungen abgeleitet werden können.[2]

Für die qua 'Biuniqueness Condition' anzunehmende Konfiguration in (2) ist nun allerdings zu klären, ob die obligatorische Verbinkorporation auch in dieser Struktur den syntaktischen Restriktionen der Kopfbewegung genügt.

Bedingt durch die Intervention der IP zwischen A⁰ und VP muß für die aus (2) abzuleitende S-Struktur angenommen werden, daß das Verb über den näheren Kopf I⁰ hinweg, also azyklisch an das Adjektiv adjungiert. Wie jedoch in Kap. 5.1 festgestellt wurde, ist azyklische Bewegung über einen funktionalen Kopf genau dann zulässig, wenn dieser leer ist; hierbei ist 'leer' in dem oben erläuterten Sinne zu verstehen, d.h. ein funktionaler Kopf ist leer, wenn er für seine inhärenten grammatischen Merkmale nicht spezifiziert ist.

Der Standardauffassung zufolge ist I⁰ der Sitz der grammatischen Merkmale für Tempus bzw. Finitheit und Kongruenz, i.e. [tense] und [agr]. Wenn die oben am Beispiel der Nomeninkorporation illustrierte Argumentation auf die *-bar*-Ableitung übertragen wird, so bedeutet dies, daß V⁰ genau dann in A⁰ inkorporieren kann, wenn die [tense]- und [agr]-Merkmale in I⁰ keinen spezifischen Wert haben:

---

[1] Das in Kap. 3.1.2 angenommene Selektionskorollar, dem die Ableitung der M-Selektion aus der F-Selektion unterliegt, rekurriert nicht auf die CSR-Bedingung; dieses kann deshalb trivialerweise in der ursprünglichen Form beibehalten werden.

[2] Wie in Kap. 4.3.1 festgestellt wurde, ist es beim derzeitigen Forschungsstand unklar, ob und ggf. wie die Bedingungen der Komplementation bzw. Selektion mit denen der Adjunktion bzw. Dependenz vereinheitlicht werden können; die Frage, ob und ggf. wie die dort angenommenen Dependenzrestriktionen lexikalischer Elemente nach Maßgabe der 'Biuniqueness Condition' zu modifizieren wären, kann zum gegenwärtigen Zeitpunkt deshalb ebenfalls nicht beantwortet werden.

(7)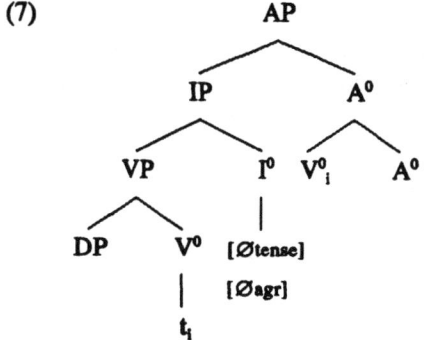

Da die Antezedensrektion der Kopfspur durch das leere I⁰-Element nicht blockiert wird, bildet der komplexe Adjektiv-Kopf also auch in der Konfiguration in (7) eine wohlgeformte Inkorporationsstruktur.[3]

Möglicherweise kann aus der hier postulierten Struktur auch ein weiteres Charakteristikum der *-bar*-Adjektive abgeleitet werden. Wie in Kap. 3.3 festgestellt wurde, zeichnen sich die *-bar*-Ableitungen durch das gänzliche Fehlen von 'Implicit-Argument-Effekten' aus; dies mußte darauf zurückgeführt werden, daß die externe Theta-Rolle des Verbs durch die *-bar*-Affigierung 'absorbiert' wird. Wenn Adjunktion von V⁰ an A⁰ nur über ein leeres I⁰ hinweg zulässig ist, liegt aber die Vermutung nahe, daß die Vergabe der externen Theta-Rolle des Verbs und damit die Lizensierung eines externen Arguments in Spec/IP in der folgenden Weise an den Merkmalgehalt von I⁰ gekoppelt ist: Für die Lizensierung eines externen Arguments muß in Form von Spec/Head-Agreement eine grammatische Relation zwischen Spec/IP und dem Kopf von IP etabliert werden. Möglicherweise ist die Etablierung einer solchen Relation jedoch genau dann nicht möglich, wenn I⁰ für seine grammatischen Merkmale nicht spezifiziert ist, insbesondere dann, wenn I⁰ aufgrund einer fehlenden Spezifikation für [tense] keine temporalen Referenzmerkmale zuweisen kann. Dies würde bedeuten, daß die 'Theta-Rollen-Absorption' im Wortbildungsmuster der Suffixderivata lediglich ein Epiphänomen der fehlenden temporalen Spezifikation von I⁰ ist.

Gegen die Struktur in (7) ergibt sich nun allerdings der folgende potentielle Einwand: Wenn in dieser Konfiguration die [tense]- und [agr]-Merkmale von I⁰ spezifiziert sind, kann aus rein strukturellen Gründen nicht ausgeschlossen werden, daß hier durch zyklische Kopfbewegung ein komplexes Adjektiv der Form $_A.[[V^0I^0]A^0]$ gebildet wird:

(8) *lös-en-bar, *les-t-bar, *trenn-e-bar, ...

---

[3] Auch für die in Kap. 5.2 betrachteten *-er*-Nominalisierungen muß angenommen werden, daß das Suffix eine IP selegiert; die dort postulierte Analyse der deverbalen Rektionskomposita als NN-Komposita wird hierdurch jedoch nicht tangiert, da IP ebensowenig wie VP über referentielle D⁰-Merkmale verfügt, I⁰ also kein möglicher Landeplatz für N⁰ ist.

Die Tatsache, daß nur verbale Wurzeln in das Suffix inkorporieren können, ergibt sich jedoch aus dessen m-selektionalen Eigenschaften: Der durch V-zu-I-Bewegung derivierte Kopf ist ein komplexes Element der Kategorie I⁰; die Adjunktion einer I⁰-Kategorie an den Adjektiv-Kopf verstößt aber gegen die in (6) definierte morphologische Selektionsbeschränkung. Da die M-Selektion auf S-Struktur erfüllt sein muß, verletzt die resultierende Struktur eine s-strukturelle Wohlgeformtheitsbedingung und kann deshalb ausgeschlossen werden. Die Ungrammatikalität von flektierten Verben als Erstglied einer -bar-Ableitung kann somit im Rahmen der syntaktischen Wortbildungstheorie vorausgesagt werden.[4]

Als Fazit dieser Retrospektive kann damit festgestellt werden, daß die Implementierung der 'Biuniqueness Condition' sich auch für die Analyse der -bar-Ableitungen als fruchtbar erwiesen hat, insofern als die diesbezüglichen Voraussagen der syntaktischen Wortbildungstheorie hierdurch weiter präzisiert werden konnten. Weiterhin ist festzuhalten, daß die Ergebnisse dieser Arbeit zur deverbalen Suffixderivation sowie zu den NN-Komposita auch als zusätzliche Evidenz für die unabhängig motivierte Annahme zu bewerten sind, derzufolge die Projektionen lexikalischer Elemente von funktionalen Köpfen selegiert werden bzw. durch deren grammatische Merkmale lizensiert sind. Ebenso wie in Felix (1990) wurden nun aber auch in der vorliegenden Arbeit lediglich die funktionalen Projektionen von VP und NP betrachtet; aus Gründen der theoretischen Kohärenz ist jedoch anzunehmen, daß auch die phrasalen Projektionen der anderen lexikalischen Hauptkategorien, i.e. AP und AdvP durch die Merkmale von funktionalen Köpfen lizensiert sein müssen. Ein wesentliches Forschungsdesiderat für die generative Sprachtheorie besteht deshalb in einer Klärung der Frage, in welche funktionalen Projektionen APs und AdvPs eingebettet sind bzw. durch welche grammatischen Merkmale diese lizensiert sind. Das übergeordnete Desiderat besteht meines Erachtens in einer generellen Erforschung der Eigenschaften von funktionalen Köpfen und deren Relevanz für die grammatische Strukturbildung.[5] Im Rahmen von neueren Ansätzen zur sententialen Syntax, insbesondere im Minimalistischen Programm müssen die jeweiligen Fragen aus theorie-internen Gründen ohnehin geklärt werden; wenn sich die in dieser Arbeit verfolgte Strategie als sinnvoll erweist, könnte die Beantwortung dieser Fragen aber auch dazu beitragen, die Beschränkungen in weiteren, hier nicht berücksichtigten Wortbildungsmustern zu erklären.

Mit diesen kurzen prospektiven Überlegungen möchte ich den Rückblick und auch die Arbeit insgesamt abschließen; die wesentlichen Ergebnisse der vorausgegangenen Untersuchung werden im folgenden Kapitel zusammengefaßt.

---

[4] Wenn sich eine zu (7) analoge Struktur auch für andere Ableitungsmuster als adäquat erweist, könnte die Ungrammatikalität von flektierten Erstgliedern in der Derivation im Rahmen der Inkorporationstheorie prinzipiell korrekt vorausgesagt werden. Um die hier vorgeschlagene Analyse auf weitere Suffixderivata übertragen zu können, müßte allerdings geklärt werden, in welche funktionalen Projektionen die jeweils von diesen Suffixen c-selegierten Komplemente eingebettet sind; vgl. hierzu die Bemerkungen weiter unten.

[5] Zu einer Liste von - größtenteils offenen - Fragen, die sich in diesem Zusammenhang stellen, vgl. Webelhuth (1995: 83ff.) sowie die Bemerkungen in Kap. 3.1.4 dieser Arbeit.

7 Zusammenfassung

In der vorausgegangenen Untersuchung habe ich die Grundzüge einer syntaktischen Theorie der Wortbildung entwickelt und hierbei die theoretische Prämisse dieser Arbeit überprüft, derzufolge Morphologie und Syntax keine distinkten Komponenten der Grammatik konstituieren.

Zu Beginn der Diskussion wurde zunächst festgestellt, daß die Mehrzahl der bisher vertretenen Ansätze zum Verhältnis von Syntax und Morphologie unter ein Grammatikmodell subsumiert werden kann, das ich dort als Postulat der zweigeteilten Grammatik bzw. als Split-Grammar-Hypothese bezeichnet habe. Anschließend habe ich anhand eines typologischen Szenarios gezeigt, daß die Split-Grammar-Hypothese nicht nur zu deskriptiv inadäquaten Ergebnissen führt, sondern darüberhinaus auch mit der eigentlichen Zielsetzung der generativen Sprachtheorie nicht kompatibel ist. Aus diesem Ergebnis wurde die wesentliche theoretische Begründung für das in der vorliegenden Arbeit postulierte Grammatikmodell abgeleitet, das eine prinzipielle Syntax/Morphologie-Distinktion ausschließt.

Die grundlegenden Annahmen der syntaktischen Wortbildungstheorie habe ich im dritten Kapitel am Beispiel einer Inkorporationsanalyse der *-bar*-Ableitungen entwickelt. Hier wurden die regulären Korrespondenzen zwischen den semantischen, kategorialen und morphologischen Selektionsrestriktionen lexikalischer Elemente sowie deren Interaktion mit ebenenspezifischen und ebenenübergreifenden Wohlgeformtheitsbedingungen diskutiert. Eine zentrale These dieser Arbeit, derzufolge die Beschränkungen der Wortbildung aus dieser Interaktion abgeleitet werden können, wurde für das Wortbildungsmuster der Suffixderivata im Rahmen dieser Diskussion bestätigt. Unabhängige Evidenz für die syntaktische Wortbildungstheorie ergab sich aus dem kategorial hybriden Charakter morphologisch komplexer Wörter; es wurde gezeigt, daß der nicht-strukturerhaltende Charakter von morphologischen Prozessen im Rahmen der Inkorporationstheorie erklärt werden kann, während die verschiedenen Versionen der Split-Grammar-Hypothese in bezug auf dieses Phänomen mit falschen Voraussagen verbunden sind.

Im vierten Kapitel wurde das Phänomen der Klammerparadoxie diskutiert. Im Rahmen einer Analyse der 'klassischen' Beispiele für Klammerparadoxa wurde gezeigt, daß für eine adäquate Beschreibung dieser Daten eine modulare Interaktion von ebenenspezifischen und ebenenübergreifenden Wohlgeformtheitsbedingungen angenommen werden muß. Eine wesentliche Annahme der generativen Grammatiktheorie, derzufolge die Struktur komplexer Ausdrücke nicht notwendigerweise auf allen grammatischen Repräsentationsebenen isomorph ist, konnte am Beispiel dieses Phänomens empirisch überprüft und bestätigt werden. Als Fazit der Diskussion ergab sich, daß auch Klammerparadoxa dem Kompositionalitätsprinzip genügen und deshalb vollkommen regelhafte Konstruktionen darstellen. Am Beispiel der in Kap. 4 betrachteten Daten wurde außerdem eine Inkorporationsanalyse für einen weiteren Haupttypus der Wortbildung, i.e. die Präfigierung vorgeschlagen; hierbei wurde gezeigt, daß der Unterschied zwischen Präfigierung und Suffigierung der Unterscheidung von Adjunktion und Komplementation entspricht.

Gegenstand des fünften Kapitels war die Nominalkomposition. In diesem Kapitel wurde zunächst eine weitere grammatische Wohlgeformtheitsbedingung, i.e. die 'Biuniqueness Condition' in die syntaktische Wortbildungstheorie implementiert. Unter Rekurs auf diese Bedingung wurde zum einen der Auslöser für obligatorische Nomeninkorporation im Deutschen ermittelt; auf der Grundlage der Inkorporationsanalyse konnte zum anderen das Phänomen der 'anaphoric islandhood' in diesem Kompositionstyp erklärt werden. Mit den Annahmen über obligatorische Nomeninkorporation konnten schließlich die deverbalen Rektionskomposita auf -er in das Wortbildungsmuster der NN-Komposita eingeordnet werden; dies wiederum erlaubte eine einheitliche Beschreibung der Beschränkungen, denen die Argumentvererbung in den beiden Wortbildungstypen unterliegt.

Im sechsten Kapitel wurden die Implikationen der 'Biuniqueness Condition' für das in Kap. 3 dieser Arbeit vorgeschlagene Beschreibungsinstrumentarium diskutiert. Die dort motivierten Bedingungen, denen die Interaktion von Selektionseigenschaften und grammatischen Wohlgeformtheitsbedingungen unterliegt, wurden in Kap. 6 im Einklang mit den qua 'Biuniqueness Condition' anzunehmenden Restriktionen über Phrasenstrukturen modifiziert. Das Ergebnis dieser Diskussion lautete, daß die zentralen Annahmen der vorliegenden Arbeit auf der Grundlage der entsprechenden Modifikationen nicht nur in unveränderter Form aufrechterhalten werden können, sondern daß die Voraussagen der Inkorporationstheorie für den Phänomenbereich Suffixderivation unter Rekurs auf die modifizierten Bedingungen weiter vervollständigt und präzisiert werden können.

Im Hinblick auf die strukturellen Eigenschaften der Wortbildung bzw. der Kopfbewegung können die wesentlichen Ergebnisse der Arbeit wie folgt spezifiziert werden:

(i) Komplexe Wörter sind Inkorporationstrukturen.
(ii) Nur obligatorische Inkorporation ist zulässig.
(iii) Die Projektionen lexikalischer Kategorien werden von funktionalen Köpfen selegiert.
(iv) Obligatorische Inkorporation wird ausgelöst durch:
   (a) eine Eigenschaft des Inkorporans (M-Selektion);
   (b) eine Eigenschaft des Inkorporandums (M-Dependenz);
   (c) eine Eigenschaft des funktionalen Kopfs, der die Projektion des Inkorporandums selegiert (Lizensierungbedingung für Nomina).
(v) Inkorporation erfüllt stets s-strukturelle Wohlgeformtheitsbedingungen.
(vi) Der jeweilige Auslöser von obligatorischer Kopfbewegung determiniert auch den möglichen Landeplatz des bewegten Elements.
(vii) Die Beschränkungen der Kopfbewegung sowie deren Effekte interagieren in komplexer Weise mit dem Auslöser der Bewegung und den Eigenschaften des Landeplatzes.

Die Frage nach dem Verhältnis von Morphologie und Syntax kann nach den Ergebnissen dieser Arbeit wie folgt beantwortet werden:

Der Unterschied zwischen synthetischen vs. analytischen Konstruktionen ist zum einen nicht prinzipieller Natur und kann zum anderen stets abgeleitet und damit vorausgesagt werden. Wenn in einer gegebenen syntaktischen Repräsentation durch idiosynkratische Merkmale der beteiligten lexikalischen oder funktionalen Köpfe obligatorische Kopfbewegung ausgelöst wird, tritt an der Oberfläche eine synthetische Konstruktion auf; wenn kein Auslöser für Bewegung vorliegt, so erscheint die betreffende Konfiguration als analytische Konstruktion. Auf dieselbe Weise sollte auch die typologische Distinktion zwischen analytischen und synthetischen Sprachen abzuleiten sein, da intergrammatische Unterschiede zwischen Sprachtypen letztlich das Analogon zu den innergrammatischen Unterschieden zwischen Konstruktionstypen darstellen. Die unerwünschten Konsequenzen, zu denen die Split-Grammar-Hypothese notwendig führt, können nach der in dieser Arbeit vertretenen Auffassung somit vermieden werden.

Ich habe in der vorausgegangenen Untersuchung sicher nicht alle angesprochenen Fragen beantwortet; für die offenen Fragen konnte jedoch jeweils gezeigt werden, daß diese nicht morphologiespezifischer Natur sind bzw. sich nicht in spezifischer Weise für eine syntaktische Theorie der Wortbildung stellen. Wie auch immer diese Fragen beantwortet werden mögen: Ich hoffe gezeigt zu haben, daß es sinnvoll ist, nach Antworten zu suchen, die für 'die Morphologie' und 'die Syntax' gleichermaßen Gültigkeit haben.

8 Literatur

Abney, S. (1986) *Functional Elements and Licensing*. Ms.: MIT.
- (1987) *The English Noun Phrase in its Sentential Aspect*. PhD Dissertation: MIT.

Ackema, P. (1995) *Syntax Below Zero*. Dissertation: Universität Utrecht (=*OTS Dissertation Series*).

Allen, M. (1978) *Morphological Investigations*. PhD Dissertation: University of Connecticut.

Anderson, S.R. (1982) Where's Morphology? *Linguistic Inquiry* 13, 571-612.

Aronoff, M. (1976) *Word Formation in Generative Grammar*. Cambridge, MA: MIT Press.

Aoun, J. & D. Sportiche (1983) On the Formal Theory of Government. *The Linguistic Review* 2, 211-236.

Aoun, J. & Y. Li (1989) Scope and Constituency. *Linguistic Inquiry* 20, 141-172.

Baker, M. (1985) Syntactic Affixation and English Gerunds. In: Goldberg, J. et al. (eds.) *Proceedings of the West Coast Conference on Formal Linguistics 4*. Stanford: University, 1-11.
- (1988a) *Incorporation: A Theory of Grammatical Function Changing*. Chicago: The University of Chicago Press.
- (1988b) Morphological and Syntactic Objects: A Review of Di Sciullo and Williams' *On the Definition of Word*. In: Booij, G. & J. van Marle (eds.) *Yearbook of Morphology 1988*. Dordrecht: Foris, 259-283.
- (1992) Structure Preservation and Mohawk Inchoative Verbs. *Proceedings of the Eighteenth Annual Meeting of the Berkeley Linguistics Society*. Berkeley: University of California, 261-275.
- (1996) *The Polysynthesis-Parameter*. New York/Oxford: Oxford University Press.

Baker, M., K. Johnson & I. Roberts (1989) Passive Arguments Raised. *Linguistic Inquiry* 20, 219-251.

Bayer, J. (1996) *Directionality and Logical Form. On the Scope of Focusing Particles and Wh-in-situ*. Dordrecht: Kluwer.

Bennis, H. (1992) Long Head Movement: The Position of Particles in the Verbal Cluster in Dutch. In: Bok-Bennema, R. & R. van Hout (eds.) *Linguistics in the Netherlands*. Amsterdam: Benjamins, 37-47.

van Beurden, L. (1988) Bantu Heads on the Lefthand Side. In: de Haan, G. & W. Zonneveld (eds.) *Formal Parameters of Generative Grammar IV*. Universiteit Utrecht: Yearbook 1988, 1-13.

Bhatt, C. (1990) *Die syntaktische Struktur der Nominalphrase im Deutschen*. Tübingen: Niemeyer.

Bok-Bennema, R. & B. Kampers-Manhe (1996) *Romance Complex Words and the Theory of Morphology*. Ms.: Universität Groningen.

Bondre-Beil, P. (1994) *Parameter der Syntax*. Tübingen: Niemeyer.

Borer, H. (1990) V+*ing*: It Walks Like an Adjective, It Talks Like an Adjective. *Linguistic Inqiry* 21, 95-103.

Brekle, H.E. (1975) Zur Stellung der Wortbildung in der Grammatik. In: Rix, H. (ed.) *Flexion und Wortbildung*. Wiesbaden: Reichert, 26-39.
- (1986) The Production and Interpretation of *Ad Hoc* Nominal Compounds in German: A Realistic Approach. *Acta Linguistica Academiae Scientiarum Hungaricae* 36, 39-52.
- (1988) Bühlers "Gesetz der Abdeckung" - ein Ansatz für eine dynamische Stereotypsemantik. In: Eschenbach, A. (ed.) *Karl Bühler's Theory of Language. Proceedings of the Conferences held at Kirchberg, August 26, 1984 and Essen, November 21-24, 1984*. Amsterdam: Benjamins, 173-182.

Büring, D. (1996) *The 59th Street Bridge Accent. On the Meaning of Topic and Focus*. Dissertation: Universität Tübingen (=*SfS-Report-05-96*).

Chomsky, N. (1970) Remarks on Nominalization. In: Jacobs, R. & P. Rosenbaum (eds.) *Readings in English Transformational Grammar*. Waltham, MA: Blaisdell, 184-221.

- (1981a) *Lectures on Government and Binding.* Dordrecht: Foris.
- (1981b) Principles and Parameters in Syntactic Theory. In: Hornstein, N. & D. Lightfoot (eds.) *Explanation in Linguistics.* London/New York: Longman, 32-75.
- (1982) *The Generative Enterprise.* Dordrecht: Foris.
- (1986a) *Knowledge of Language.* New York: Praeger.
- (1986b) *Barriers.* Cambridge, MA: MIT Press.
- (1995) *The Minimalist Program.* Cambridge, MA: MIT Press.

Comrie, B. (1989) *Language Universals and Linguistic Typology.* Chicago: The University of Chicago Press.

Diesing, M. (1992) *Indefinites.* Cambridge, MA: MIT Press.

DiSciullo, A.M. & E. Williams (1987) *On the Definition of Word.* Cambridge, MA: MIT Press.

Dowty, D. (1979) *Word Meaning and Montague Grammar.* Dordrecht: Reidel.

Ehrich, V. (1992) *Hier und Jetzt. Studien zur lokalen und temporalen Deixis.* Tübingen: Niemeyer.

Emonds, J. (1976) *A Transformational Approach to English Syntax.* New York: Academic Press.
- (1985) *A Unified Theory of Syntactic Categories.* Dordrecht: Foris.

Epstein, S.D. (1989) Overt Scope Marking and Covert Verb-Second. *Linguistic Inquiry* 29, 181-227.

Fabb, N. (1984) *Syntactic Affixation.* PhD Dissertation: MIT.

Fanselow, G. (1981) *Zur Syntax und Semantik der Nominalkomposition. Ein Versuch praktischer Anwendung der Montague-Grammatik auf die Wortbildung des Deutschen.* Tübingen: Niemeyer.
- (1988a) 'Word Syntax' and Semantic Principles. In: Booij, G. & J. van Marle (eds.) *Yearbook of Morphology 1988.* Dordrecht: Foris, 95-122.
- (1988b) Word Formation and the Human Conceptual System, *Linguistische Studien Reihe A* 179, 31-52.
- (1991) Ein modulares Konzept der Lexikonerweiterung. In: *Theorie des Lexikons. Arbeiten des SFB 282* Nr. 6, 1-32.

Felix, S. (1990) The Structure of Functional Categories. *Linguistische Berichte* 125, 46-71.

Flury, R. (1964) *Struktur- und Bedeutungsgeschichte des Adjektiv-Suffixes -bar.* Winterthur: Keller.

Frey, W. (1993) *Syntaktische Bedingungen für die semantische Interpretation. Über Bindung, implizite Argumente und Skopus.* Berlin: Akademie Verlag.

Frey, W. & K. Pittner (1998) Zur Positionierung der Adverbiale im deutschen Mittelfeld. *Linguistische Berichte* 176, 489-534.

Gallmann, P. (1996) Die Steuerung der Flexion in der DP. *Linguistische Berichte* 164, 283-314.
- (1996) Fugenmorpheme als Nicht-Kasus Suffixe. Erscheint in: Butt, M. & N. Fuhrhop (eds.) *Variation in der Wortstruktur des Deutschen und anderer Sprachen.*

Giegerich, H. (1985) *Metrical Phonology and Phonological Structure: German and English.* Cambridge: Cambridge University Press.

Grimshaw, J. (1979) Complement Selection and the Lexicon. *Linguistic Inquiry* 10, 279-326.

Hendrick, R. (1995) Morphosyntax. In: Webelhuth, G. (ed.) *Government and Binding Theory and the Minimalist Program. Principles and Parameters in Syntactic Theory.* Cambridge & Oxford: Blackwell, 297-347.

von Heusinger, K. (1997) *Salienz und Referenz. Der Epsilonoperator in der Semantik der Nominalphrase und anaphorischer Pronomen.* Berlin: Akademie Verlag.

Higginbotham, J. (1985) On Semantics. *Linguistic Inquiry* 16, 547-594.

Höhle, T. (1982) Über Komposition und Derivation: Zur Konstituentenstruktur von Wortbildungsprodukten im Deutschen. *Zeitschrift für Sprachwissenschaft* 1, 76-112.

Hoeksema, J. (1987) Relating Word Structure and Logical Form. *Linguistic Inquiry* 18, 119-126.

Huang, C.-T.J. (1982) Move-Wh in a Language without Wh-Movement. *The Linguistic Review* 1, 15-54.

Inkelas, S. & D. Zec (1995) Syntax-Phonology Interface. In: Goldsmith J.A. (ed.) *The Handbook of Phonological Theory.* Cambridge & Oxford: Blackwell, 535-549.

Jackendoff, R. (1975) Morphological and Semantic Regularities in the Lexicon. *Language* 51, 639-671.
- (1983) *Semantics and Cognition*. Cambridge, MA: MIT Press.
- (1990) *Semantic Structures*. Cambridge, MA: MIT Press.

Jaeggli, O. (1982) *Topics in Romance Syntax*. Dordrecht: Foris.
- (1986) Passive. *Linguistic Inquiry* 17, 587-622.

Jessen, M. (1996) The Relevance of Phonetic Reality for Underlying Phonological Representation: the Case of Tense vs. Lax Obstruents in German. In: Kleinhenz, U. (ed.) *Interfaces in Phonology*. Berlin: Akademie-Verlag, 294-328.

Kaisse, E. & P. Shaw (1985) On the Theory of Lexical Phonology. *Phonology Yearbook* 2, 1-30.

Kayne, R. (1989) Null Subjects and Clitic Climbing. In: Jaeggli, O. & K. Safir (eds.) *The Null Subject Parameter*. Dordrecht: Kluwer, 239-262.
- (1991) Romance Clitics, Verb Movement, and PRO. *Linguistic Inquiry* 22, 647-686.
- (1994) *The Antisymmetry of Syntax*. Cambridge, MA: MIT Press.

Keyser, S.J. & T. Roeper (1984) On the Middle and Ergative Constructions in English. *Linguistic Inquiry* 15, 381-416.

Kiparsky, P. (1982a) From Cyclic Phonology to Lexical Phonology. In: van der Hulst, H. & N. Smith (eds.) *The Structure of Phonological Representations, Part I*. Dordrecht: Foris, 131-175.
- (1982b) Lexical Morphology and Phonology. In: Yang, I.-S. (ed.) *Linguistics in the Morning Calm*. Seoul: Hanshin, 3-91.

Kleinhenz, U. (ed.) (1996) *Interfaces in Phonology*. Berlin: Akademie-Verlag.

Kratzer, A. (1995) Stage-Level and Individual-Level Predicates. In: Carlson, G.N. et al. (eds.) *The Generic Book*. Chicago: University of Chicago Press, 125-175.

Kuno, S. (1970) Some Properties of Nonreferential Noun Phrases. In: Jakobson, R. & S. Kawamoto (eds.) *Studies in General and Oriental Linguistics. Presented to Shiro Hattori on the Occasion of His Sixtieth Birthday*. Tokyo: TEC, 348-373.

Lasnik, H. (1981) Restricting the Theory of Transformations: A Case Study. In: Hornstein, N. & D. Lightfoot (eds.) *Explanation in Linguistics: The Logical Problem of Language Acquisition*. London: Longman, 152-173.

Lenerz, J. (1985) Phonologische Aspekte der Assimilation im Deutschen. *Zeitschrift für Sprachwissenschaft* 4, 5-36.
- (1996) Rezension von Noam Chomsky (1995) "The Minimalist Program". Ms. Erscheint in: PBB.

Leser, M. (1990) *Das Problem der 'Zusammenbildungen'. Eine lexikalistische Studie*. Trier: WVT.

Levin, B. & M. Rappaport (1986) The Formation of Adjectival Passives. *Linguistic Inquiry* 17, 623-661.

Levin, B. & M. Rappaport Hovav (1995) *Unaccusativity. At the Syntax-Lexical Semantics Interface*. Cambridge, MA: MIT Press.

Lieber, R. (1980) *The Organization of the Lexicon*. PhD Dissertation: MIT.
- (1983) Argument Linking and Compounds in English. *Linguistic Inquiry* 14, 251-285.
- (1992) *Deconstructing Morphology. Word Formation in Syntactic Theory*. Chicago: University of Chicago Press.

Löbel, E. (1989) Q as Functional Category. In: Bhatt, C. et al. (eds.) *Syntactic Phrase Structure Phenomena*. Amsterdam: Benjamins, 133-158.

Marchand, H. (1969) *The Categories and Types of Present-Day English Word Formation*. München: Beck.

May, R. (1977). *The Grammar of Quantification*. PhD Dissertation: MIT.
- (1985) *Logical Form. Its Structure and Derivation*. Cambridge, MA: MIT Press.

Mithun, M. (1984) The Evolution of Noun Incorporation. *Language* 60, 847-894.
- (1986) On the Nature of Noun Incorporation. *Language* 62, 32-38.

Mourelatos, A. (1978) Events, Processes, and States. *Linguistics and Philosophy* 2, 415-434.

Müller, G. (1991) Abstrakte Inkorporation. In: Olsen, S. & G. Fanselow (eds.) *"DET, COMP und INFL. Zur Syntax funktionaler Kategorien und grammatischer Funktionen*. Tübingen: Niemeyer, 155-202.
- (1993) *On Deriving Movement Type Asymmetries*. Dissertation: Universität Tübingen (=*SfS-Report-05-93*).

Neef, M. (1994) Rezension von Rochelle Lieber (1992) "Deconstructing Morphology". *Studies in Language* 18, 219-230.

Oh, Y.-O. (1985) *Wortsyntax und Semantik der Nominalisierungen im Gegenwartsdeutsch*. Konstanz: Gorre.

Olsen, S. (1986) *Wortbildung im Deutschen*. Stuttgart: Kröner.
- (1990) Zur Suffigierung und Präfigierung im verbalen Bereich des Deutschen. *Papiere zur Linguistik* 42, 31-48.
- (1991a) Die deutsche Nominalphrase als "Determinansphrase". In: Olsen, S. & G. Fanselow (eds.) >*DET, COMP und INFL*<. *Zur Syntax funktionaler Kategorien und grammatischer Funktionen*. Tübingen: Niemeyer, 35-56.
- (1991b) Zur Grammatik des Wortes - Argumente zur Argumentvererbung. In: *Theorie des Lexikons. Arbeiten des SFB 282* Nr. 6, 33-58.

Ormazabal, J. (1994) A Head-Movement Solution to Bracketing Paradoxes. In: Ackema, P. & M. Schoorlemmer (eds.) *Console I Proceedings*. The Hague: Holland Academic Graphics, 221-36.

Ouhalla, J. (1990) On Incorporation. *Lingua* 80, 55-77.
- (1991) *Functional Categories and Parametric Variation*. New York: Routledge.

Pesetsky, D. (1982) *Paths and Categories*. PhD Dissertation: MIT.
- (1985) Morphology and Logical Form. *Linguistic Inquiry* 16, 193-246.

Pollock, J.-Y. (1989) Verb Movement, Universal Grammar, and the Structure of IP. *Linguistic Inquiry* 23, 365-424.

Postal, P. (1969) Anaphoric Islands. In: *Papers from the Fifth Regional Meeting of the Chicago Linguistic Society*. Chicago: Chicago Linguistic Society.

Pyles, Th. & J. Algeo (1982³) *The Origins and Development of the English Language*. New York: Harcourt Brace Jovanovich.

Rappaport, M. & B. Levin (1988) What to do with Θ-Roles. In: Wilkins, W. (ed.) *Syntax and Semantics 21: Thematic Relations*. New York: Academis Press, 7-36.

Reis, M. (1983) Gegen die Kompositionstheorie der Affigierung. *Zeitschrift für Sprachwissenschaft* 2, 110-131.

Riehemann, S. (1993) *Word Formation in Lexical Type Hierarchies. A Case Study of -bar-Adjectives in German*. Universität Tübingen (=*SfS-Report-02-93*).

Rivet, A. (1997) *Rektionskomposita und Inkorporationstheorie*. Ms.: Universität zu Köln.

Rizzi, L. (1990) *Relativized Minimality*. Cambridge, MA: MIT Press.

Rizzi, L. & I. Roberts (1989) Complex Inversion in French. *Probus* 1, 1-30.

Roberts, I. (1993) *Verbs and Diachronic Syntax*. Dordrecht: Kluwer.

Roeper, T. (1987) Implicit Arguments and the Head-Complement Relation. *Linguistic Inquiry* 18, 267-310.

Roeper, T. & M. Siegel (1978) A Lexical Transformation for Verbal Compounds. *Linguistic Inquiry* 9, 199-260.

Rubach, J. (1990) Final Devoicing and Cyclic Syllabification in German. *Linguistic Inquiry* 21, 79-94.

Sabel, J. (1996) *Restrukturierung und Lokalität. Universelle Beschränkungen für Wortstellungsvarianten*. Berlin: Akademie Verlag.

Sadock, J.M. (1986) Some Notes on Noun Incorporation. *Language* 62, 19-31.

Scalise, S. (1984) *Generative Morphology*. Dordrecht: Foris.

Selkirk, E. (1982) *The Syntax of Words*. Cambridge, MA: MIT Press.

- (1984) *Phonology and Syntax: The Relation between Sound and Structure.* Cambridge, MA: MIT Press.
Siegel, D. (1974) *Topics in English Morphology.* PhD Dissertation: MIT.
Speas, M. (1984) Navajo Prefixes and Word Structure Typology. *MIT Working Papers in Linguistics* 7, 86-109.
Spencer, A. (1991) *Morphological Theory. An Introduction to Word Structure in Generative Grammar.* Cambridge & Oxford: Blackwell.
Sproat, R. (1985) *On Deriving the Lexicon.* PhD Dissertation: MIT.
- (1988) Bracketing Paradoxes, Cliticization and Other Topics: The Mapping Between Syntactic and Phonological Structure. In: Everaert, M. et al. (eds.) *Morphology and Modularity.* Dordrecht: Foris, 339-360.
- (1993) Morphological Non-Separation Revisited: A Review of R. Lieber's *Deconstructing Morphology.* In: Booij, G. & J. van Marle (eds.) *Yearbook of Morphology 1992.* Dordrecht: Kluwer, 235-258.
von Stechow, A. (1992) Kompositionsprinzipien und grammatische Struktur. In: Suchsland, P. (ed.) *Biologische und soziale Grundlagen der Sprache.* Tübingen: Niemeyer, 175-247.
Stiebels, B. (1996) *Lexikalische Argumente und Adjunkte. Zum semantischen Beitrag von verbalen Präfixen und Partikeln.* Berlin: Akademie-Verlag.
Toman, J. (1987²) *Wortsyntax. Eine Diskussion ausgewählter Probleme deutscher Wortbildung.* Tübingen: Niemeyer.
Travis, L. (1984) *Parameters and Effects of Word Order Variation.* PhD Dissertation: MIT.
- (1990) Parameters of Phrase Structure. In: Baltin, M. & A. Kroch (eds.) *Alternative Conceptions of Phrase Structure.* Chiacago: University of Chicago Press, 263-279.
Vater, H. (1991) Determinantien in der DP. In: Olsen, S. & G. Fanselow (eds.) *>DET, COMP und INFL<. Zur Syntax funktionaler Kategorien und grammatischer Funktionen.* Tübingen: Niemeyer, 15-34.
- (1996) Determination and Quantification. *Semantica a konfrontacja językowa* 1, 117-130.
- (1998) Determinantien und Pronomina in der DP. In: Bassola, P. (ed.) *Beiträge zur Nominalphrasensyntax.* Szeged: Jate, 11-43.
Vendler, Z. (1957) Verbs and Times. *Philosophical Review* 56, 143-160.
Verkuyl, H.J. (1989) Aspectual Classes and Aspectual Composition. *Linguistics and Philosophy* 12, 39-94.
Wasow, T. (1977) Transformations and the Lexicon. In: Culicover, P.W. et al. (eds.) *Formal Syntax.* New York: Academic Press, 327-377.
Webelhuth, G. (1989) *Syntactic Saturation Phenomena and the Modern Germanic Languages.* PhD Dissertation: UMass/Amherst.
- (1995) X-bar Theory and Case Theory. In: Webelhuth, G. (ed.) *Government and Binding Theory and the Minimalist Program. Principles and Parameters in Syntactic Theory.* Cambridge & Oxford: Blackwell, 15-95.
Wiese, R. (1988) *Silbische und Lexikalische Phonologie: Studien zum Chinesischen und Deutschen.* Tübingen: Niemeyer.
- (1996) *The Phonology of German.* Oxford: Oxford University Press.
Williams, E. (1981) On the Notions 'Lexically Related' and 'Head of a Word'. *Linguistic Inquiry* 12, 245-274.
Wunderlich, D. (1987) An Investigation of Lexical Composition: The Case of German *be*-verbs. *Linguistics* 25, 283-331.
Wurzel, W.U. (1984) *Flexionsmorphologie und Natürlichkeit.* Berlin: Akademie-Verlag.
Yu, S.-T. (1992) *Unterspezifikation in der Phonologie des Deutschen.* Tübingen: Niemeyer.
Zagona, K. (1988) *Verb Phrase Syntax: A Parametric Study of English and Spanish.* Dordrecht: Kluwer.

Bei Fragen zur Produktsicherheit wenden Sie sich bitte an:
If you have any questions regarding product safety,
please contact:

Walter de Gruyter GmbH
Genthiner Straße 13
10785 Berlin
productsafety@degruyterbrill.com